CURSO DE ESPAÑOL

VITAMINA BÁSICO

Berta Sarralde   **Eva Casarejos**   **Mónica López**

¿POR QUÉ VITAMINA BÁSICO?

VITAMINA es un manual motivador basado en un enfoque orientado a la acción en el que el estudiante es el protagonista, un libro visualmente atractivo, con contenidos lingüísticos asimilables, interesante y fácil de usar tanto para profesores como para alumnos.

POR ESO VITAMINA BÁSICO OFRECE

- **UNOS TEXTOS** orales, escritos y audiovisuales que contemplan variedad de temas e integración de los acentos y cultura de Hispanoamérica.

- **TEMAS UNIVERSALES** que muestran un renovado punto de vista y fomentan la interacción y el intercambio comunicativo entre los alumnos, a la vez que favorecen el conocimiento pluricultural.

- **UNA EXTENSA TIPOLOGÍA DE GÉNEROS TEXTUALES** que busca enriquecer las producciones orales y escritas.

- **PRONUNCIACIÓN Y ORTOGRAFÍA** con una propuesta clara e innovadora.

- **FOCO EN EL LÉXICO** y en el trabajo de colocaciones y combinaciones.

- **CUADROS GRAMATICALES** breves y sencillos con explicaciones pragmáticas de los usos de la lengua que se amplían en la parte final del libro con actividades adicionales.

- **TAREAS Y ACTIVIDADES SIGNIFICATIVAS**, muchas de ellas en formato tecnológico, que promueven la reflexión y el desarrollo de la autonomía del estudiante y animan a trabajar en cooperación.

- **REVISIONES** con juegos para la clase.

- **ACTIVIDADES EN PAREJAS** para el trabajo de la interacción oral.

- **VÍDEOS** auténticos en YouTube.

- **REFLEXIONES** con actividades para repasar todo lo aprendido y valorar el progreso (cada dos unidades) y **TRANSCRIPCIONES** de todos los audios descargables en el libro digital y en la web de SGEL ELE.

ASÍ ES VITAMINA BÁSICO

1 PORTADA: una imagen artística que sugiere e invita a despertar interés por la unidad. Presenta los temas y los contenidos e incluye preguntas relacionadas con la imagen.

2 TRES SECCIONES en cada unidad que tratan el tema desde diferentes puntos de vista.
CUADROS DE GRAMÁTICA Y COMUNICACIÓN sencillos que remiten a un apéndice final con explicaciones más extensas.
PRONUNCIACIÓN Y ORTOGRAFÍA con actividades.

VITAMINA BÁSICO consta de 18 unidades y un apéndice que incluye revisiones, actividades en parejas, un anexo con gramática y actividades, y un glosario.

La versión digital gratuita de VITAMINA BÁSICO incluye todos los contenidos, los audios y sus transcripciones, el apartado "Reflexión" y actividades interactivas.

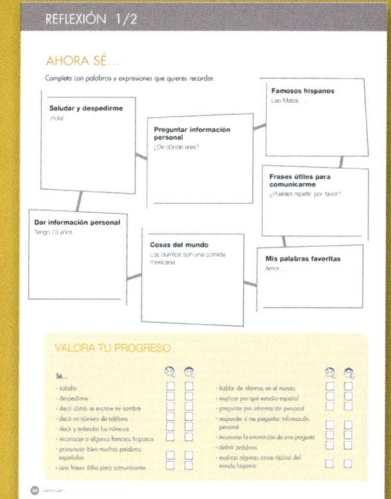

3 ACTIVIDADES de preparación al DELE: insertadas de forma coherente a lo largo del manual se encuentra una variada tipología de actividades similares a las de los exámenes DELE A_1 y A_2.

4 EN ACCIÓN: página final con tareas que estimulan la producción de textos orales y escritos variados fomentando la integración de destrezas.

REFLEXIÓN (cada dos unidades) para valorar el progreso de los estudiantes y propiciar la autoevaluacion.

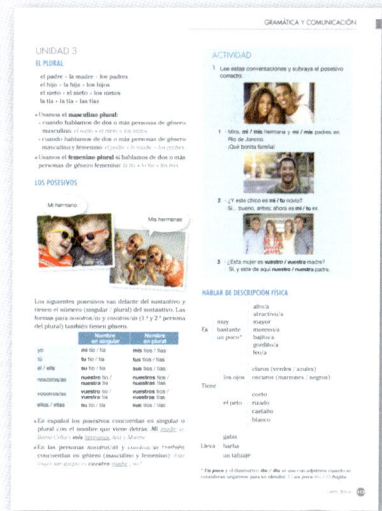

5 APÉNDICE:
- REVISIONES: cada dos unidades, con juegos para la clase.
- ACTIVIDADES EN PAREJAS para ampliar la interacción.
- UN ANEXO DE GRAMÁTICA Y COMUNICACIÓN que consolida los contenidos lingüísticos de la unidad, con imágenes que ayudan a fijar lo aprendido y MÁS ACTIVIDADES para reforzar conocimientos y desarrollar un trabajo autónomo.
- GLOSARIO con el léxico más importante.
- TRANSCRIPCIONES de 3 audios para resolver actividades del libro (las transcripciones completas se pueden descargar en ele.sgel.es/descargas.asp y en el libro digital).

CONTENIDOS

Contenidos funcionales	Sistema lingüístico	Textos	Tareas

TEMA 1 HOLA, ¿QUÉ TAL? p. 9

Contenidos funcionales	Sistema lingüístico	Textos	Tareas
• Presentarse. • Saludos y despedidas. • Recursos para preguntar por palabras y tomar notas. • Deletrear palabras.	• Género (nacionalidades). • El alfabeto. • Los números del 0 al 30. • Verbos *ser* y *llamarse*. • Pronunciación y ortografía: *q / c / z - g / j*.	• Infografía sobre apellidos frecuentes del mundo hispano. • Póster de frases útiles para la clase.	• Presentarse al resto de compañeros. • Hacer una lista de palabras en español. • Identificar recursos para comunicarse.

TEMA 2 ESTUDIO ESPAÑOL p. 17

Contenidos funcionales	Sistema lingüístico	Textos	Tareas
• Preguntar y decir qué lenguas hablas. • Preguntar y compartir información personal. • Hablar y preguntar por cosas típicas del mundo.	• Cuantificadores: *muy bien, bastante bien, un poco de*. • El género y el número. • Números del 40 al 1000. • *Por, para, porque*. • Pronombres personales: *yo, tú, él / ella*. • Verbos *ser, llamarse, tener, trabajar, hablar* y *vivir* en singular. • Los artículos determinados e indeterminados. • Pronunciación y ortografía: diferencia de entonación en interrogativas.	• Infografía: idiomas del mundo. • Artículo: *¿Por qué aprender un nuevo idioma?*	• Hacer una infografía. • Conocer más a los compañeros. • Compartir conocimientos del mundo.

TEMA 3 MIS SERES QUERIDOS p. 25

Contenidos funcionales	Sistema lingüístico	Textos	Tareas
• Hablar de relaciones familiares. • Describir físicamente a una persona. • Hablar del carácter. • Ofrecer y obtener datos personales.	• Léxico de la familia. • Determinantes posesivos: *mi, tu, su…* • Adjetivos de descripción física. • Verbos: *es, tiene, lleva*. • Adjetivos de carácter. • Verbos *ser, llamarse, tener, trabajar, hablar* y *vivir* en plural. • Diferencia entre *ser* y *parecer*. • Pronunciación y ortografía: *r* (sonido fuerte /r̄/ y sonido suave /r/).	• Carteles y reseñas de películas. • Revista del corazón.	• Completar un árbol genealógico. • Adivinar un personaje famoso. • Presentar a miembros de la familia o amigos. • Buscar información sobre un famoso.

TEMA 4 ESTO ME GUSTA p. 33

Contenidos funcionales	Sistema lingüístico	Textos	Tareas
• Expresar gustos e intereses. • Comparar gustos. • Hablar de intenciones.	• Verbos *gustar, encantar* e *interesar*. • Léxico de actividades de tiempo libre. • Verbo *querer* + infinitivo. • Contrastar intenciones: *yo también, yo tampoco*. • Contrastar gustos e intereses: *a mí también, a mí tampoco*. • Pronunciación y ortografía: la puntuación (el punto y la coma)	• Artículo: *7 hobbies para ser una persona productiva*. • Encuesta a jóvenes españoles. • Poema.	• Comprobar qué gustos tenemos en común con los compañeros de clase. • Informar sobre los temas que interesan a las personas de clase. • Rellenar un formulario para conocer gente. • Escribir un poema.

Contenidos funcionales	Sistema lingüístico	Textos	Tareas

TEMA 5 DE AQUÍ PARA ALLÁ p. 41

• Describir lugares. • Preguntar sobre una ciudad. • Hacer recomendaciones de un destino turístico.	• Verbos: *hay, es / son, está / están*. • Adjetivos para describir un lugar. • Cuantificadores *muy, mucho/a/os/as*. • Interrogativos. • Hacer recomendaciones: *si* + oración, *tener que / poder* + infinitivo. • Pronunciación y ortografía: percepción de unión de palabras.	• Testimonios descriptivos sobre una ciudad. • Test: *¿Qué sabes de…?* • Comentarios de página web de viajes.	• Describir una ciudad. • Crear un concurso de cultura. • Escribir un comentario en una web de viajes. • Realizar una grabación de audio.

TEMA 6 SOMOS ASÍ p. 49

• Preguntar y decir la hora. • Hablar de rutinas. • Expresar la frecuencia. • Hablar sobre costumbres de sus países.	• Léxico: los días de la semana. • Léxico: verbos de actividades cotidianas. • El presente de indicativo: regulares, algunos irregulares. • Verbos reflexivos. • Indicadores de frecuencia: *siempre, a veces, nunca…* • Pronunciación y ortografía: las sílabas.	• Artículo e infografía sobre rutinas. • Testimonios de la rutina de unas personas. • Cuestionario sobre el deporte. • Foro sobre costumbres mexicanas.	• Diseñar una infografía con sus rutinas. • Inventar la rutina de una persona. • Presentar a un deportista famoso. • Elaborar un cuestionario. • Escribir un texto sobre costumbres de su país.

TEMA 7 ¿QUÉ HACEMOS? p. 57

• Hablar de estados físicos y anímicos. • Desenvolverse en un restaurante o bar. • Tratamiento formal e informal: *tú* y *usted / ustedes*. • Hacer planes.	• Estados físicos y anímicos: *estar cansado / tener hambre…* • Léxico y exponentes de comida y bebida. • Hacer planes: *ir a* + infinitivo. • Pronunciación y ortografía: grupos rítmicos.	• Artículo: *Nuestro cerebro y la comida*. • Artículo sobre las tapas en España. • Página de ocio y cultura.	• Elaborar un decálogo. • Buscar puntos en común sobre gustos. • Simular una conversación en un restaurante. • Elegir el mejor plan de ocio.

TEMA 8 TIEMPO DE COLORES p. 65

• Evocar momentos con las estaciones del año. • Describir el clima de un lugar. • Hablar de preferencias y estilos de ropa. • Describir prendas de ropa y complementos.	• Léxico: colores, ropa, meses y estaciones del año. • La tilde: *qué* interrogativo o exclamativo / *que* relativo. • Expresiones para hablar del tiempo: *hace calor, hay niebla, está nublado, llueve…* • Cuantificadores: *muy, mucho, nada*, etc. • Concordancia de colores con las prendas de ropa. • Pronombres de objeto directo: *lo / la / los / las*. • Pronunciación y ortografía: precisión en la pronunciación de las vocales.	• Artículo: *¿Por qué no todos vemos los colores de la misma forma?* • Canción: *Un día gris*. • Cuestionario sobre gustos de ropa. • Artículo: *Cómo afecta el clima a los hábitos de compra del consumidor*.	• Escribir un texto poético. • Hacer una presentación para recomendar tres lugares. • Adivinar de qué prenda de vestir se habla. • Crear un cuestionario para descubrir los hábitos de consumo del grupo.

Contenidos funcionales	Sistema lingüístico	Textos	Tareas

TEMA 9 BIENVENIDOS A MI CASA   p. 73

• Describir una vivienda. • Hacer comparaciones. • Hablar de preferencias. • Describir un objeto de casa.	• Adjetivos de carácter. • Comparativos: *más / menos … que, es mejor / peor … que*. • Léxico de la casa: tipos de viviendas, partes, muebles. • *El / La / Los / Las* + adjetivo. • Pronunciación y ortografía: curva melódica de las enumeraciones.	• Test: *Mi casa y yo*. • Anuncios de pisos. • Artículo: *La felicidad de las pequeñas cosas*. • Artículo: *El estilo de tu casa habla de ti*.	• Presentar una oferta de piso. • Decidir quién es la persona que disfruta más de las pequeñas cosas. • Elegir la vivienda más bonita que conocen.

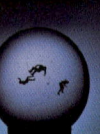

TEMA 10 CIUDADANOS DEL MUNDO   p. 81

• Expresar conocimiento. • Reaccionar ante nueva información. • Hablar de experiencias. • Describir una ruta.	• Verbos *conocer* y *saber*. • Expresiones para reaccionar: *¡anda!, ¡qué curioso / interesante…!* • El pretérito perfecto. • Expresiones de frecuencia: *muchas veces, varias veces, alguna vez, nunca…* • Pronunciación y ortografía: entonación al preguntar por experiencias: *¿Alguna vez…?* • Verbos de movimiento: *ir hasta, venir de, pasear por, llegar a…*	• Artículo de blog de viajes: *¿Sabes que…?* • Cuestionario: *¿Eres adicto al móvil?* • Descripción de un concurso de televisión. • Diario de viaje: *De Costa Rica a Nicaragua*.	• Hacer una exposición oral sobre curiosidades de un país. • Buscar al más tecnológico de la clase. • Adivinar experiencias de los compañeros. • Crear una ruta de viaje. • Escribir un correo electrónico.

TEMA 11 LA VIDA SECRETA DE LOS OBJETOS   p. 89

• Describir objetos. • Expresar causa, consecuencia y contraste de ideas. • Hablar de ubicación. • Comentar normas sociales. • Secuenciar un texto.	• Léxico de objetos, materiales y formas. • Conectores de causa *(porque)*, consecuencia *(por eso)* y contraste *(pero)*. • Pronunciación y ortografía: el diptongo. • Indicadores de posición. • Construcciones impersonales con *se*. • Conectores de discurso: *en primer lugar, en segundo lugar, además…*	• Entrada de blog: *Mis tesoros más queridos*. • Artículo: *¿Todos somos despistados?* • Testimonios sobre diferencias culturales en países hispanos. • Audio: *Objetos típicos de mi país*.	• Describir un objeto desde su punto de vista. • Descubrir objetos a través de su ubicación. • Escribir normas sociales de un país. • Preparar una exposición sobre objetos típicos de un país.

TEMA 12 TIEMPO DE OCIO   p. 97

• Identificar personas. • Expresar acciones temporales y en el momento actual. • Hablar de actividades de ocio. • Proponer, sugerir, aceptar y rechazar planes. Concretar una cita.	• Demostrativos: *este, ese, aquel*. • Frases relativas: *el / la de, el / la que…* • Pronunciación y ortografía: preguntas de confirmación *(¿verdad?, ¿no?)*. • *Estar* + gerundio. • Exponentes para proponer y sugerir: *¿Te apetece…?, ¿por qué no…?, ¿qué tal si…?…* • Exponentes para aceptar y rechazar y concretar un plan: *sí, vale, lo siento no puedo es que…, entonces quedamos…* • Pronunciación y ortografía: entonación de frases para rechazar una propuesta.	• Artículo: *¿Cómo sobrevivir a un verano sin vacaciones?* • Ofertas de ocio en una página web. • Audio: *¿Quedamos?* • Artículo periodístico: *Tres cosas que puedes hacer con tus amigos además de salir a cenar*.	• Comentar las fotos de las últimas vacaciones, cumpleaños, reunión familiar… • Crear un vídeo para adivinar qué estás haciendo. • Proponer un plan interesante para hacer con los compañeros de clase. • Redactar un texto con planes originales para hacer con amigos.

Contenidos funcionales	Sistema lingüístico	Textos	Tareas

TEMA 13 BIOGRAFÍAS   p. 105

• Hablar de biografías. • Contar un suceso. • Hacer preguntas sobre cultura general.	• Pretérito indefinido. • Marcadores temporales: *a los 15 años, seis años después, hace dos años…* • Pronunciación y ortografía: reglas de acentuación (palabras agudas, llanas y esdrújulas). • Contraste pretérito indefinido y pretérito perfecto.	• Artículo: *Adultos mayores también en las redes sociales.* • Audio: *La vida de Deshun Wang.* • Noticias sobre héroes anónimos. • Concurso cultural.	• Juego de roles: entrevistar a un famoso. • Presentar historias de héroes anónimos. • Crear un concurso. • Crear una nube de palabras. • Redactar una biografía real o imaginaria.

TEMA 14 GASTRONOMÍA   p. 113

• Hablar de hábitos alimentarios saludables. • Dar instrucciones para cocinar un plato. • Valorar una experiencia gastronómica.	• Cuantificadores: *mucho, demasiado, un poco de, poco, nada de…* • Léxico relacionado con formas de cocinar, ingredientes de recetas y cantidades. • Verbo *soler*. • Imperativo afirmativo. • Pronunciación y ortografía: pronombres de OD con imperativo afirmativo. • Verbos de valoración *(gustar, encantar, parecer)* en pasado.	• Infografía sobre hábitos alimentarios saludables. • Foro para hablar de hábitos alimentarios. • Audio: *Hábitos alimentarios en R. Dominicana.* • Blog de recetas de cocina. • Página web de actividad gastronómica y cultural. • Artículo: *¿Comer en casa o salir fuera?*	• Hacer una exposición sobre los hábitos alimentarios de un país. • Escribir una receta. • Elegir un lugar para cenar. • Representar una situación simulada.

TEMA 15 DE COMPRAS   p. 121

• Hablar de regalos. • Hacer comparaciones. • Pedir información en una tienda. • Hacer recomendaciones.	• Pronombres de OI (*le* y *les*). • Comparativos: *tan* y *tanto/a/os/as*. • Fórmulas de cortesía: *Quería… / ¿Me puede traer…?* • Léxico de ropa y accesorios. • Pronunciación y ortografía: imperativo afirmativo plural.	• Página web de regalos. • Audio: *De compras.* • Foro de internet con consejos de viajes. • Artículo: *¿Qué tipo de consumidor eres?*	• Elegir regalos para los compañeros de clase. • Representar una situación simulada. • Escribir una recomendación para visitar un lugar. • Crear una estadística con los consumidores de la clase.

TEMA 16 OTRAS ÉPOCAS   p. 129

• Hablar de hábitos y descripciones en el pasado. • Comparar dos épocas. • Debatir: mostrar opinión, acuerdo, desacuerdo…	• Pretérito imperfecto. • Marcadores temporales: *de pequeño/a…* • Marcadores para situar acciones en el presente y en el pasado. • *Todavía / Ya no.* • Pronunciación y ortografía: percepción de las pausas obligatorias y sus cambios de significado. • Exponentes para debatir. • Pronombres de objeto indirecto y directo.	• Artículo: *Por qué pensamos que el tiempo pasado fue mejor.* • Artículo: *Objetos para el recuerdo.* • Audio: *La vida antes y ahora.* • Artículo: *El origen de los tatuajes.* • Audios: *Mensajes en el contestador.* • Anuncios antiguos.	• Decidir qué compañero tiene memoria más visual o auditiva. • Descubrir aspectos de la vida de los compañeros. • Participar en un debate. • Exponer curiosidades de otras épocas. • Proponer reglas que debe cumplir una publicidad responsable.

Contenidos funcionales	Sistema lingüístico	Textos	Tareas

TEMA 17 LA SALUD p. 137

• Hablar del cuerpo humano y de animales. • Hablar del estado físico. • Hacer recomendaciones. • Expresar complejos.	• Léxico de las partes del cuerpo. • Pronunciación y ortografía: ausencia de pausa entre artículos y sustantivos. • Superlativo relativo: el / la / los / las más… • Verbo doler. • Recomendaciones: intenta, lo mejor es… • Perífrasis verbales: empezar a / volver a / acabar de / dejar de + infinitivo.	• Infografía: 8 curiosidades sobre el cuerpo humano. • Audio: ¿Qué te pasa? • Testimonios de personas con complejos.	• Contar curiosidades sobre el cuerpo humano y de animales. • Dar recomendaciones para problemas de salud. • Hacer un collage. • Crear una infografía con los problemas de salud del siglo XXI.

TEMA 18 CULTURAS p. 145

• Hablar sobre las características de un barrio. • Hablar de las relaciones con los vecinos. • Pedir favores y responder de manera adecuada. • Comentar diferentes costumbres.	• Léxico para describir un barrio. • Lo más + adjetivo. • Entonación: pedir favores. • Pronunciación y ortografía: responder a un favor (claro, claro / bueno, vale…). • Presencia y ausencia de artículo. • Posesivos con artículo: el mío, los tuyos…	• Artículo: Cómo prepararse antes de comprar una casa. • Artículo: ¿Tienes sal? • Audio: ¿Me dejas dos huevos? • Artículo: ¿Eres una persona educada?	• Simular una conversación para elegir dónde alquilar piso. • Representar un diálogo entre dos personan que intercambian sus casas. • Grabar un vídeo sobre temas tabú de sus países. • Preparar un concurso fotográfico.

APÉNDICE Revisiones • En parejas • Gramática y comunicación • Glosario • Transcripciones p. 153

1 HOLA, ¿QUÉ TAL?

TEMAS

- **¡Encantado! ¡Encantada!:** presentarse, saludar y despedirse
- **Palabras y números:** preguntar por el significado de las palabras
- **Apellidos:** hablar de apellidos frecuentes del mundo hispano

- ¿Cómo se dice "hola" en tu idioma?
- ¿Cómo se llama tu país en español?

1 HOLA, ¿QUÉ TAL?

A ¡ENCANTADO! ¡ENCANTADA!

Escucha y habla

1a 🔊 1 Escucha a una profesora y a sus estudiantes.

> Hola, soy la profesora de español. Me llamo Ana y soy española.

> Hola, yo soy Celine y soy de Francia.

> Yo me llamo William y soy canadiense.

> Hola, me llamo Jake y soy coreano.

¡Fíjate!

- **Para saludar:** *Hola*.
- **Para decir el nombre:** *(Yo) Me llamo William. (Yo) Soy Celine.*
- **Para decir la nacionalidad:** *Soy española. / Soy de Francia.*

1b ¿De dónde eres? Busca en el diccionario o pregunta a tu profesor. Ahora, habla con tus compañeros.

> ¿Cómo te llamas?

> Yo me llamo Irina.

> ¿Y de dónde eres?

> Soy rusa.

Gramática

1c Completa este cuadro con las nacionalidades y países de la actividad **1a**.

Género (nacionalidades)

País	Nacionalidad	
	masculino	**femenino**
Corea		corean**a**
España	español	
	francés	frances**a**
Canada		canadiense

Ver más en pág. 181

10 diez

HOLA, ¿QUÉ TAL? 1

Escucha y lee

2a 🔊 2 Escucha y lee las conversaciones de estos estudiantes en sus primeros días de clase.

Día 1 de clase
- Hola, me llamo Sofía, ¿y tú?
- Yo, Lucas.
- Encantada.
- Encantado.

Día 2 de clase
- Hola, Sofía, buenos días.
- Buenos días, ¿qué tal?
- Muy bien, ¿y tú?
- Bien también.

Día 2 de clase
- Adiós, Lucas.
- Hasta mañana, Sofía.

2b 🔊 3 Ordena estos diálogos. Después, escucha y comprueba.

DIÁLOGO 1	DIÁLOGO 2
a ☐ Sandra, encantada.	a ☐ Bien también.
b ☐ Hola, yo soy Marco, ¿cómo te llamas?	b ☐ Buenas tardes, Manuel, ¿qué tal estás?
c ☐ Encantado.	c ☐ Hola, Hugo, muy bien, ¿y tú?

DIÁLOGO 3	DIÁLOGO 4
a ☐ Encantada.	a ☐ Sí, hasta mañana.
b ☐ Alba, ¿y tú?	b ☐ Adiós, Celia, mañana nos vemos.
c ☐ Hola, ¿cómo te llamas?	
d ☐ Yo, Mario, encantado.	

2c ¿Qué diálogos corresponden a un primer día de clase?

2d Practica con tu compañero los diálogos de la actividad **2a**.

> **¡Fíjate!**
>
> • **Para saludar:**
>
>
>
> | 9:00 | 18:00 | 23:00 |
> |---|---|---|
> | Hola / Buenos días | Hola / Buenas tardes | Hola / Buenas noches |
>
> ¿Qué tal? / ¿Qué tal estás? / ¿Cómo estás?
>
> • **Para responder:**
> (Muy) Bien, ¿y tú?
> Bien (también).
>
> • **Para preguntar el nombre:**
> ¿Cómo te llamas?
> Yo me llamo Eva, ¿y tú?
>
> • **Para decir el primer día:**
> Encantado / Encantada.
>
> • **Para despedirse:**
> - Hasta mañana.
> - Hasta luego.
> - Adiós.

1 HOLA, ¿QUÉ TAL?

B PALABRAS Y NÚMEROS

Escucha y habla

1a ¿Conoces estas palabras? Comenta con tu compañero.

Yo conozco "hotel" y "amor".

1b 🔊 4 Escucha y escribe las palabras que oyes.

1c Escribe otras palabras que conoces en español. Mira las palabras de un compañero y pregunta el significado de las palabras nuevas para ti.

- *¿Qué significa "playa"?*
- *"Beach".*

> **¡Fíjate!**
>
> • *¿Qué significa "amor"?*
> ▪ *Significa "love".*
>
> • *¿Cómo se dice "amor" en inglés?*
> ▪ *Se dice "love".*

HOLA, ¿QUÉ TAL? 1

2a 🔊 5 Escucha y repite. Marca en la lista de palabras las letras nuevas para ti.

El alfabeto

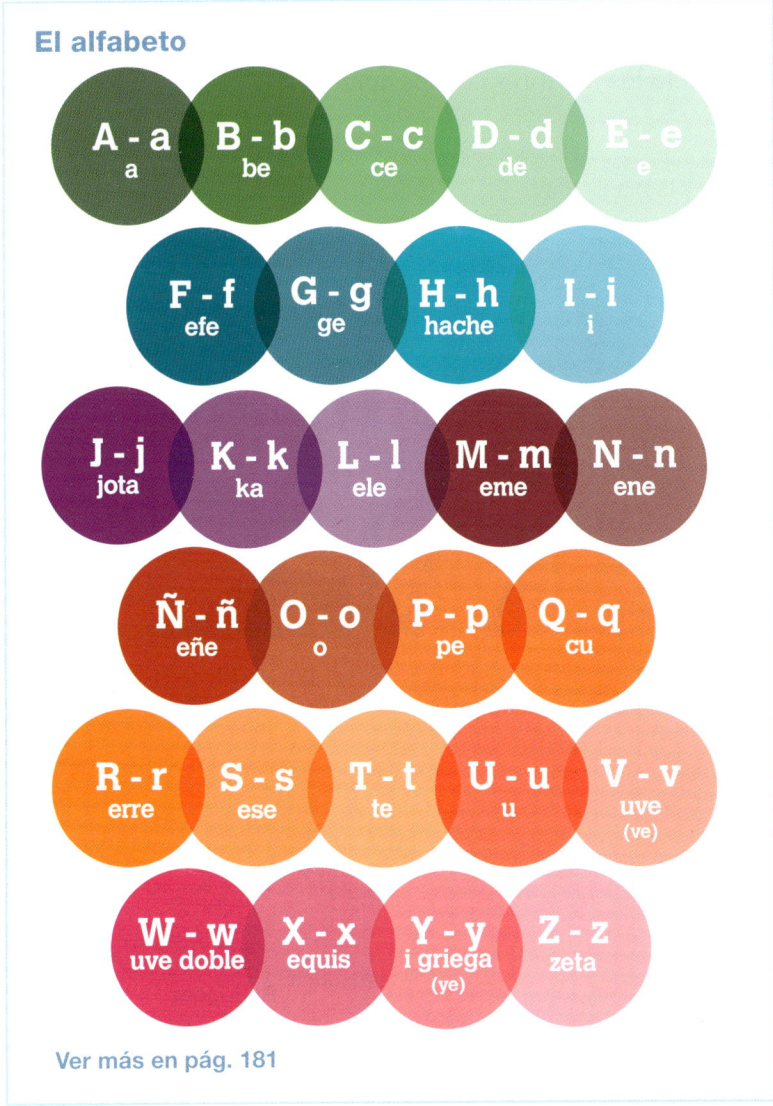

| A-a | B-b | C-c | D-d | E-e |
| a | be | ce | de | e |

| F-f | G-g | H-h | I-i |
| efe | ge | hache | i |

| J-j | K-k | L-l | M-m | N-n |
| jota | ka | ele | eme | ene |

| Ñ-ñ | O-o | P-p | Q-q |
| eñe | o | pe | cu |

| R-r | S-s | T-t | U-u | V-v |
| erre | ese | te | u | uve (ve) |

| W-w | X-x | Y-y | Z-z |
| uve doble | equis | i griega (ye) | zeta |

Ver más en pág. 181

1 ☐ **A**mérica
2 ☐ **B**arcelona
3 ☐ **c**inco
4 ☐ **d**os
5 ☐ **e**spañol
6 ☐ **c**afé
7 ☐ **G**erona, **g**uitarra
8 ☐ **h**otel
9 ☐ **I**talia
10 ☐ **j**amón
11 ☐ **k**ilo
12 ☐ **l**ibro
13 ☐ **M**álaga
14 ☐ **n**o
15 ☐ ma**ñ**ana
16 ☐ **C**olombia
17 ☐ **P**erú
18 ☐ pe**q**ueño
19 ☐ **r**ojo, ca**r**o
20 ☐ **S**alamanca
21 ☐ **t**omate
22 ☐ m**u**seo
23 ☐ **V**alencia
24 ☐ ki**w**i
25 ☐ e**x**amen
26 ☐ pla**y**a
27 ☐ pla**z**a

2b 🔊 6 Escucha y repite las palabras anteriores. ¿Qué sonidos son diferentes en tu idioma? Comenta con tus compañeros.

El sonido "ñ" no existe en mi idioma.

2c En grupos de tres, pregunta a tus compañeros qué significan las palabras que no conoces de la lista de la actividad **2a**.

● ¿Qué significa "caro"?
○ No sé.
▲ Yo sí, en inglés es "expensive".

3a 🔊 7 Mira los números en español y completa. Después, escucha y comprueba si es correcto.

0	cero	16	dieciséis
1	uno	17	diecisiete
2	dos	18	_____
3	tres	19	diecinueve
4	cuatro	20	veinte
5	cinco	21	veintiuno
6	seis	22	veintidós
7	siete	23	veintitrés
8	ocho	24	_____
9	nueve	25	veinticinco
10	diez	26	veintiséis
11	once	27	_____
12	doce	28	veintiocho
13	trece	29	_____
14	catorce	30	treinta
15	quince		

3b Practica los números: en círculo decimos, por turnos:

a los números del 0 al 20
b los números de 20 al 0
c los números pares (2, 4...)
d los números impares (1, 3...)

Si el número no es correcto, cambia el orden.

Habla y escribe

4 Practica con tu compañero. El alumno A abre el libro por la página 163 y el alumno B, por la página 172.

trece 13

C APELLIDOS

Habla

1a ¿Conoces a estos famosos de origen hispano? Completa los nombres con los apellidos del recuadro. Después, comenta con tu compañero.

> Messi   López   Buika   García Bernal

1 CONCHA _____
Cantante española

2 LEO _____
Futbolista argentino

3 GAEL _____
Actor y director de cine mexicano

4 JENNIFER _____
Actriz y cantante estadounidense

● *Yo conozco al 2, se llama Leo Messi y es futbolista.*
■ *Sí, yo también.*

¡Fíjate!

	ser	llamarse
yo	soy	me llamo
tú	eres	te llamas
él / ella	es	se llama

1b Busca fotos de otros famosos hispanos y preséntalos a la clase.

Lee y habla

1c Mira la infografía "Los apellidos más frecuentes en Latinoamérica". Comenta con tu compañero qué apellido de la actividad **1a** es más común en Latinoamérica.

1d Comenta con tu compañero qué apellidos son comunes en otros países.

● *En Alemania es muy común "Müller".*
■ *Yo soy italiano y en mi país es muy común el apellido "Rossi".*

LOS APELLIDOS MÁS FRECUENTES EN LATINOAMÉRICA

Hernández México
Rodríguez Cuba
Rodríguez República Dominicana
Martínez Honduras
López Guatemala
Rodríguez Costa Rica
Hernández El Salvador
Rodríguez Venezuela
López Nicaragua
González Panamá
Rodríguez Colombia
Zambrano Ecuador
Quispe Perú
Flores Bolivia
González Paraguay
González Chile
Rodríguez Uruguay
González Argentina

Y EN EL MUNDO

7,2 millones se apellidan Rodríguez
6,8 millones se apellidan González
6,7 millones se apellidan López
5,6 millones se apellidan Hernández

Extraído de www.elpaís.com

HOLA, ¿QUÉ TAL? 1

Escucha

2a 🔊 8 Escucha la pronunciación de estos apellidos y fíjate en la letra que no se pronuncia.

> Ro**d**ríguez   **H**ernández   Q**u**ispe

> **¡Fíjate!**
> - La **h** en español no se pronuncia: **h**ola, **h**otel. Detrás de la letra **c** representa un nuevo sonido: **ch**ocolate, **Ch**ina.
> - La **u** no se pronuncia en las combinaciones **que, qui, gue, gui**: pe**que**ño, **Qui**spe, Rodrí**gue**z, **gui**tarra.

2b 🔊 9/10 Escucha y clasifica las siguientes palabras en la columna correspondiente según el sonido de la sílaba subrayada.

GRUPO 1

> ~~<u>ca</u>sa~~ · ~~<u>zo</u>o~~ · <u>ci</u>ne · <u>co</u>che · <u>Za</u>mbrano · <u>Qui</u>spe
> pe<u>que</u>ño · <u>ce</u>ro · Vene<u>zu</u>ela · <u>cua</u>tro

Grupo 1	
/k/	/θ/ o /s/
casa	zoo

GRUPO 2

> ~~<u>go</u>l~~ · ~~<u>ja</u>món~~ · Rodrí<u>gue</u>z · <u>jo</u>ta · <u>Gua</u>temala · <u>gui</u>tarra
> <u>je</u>fe · <u>Gi</u>nebra · <u>ga</u>to · <u>ju</u>lio · <u>ge</u>neral · fa<u>ji</u>tas

Grupo 2	
/g/	/x/
gol	jamón

Pronunciación y ortografía

> **Letras y sonidos**
>
> En español algunos sonidos corresponden a dos letras:
>
> | | /k/ | | /θ/ o /s/[2] |
> |---|---|---|---|
> | ca | **Ca**stro | za | **Za**mbrano |
> | que[1] | **que**so | ce | **ce**ro |
> | qui[1] | **Qui**to | ci | **ci**nco |
> | co | **Co**lombia | zo | **zo**o |
> | cu | **Cu**zco | zu | **Zu**lema |
>
> [1] La **u** no se pronuncia.
> [2] Excepto en algunas zonas de España, estas letras se pronuncian como s.
>
> | | /g/ | | /x/ |
> |---|---|---|---|
> | ga | **Ga**rcía | ja | **Ja**vier |
> | gue[3] | Rodrí**gue**z | je / ge | **Je**rez, **ge**neral |
> | gui[3] | **gui**tarra | ji / gi | **Ji**ménez, **Gi**ménez |
> | go | **Go**nzález | jo | **Jo**sé |
> | gu | **Gu**atemala | ju | **Ju**lio |
>
> [3] La **u** no se pronuncia. Sí se pronuncia cuando lleva dos puntos sobre la **u**: pingüino.
>
> Ver más en pág. 181

3a 🔊 11 Escucha esta conversación en una clase de idiomas y marca los nombres que dicen.

1	2	3
a ☐ Gerardo	a ☐ Carla	a ☐ Omar
b ☐ Geraldo	b ☐ Zaida	b ☐ Jonás
c ☐ Guerardo	c ☐ Zara	c ☐ Tomás

3b 🔊 11 Escucha la conversación otra vez y completa los apellidos de los estudiantes con la letra que falta.

- Zaida Vá___que___
- Jonás ___ernánde___

Escribe y habla

4 ▶ Completa la información y habla con tu compañero.

- Tres famosos de mi país: _____
- Mi palabra favorita de la unidad: _____
- Un sonido nuevo para mí: _____
- El apellido más común en mi ciudad / país: _____

quince **15**

1 HOLA, ¿QUÉ TAL?

EN ACCIÓN

1a Aquí tienes otras frases importantes para comunicarte. Completa los espacios con las siguientes frases aprendidas en esta unidad. ¿Qué significan? ¿Cómo se dicen en tu idioma?

- ¿Cómo se escribe?
- ¿Puedes repetir, por favor?
- ¿Qué significa "amor"?
- ¿Cómo se dice "hello" en español?

Para comunicarte

- ¿Qué?, ¡no entiendo!

- Blablablablablablablablaba...
- ¡Más despacio, por favor!

- Perdón, ¿puedo ir al servicio?

- (1) _____
- Significa "love".

- (2) _____
- M-A-R-T-A.

- (3) _____
- Se dice "hola".

- Soy de Marruecos.
- (4) _____
- Sí: soy de Marruecos.

1b Relaciona las imágenes con estas instrucciones de clase.

> Habla con tu compañero   Lee
> Escucha   Escribe

1 _____

2 _____

3 _____

4 _____

1c Representa con mímica una instrucción. Tus compañeros dicen qué es.

2 ESTUDIO ESPAÑOL

TEMAS

- **Idiomas en el mundo:** lenguas y números
- **¿Por qué estudias español?:** dar información personal
- **Muy típico:** el artículo determinado e indeterminado

- ¿De dónde eres?
- ¿Está tu país en la foto?
- ¿Qué otros países están representados en la foto?

2 ESTUDIO ESPAÑOL

A IDIOMAS EN EL MUNDO

Lee y habla

1a ¿Cuáles son los idiomas más hablados del mundo? Comenta con tu compañero. Después, lee la información de la infografía para comprobar si tus opiniones son correctas.

Yo creo que el idioma más hablado en el mundo es el...; y el segundo, el...

IDIOMAS DEL MUNDO

¿Sabes que en el planeta hay más de 7000 idiomas pero el 50 % de la población habla solo 10?

- **Español** — 472 millones de hablantes
- **Inglés** — 335 millones de hablantes
- **Hindi** — 260 millones de hablantes
- **Árabe** — 242 millones de hablantes
- **Portugués** — 203 millones de hablantes
- **Chino** — 1197 millones de hablantes
- **Ruso** — 166 millones de hablantes
- **Japonés** — 128 millones de hablantes
- **Bengalí** — 189 millones de hablantes
- **Lahnda** — 89 millones de hablantes

Idiomas y número de hablantes nativos

- 21 millones de alumnos estudian español como lengua extranjera.
- El español es el 2.º idioma más usado en Facebook y el 3.º en Twitter.
- El español es lengua oficial en 21 países.
- En Guinea Ecuatorial el 74 % de la gente habla español.
- México es el país con más hispanohablantes del mundo (121 millones), seguido de Estados Unidos (53 millones).

¡Fíjate!

Se dice:
1.º → primer**o**   1.ª → primer**a**
2.º → segund**o**   2.ª → segund**a**
3.º → tercer**o**   3.ª → tercer**a**
4.º → cuart**o**   4.ª → cuart**a**
74 % → setenta y cuatro **por ciento**

ESTUDIO ESPAÑOL 2

1b Y tú, ¿qué idiomas hablas? Pregunta a tus compañeros para saber qué lengua es la más hablada.

- Natalia, ¿qué idiomas hablas?
- Hablo ruso, inglés bastante bien y un poco de español.

¡Fíjate!

Hablo
- **muy bien** francés. ★★★★★
- **bastante bien** ruso. ★★★★☆
- **un poco de** español. ★★☆☆☆

2a Mira los números en español y completa la lista.

40	cuarenta	200	doscientos
43	_____ y tres	242	_____
50	cincuenta		y _____
55	_____ y cinco	300	trescientos
60	sesenta	400	cuatrocientos
67	_____ y siete	495	_____
70	setenta		y _____
80	ochenta	500	quinientos
90	noventa	600	_____
100	cien	700	setecientos
101	ciento uno	800	_____
128	ciento veintiocho	900	novecientos
165	_____ y _____	1000	mil

¡Fíjate!

Entre el **200** y el **999** los números tienen masculino y femenino.

Mi ciudad tiene quinient**os** cinco restaurantes y seiscient**as** veinte cafeterías.

Los números **del 31 al 99** necesitan y: treinta y uno, doscientos noventa y ocho...

Atención: doscientos ~~y~~ uno, dos mil ~~y~~ diecinueve.

Ver más en pág. 182

2b Practica con tu compañero. El alumno A abre el libro por la página 163 y el alumno B, por la página 172.

2c En grupos, piensa en un número del 0 al 1000, los demás tienen que adivinarlo. Para ayudar solo puedes decir "mayor" (+) o "menor" (-).

- ¿Quinientos ochenta?
- Menor.
- ¿Ciento cincuenta?
- Mayor.

2d ¿Qué tal es tu memoria? Sin mirar la página anterior, contesta a estas preguntas. Gana un punto la respuesta correcta.

1. ¿En cuántos países es lengua oficial el español?
2. ¿Cuántos millones de personas hablan ruso?
3. ¿Cuál es la cuarta lengua más hablada?
4. ¿Qué país africano tiene un 74 % de hablantes de español?
5. ¿Cuál es el país con más hispanohablantes del mundo?

2e Responde a este cuestionario y, después, pregunta a dos compañeros.

1 ¿Cuántas redes sociales conoces? ¿Y cuántas usas?

Yo	Compañero 1	Compañero 2

2 ¿Cuántos amigos o seguidores tienes en las redes sociales que usas?

Yo	Compañero 1	Compañero 2

3 ¿Cuántas horas al día usas las redes sociales?

Yo	Compañero 1	Compañero 2

4 ¿Qué idioma usas en las redes sociales?

Yo	Compañero 1	Compañero 2

5 ¿Cuántas personas hablan tu idioma en el mundo?

Yo	Compañero 1	Compañero 2

6 ¿Cuántos idiomas estudias?

Yo	Compañero 1	Compañero 2

Habla y escribe

2f Comenta con todo el grupo el resultado del cuestionario. Buscad una aplicación para hacer una infografía con la información de la clase.

- Jim, Alison y Rania no usan Twitter.
- Entonces, el 70 % de la clase sí.
- Sí, y el 90 % estudia dos idiomas.

diecinueve 19

2 ESTUDIO ESPAÑOL

B ¿POR QUÉ ESTUDIAS ESPAÑOL?

Lee

1a Observa estos motivos para aprender un nuevo idioma. Comenta con tu compañero lo que no entiendes.

`Para estudiar` `Por placer` `Para conocer otras culturas`
`Porque me interesa la literatura, el cine y la música`
`Para trabajar` `Para viajar`

¿Qué significa "por placer"?

1b Lee el texto y relaciona cada motivo anterior con el párrafo correspondiente.

¿Por qué aprender un nuevo idioma?

En un mundo global es cada vez más importante aprender idiomas. Las razones son muchas y variadas, entre ellas:

1. Para encontrar trabajo o porque es importante en tu profesión.
2. Porque ofrece la posibilidad de estudiar en otros países.
3. Para sentirte seguro en tus viajes.
4. Para leer libros extranjeros, ver películas en versión original y escuchar canciones de otros países.
5. Para conocer gente nueva e interesante y sus costumbres.
6. Porque aprender idiomas es una buena actividad para tener una mente activa.

Gramática

1c Observa estas frases que hablan de motivos para estudiar español y relaciónalas con la imagen.

1. Estudio español **por mi trabajo actual.**
2. Estudio español **para encontrar un trabajo.**

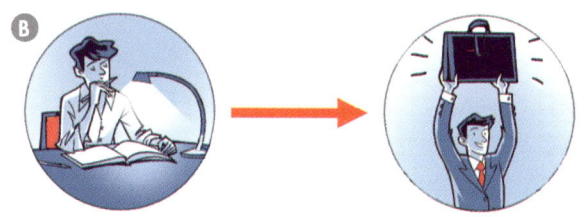

Para / Por / Porque

- **Para** expresa la finalidad. Normalmente va seguido de un infinitivo:
  *Estudio español **para** encontrar un trabajo / **para** viajar por Sudamérica.*

- **Por** expresa la causa o el motivo. Normalmente va seguido de un sustantivo:
  *Estudio español **por** mi trabajo / **por** placer.*

- Otra forma de explicar la causa o el motivo es con **porque**. Observa estos ejemplos:
  *Estudio español **porque** es importante en mi profesión / **porque** es una buena actividad.*

Ver más en pág. 182

Habla

1d ¿Por qué estudias español? Completa las siguientes frases.

Yo estudio español
- para _____
- por _____
- porque _____

1e Busca en la clase a otras personas con los mismos motivos que tú para estudiar español.

- ¿Por qué estudias español?
- Para viajar por Sudamérica, ¿y tú?
- Yo, porque mi novio es argentino.

ESTUDIO ESPAÑOL 2

Escucha

2a Relaciona las siguientes preguntas con la respuesta adecuada.

1 ¿Cómo te llamas?	a Soy profesora.
2 ¿De dónde eres?	b Sí, es el 658 49 68 12.
3 ¿Cuántos años tienes?	c Me llamo Aurore.
4 ¿Dónde vives?	d Soy francesa.
5 ¿A qué te dedicas?	e Es aurore_fr@yahoo.com
6 ¿Dónde trabajas?	f Tengo veintinueve años.
7 ¿Cuál es tu correo electrónico?	g Hablo francés, inglés y español.
8 ¿Qué lenguas hablas?	h Vivo en Madrid.
9 ¿Tienes móvil?	i Trabajo en un colegio.

¡Fíjate!

@ se dice: **arroba**
_ se dice: **guion bajo**
. se dice: **punto**

2b 🔊 12 Escucha a Óscar y Aurore y señala cuáles de las preguntas anteriores hacen.

Gramática

3a Observa las frases de la actividad **2a** y completa estos verbos.

Presente de indicativo: singular

	hablar	trabajar	llamarse	tener	ser	vivir
yo				tengo		
tú					eres	
él / ella / usted	habla	trabaja	se llama	tiene		vive

Ver más en pág. 182

3b Completa las siguientes frases con tu información.

- Me llamo _____.
- Soy _____./ Soy de _____.
- Vivo en _____.
- Tengo _____.
- Soy _____./ Trabajo en _____.
- Hablo _____.
- Mi móvil es _____.
- Mi correo electrónico es _____.

Pronunciación y ortografía

3c 🔊 13 Escucha cómo se pronuncian las frases en negrita. Comenta con tu profesor las diferencias de entonación.

Frase afirmativa	Pregunta (no sé la respuesta)	Pregunta para confirmar una respuesta
Kazue es japonesa.	**¿Kazue es japonesa?**	• Se llama Kazue. Ah, entonces… **¿es japonesa?**
Álex habla alemán.	**¿Álex habla alemán?**	• Álex vive en Berlín. Ah, entonces… **¿habla alemán?**
Luis es estudiante.	**Luis, ¿eres estudiante?**	• Luis no trabaja aquí. Ah, entonces… **¿es estudiante?**

¡Fíjate!

- Pregunto porque no sé la respuesta: *¿Es japonesa?*

- Pregunto para confirmar la respuesta: *Ah, entonces… ¿es japonesa?*

Habla

3d ¿Qué información no conoces todavía de tus compañeros? Levántate y pregunta.

- *Hola, Celine, eres francesa, ¿verdad?*
- *Sí.*
- *¿Y a qué te dedicas?*
- *Soy estudiante.*

2 ESTUDIO ESPAÑOL

C MUY TÍPICO

Lee, escribe y habla

1a Mira las fotos, piensa en cuál es el país de origen (hay más de una posibilidad) y escribe frases como las del modelo. Compara con tu compañero.

Es / Son [un plato / un baile / un deporte] típico de…

Es / Son [una comida / una bebida / una ropa] típica de…

- El café es una bebida típica de Kenia.
- Sí, y las samosas son una comida típica de…

1b En español las palabras tienen género (femenino o masculino) y número (singular y plural). Clasifica las palabras anteriores.

Singular		Plural	
la ♀	el ♂	las ♀♀	los ♂♂ / ♂♀
pasta	kimono		

LOS DONUTS

EL KILT

LA PASTA

EL HOCKEY

EL CAFÉ

LA CAPOEIRA

EL HUMUS

ESTUDIO ESPAÑOL 2

1c Aquí tienes palabras relacionadas con el mundo hispano. ¿Cuántas conoces? Comenta con tu compañero.

| el tango | la alpaca | la salsa | las arepas |
| el quetzal | el mate | el cebiche | los burritos |

● Yo solo conozco dos: los burritos y el tango.
■ Pues yo solo el tango. ¿Qué son los burritos?
● Una comida mexicana.

Escucha

1d 🔊 14 Escucha esta conversación entre tres amigos que juegan a responder preguntas y señala de qué palabras de la actividad anterior hablan.

1e 🔊 14 Vuelve a escuchar y escribe qué son.

Gramática

2a Lee las frases y relaciona cada una con la imagen correspondiente.

1. Unos pájaros en el cielo.
2. El quetzal, pájaro típico de Centroamérica.

A

B

Los artículos

- Determinados: **el / la / los / las** + nombre. Expresa que el nombre es único en un grupo.
- Indeterminados: **un / una / unos / unas** + nombre. Expresa que el nombre es parte de un grupo, no es único.

● ¿Qué es **el** flamenco?
■ **Un** baile típico del sur España.

Ver más en pág. 183

2b Completa estas conversaciones con el artículo correcto. Fíjate en el género y en el número.

1. ● ¿Qué es _____ mate?
   ■ Es _____ bebida típica de Sudamérica.

2. ● ¿Sabes qué son _____ tapas?
   ■ Sí, _____ comida típica de España.

Habla

3 Practica con tu compañero. El alumno A abre el libro por la página 163 y el alumno B, por la página 172.

4 Haz una lista de cosas típicas de tu país o del mundo. Luego, pregunta a tu compañero si las conoce.

● ¿Sabes qué es la taramosalata?
■ No, ¿qué es?
● Es una comida típica de Grecia.

- la taramosalata
- la moussaka
- el tzatziki

EL KIMONO
LAS SAMOSAS
EL HAKA

2 ESTUDIO ESPAÑOL

EN ACCIÓN

1a Encuentra el intruso en cada columna. Puedes buscar la información en internet.

A	B	C
El español	El cha cha cha	El fútbol
El catalán	La salsa	El café
El guaraní	El flamenco	El tenis
El baloncesto	La samba	El balonmano
El aimara	El cebiche	El pádel

D	E	F
La paella	Los carnavales	El agua
El gazpacho	Los Sanfermines	El vino
El gallego	Las Fallas	La cerveza
Las arepas	El Inti Raymi	El sushi
Los burritos	El merengue	La leche

1b Comenta con tu compañero qué son las palabras anteriores.

• *El baloncesto es un deporte.*
• *Sí, y el cebiche es...*

2a En grupos de tres personas, lee las frases. ¿Son verdaderas o falsas? Gana el grupo que acierta más.

1 Las lenguas oficiales de Perú son el español, el quechua y el aimara.

2 El mate es una bebida típica de Alemania.

3 En Brasil se habla español.

4 El inglés es la segunda lengua oficial en Hong Kong.

5 El fado es una comida típica de Portugal.

6 El francés es lengua oficial en 33 países.

2b Ahora, cada equipo escribe seis frases verdaderas o falsas para los otros equipos.

_____ _____
_____ _____
_____ _____

3 MIS SERES QUERIDOS

TEMAS

- **La familia en el cine:** hablar de relaciones familiares
- **Familia de artistas:** descripción física
- **Familia con carácter:** descripción del carácter

- ¿Tienes una familia grande?
- ¿Vives cerca de ellos?
- ¿Es importante la familia para ti?
- ¿Y los amigos? ¿Cuántos tienes?

3 MIS SERES QUERIDOS

A LA FAMILIA EN EL CINE

Lee y habla

1a ¿De qué nacionalidad crees que es cada película?

 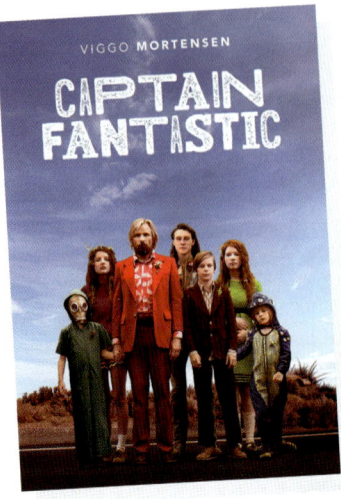 

Creo que la película "Una familia en Tokio" es…

1b Relaciona el resumen de la película con la foto de su cartel. Compara con tu compañero.

a
Este drama muestra la vida de una familia en la sociedad japonesa actual. Los abuelos van a la gran ciudad para pasar un tiempo con sus hijos y nietos, pero pronto los problemas aparecen. Un film honesto y profundo.

b
Esta comedia dramática nos enseña la vida de una familia francesa sorda*. Paula es la intérprete de sus padres y de su hermano. Un día su profesor de música descubre que Paula canta muy bien y esto cambia sus vidas. Película sencilla y generosa con mucho sentido del humor.
*Persona que no puede oír

c
Un padre y sus seis hijos viven en el noroeste de Estados Unidos sin contacto con la vida moderna y la sociedad de consumo. Pero un problema con su mujer cambia su vida. Una película original y emotiva.

1c Completa las relaciones familiares con vocabulario de los textos anteriores.

a _____ ♀ = padres de tus padres ♂
b madre ♀ + _____ ♂ = padres ⚥
c _____ ♀ + marido ♂ = matrimonio ⚥
d hija ♀ + hijo ♂ = _____ ⚥
e hermana ♀ + _____ ♂ = hermanos ⚥
f _____ = hijos de tus hijos ⚥

1d 🔊 15 Escucha la conversación y completa el árbol genealógico.

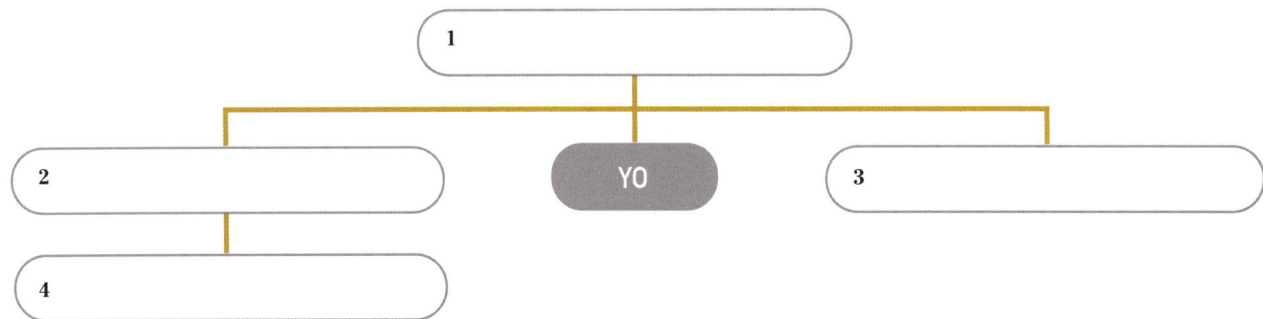

MIS SERES QUERIDOS 3

1e Ahora lee el diálogo y comprueba.

- Mi madre se llama Celia y **mis** hermanas, Ana y Montse.
- Perdona, ¿cómo se llaman **tus** hermanas? Ana y... ¿Monxi?
- No, no, M-O-N-T-S-E...
- Ah, vale. ¿Tienen hijos?
- Montse, sí: **su** hijo se llama Ramón.

Gramática

2a Fíjate en las palabras en negrita de la actividad anterior y completa este cuadro.

Posesivos

Montse y Ana son **mis** hermanas y Celia es **mi** madre.

singular	plural
mi hermano/a	_____ hermanos/as
tu padre / madre	_____ padres
_____ hijo/a	**sus** hijos/as
nuestro/a abuelo/a	**nuestros/as** abuelos/as
vuestro/a nieto/a	**vuestros/as** nietos/as
su primo/a	**sus** primos/as

Ver más en pág. 184

2b Unas personas comentan algunas fotos de su familia. Relaciona las siguientes frases con las fotos de la derecha y completa con un posesivo. Hay una foto que no es necesaria.

1. • Mira, en esta foto estamos todos. Mi hermano con su hija, mamá, tú y yo con _____ hijo mayor.
   ■ Sí, ¡cuánto tiempo!

2. • Esta foto es fantástica.
   ■ Sí, ¿verdad? Mi mujer y yo con _____ hija en el parque.

3. • Esta foto es preciosa, mi madre con _____ nieto. Bueno, él es mi sobrino. ¡Qué pequeño en esta foto!
   ■ Sí, es una foto preciosa.

2c Escribe un diálogo similar a los de la actividad anterior para la foto que falta. Compara con el de tu compañero. ¿Pensáis en las mismas relaciones familiares?

2d Ahora dibuja tu árbol genealógico y solo escribe "yo". Explica a tu compañero tus relaciones familiares y él escribe el nombre de cada uno.

- *Mi mujer se llama Ekaterina.*
- *¿Catherine?*
- *No, no. Ekaterina, es rusa. Se escribe E-K-A-T-E-R-I-N-A.*

3 MIS SERES QUERIDOS

B FAMILIA DE ARTISTAS

Lee y habla

1a Lee este artículo y comenta con tus compañeros cuál es tu físico ideal.

¿Rubios o morenos?

Cada persona tiene sus propias preferencias sobre el aspecto físico. Muchas veces nos atrae lo opuesto a nosotros, pero es una cuestión muy personal. ¿Tú qué prefieres?

¿Rubios o morenos?

¿Pelo rizado o liso?

¿Pelo largo o corto?

¿Con barba y bigote o solo bigote?

 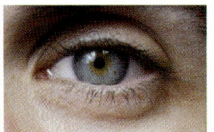

¿Ojos oscuros o claros?

¿Con o sin gafas?   ¿Con o sin tatuajes?

¿Alto o bajo?

- *Yo prefiero el pelo rizado.*
- *Pues yo, el pelo liso.*
- *A mí me da igual.*

MIS SERES QUERIDOS 3

1b Observa estas fotografías de familias de famosos hispanos. Lee las tres descripciones e identifica a qué personaje de las fotos corresponde.

FAMILIAS DE FAMOSOS HISPANOS 1 A la izquierda, Alfonso Cuarón con su hijo Jonás y su hermano Carlos. **2** Javier Bardem con su madre Pilar Bardem. **3** Irene Escolar con su tía abuela Julia Gutiérrez Caba. **4** Lolita Flores y su sobrina Alba Flores.

a Pertenece a una de las familias más conocidas de cantantes españoles. Es muy **alta** y **delgada**, tiene **los ojos oscuros** y **el pelo negro**, **largo** y **liso**. _____

b Es un reconocido productor y director de cine mexicano. Es famoso por dirigir películas como *Y tu mamá también*, *Harry Potter y el prisionero de Azkaban* o *Gravity*. Es bastante alto, tiene **el pelo blanco** y lleva **barba** y **bigote**. _____

c Es una **joven** actriz española que procede de una familia muy famosa de artistas. Tiene un premio Goya a la mejor actriz revelación por la película *Un otoño sin Berlín*. Tiene **el pelo castaño claro**, **los ojos marrones** y es muy **guapa**. _____

1c Para describir físicamente a una persona usamos los recursos de este cuadro. Completa la lista con las palabras en negrita de las descripciones anteriores. Escribe como se dice en tu lengua.

Descripción física

Es muy / bastante / un poco*	rubio/a moreno/a pelirrojo/a _____ bajo/a _____ gordo/a feo/a _____ atractivo/a _____ mayor	Tiene	los ojos	claros (verdes / azules) _____ (_____ / negros)	
			el pelo	corto _____ rizado _____ rubio _____ _____	Lleva gafas _____ _____ un tatuaje

*__Un poco__ se usa con adjetivos cuando se consideran negativos para no ofender: *Es un poco feo*.

Ver más en pág. 184

3 MIS SERES QUERIDOS

Escribe y habla

1d Practica con tu compañero. El alumno A abre el libro por la página 164 y el alumno, B por la página 173.

1e Escribe la descripción de otra persona de la actividad **1b**. Lee la descripción a tu compañero. ¿Sabe quién es?

Escucha

1f 🔊 16 Escucha una conversación donde dos personas juegan a adivinar el personaje de las fotografías anteriores. ¿De quién hablan?

Pronunciación y ortografía

2 🔊 17 Escucha estas palabras, observa el sonido de la *r* y escríbelas en la columna adecuada.

- ~~rubio~~
- ~~morena~~
- oscuro
- pelirrojo
- pareja
- marrones
- claro
- rizado
- rojo
- marido

Sonido fuerte /r̄/	Sonido suave /r/
rubio	morena

> **¡Fíjate!**
>
> La letra *r* tiene dos sonidos, uno suave y otro fuerte.
> - **r suave:** dentro de una palabra, entre vocales: *morena, claro*
> - **r fuerte:**
>   - al principio de palabra: *rubio, rizado*
>   - dentro de una palabra, entre vocales, se escribe con dos *r*: *pelirroja, marrones*
>
> Ver más en pág. 185

Habla

3 Entre todos hacemos una lista de personajes famosos que conocemos. Buscamos sus fotos en internet y las imprimimos o proyectamos juntas. Por turnos, cada alumno elige un personaje y los compañeros hacen preguntas de "sí" o "no" para adivinar quién es.

- ¿Es una mujer?
- Sí.
- ¿Es muy alta?
- No.

C FAMILIA CON CARÁCTER

Lee y habla

1a Mira este cartel de una película española y comenta con tu compañero: ¿qué relación crees que tienen los protagonistas? Lee la sinopsis y comprueba tu respuesta.

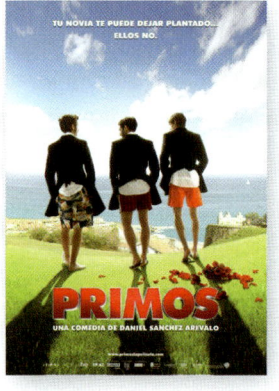

> *Primos* habla de la vida de tres buenos amigos: Diego, Josemi y Julián y sus problemas sentimentales. Es una película muy divertida.

1b Lee la descripción de los personajes de esta película y contesta a las preguntas.

1. ¿Cómo **se llaman** los tres primos?
2. ¿Cómo **se llama** la primera novia de Diego?
3. ¿Cuántos años **tiene** el hijo de Martina?
4. ¿Dónde **viven** José Miguel y su novia?
5. ¿A qué **se dedica** Julián?
6. ¿Crees que Julián **tiene** un buen carácter?

DIEGO

Es amable, generoso, responsable y muy cariñoso. Vuelve con sus primos a Comillas, para ver otra vez a Martina, un antiguo amor, que vive con su hijo de diez años. Pero tiene otra novia y…

JOSÉ MIGUEL (JOSEMI)

Es el más joven de los primos, un chico tímido, nervioso y un poco raro. Su novia es enfermera y él es muy dependiente de ella. Viven en Madrid, pero…

JULIÁN

Es simpático, divertido y alegre; es vendedor de máquinas y tiene mucho dinero; está soltero. Parece irresponsable y egoísta, pero en realidad, es muy buena persona. Conoce a Clara y…

Gramática

1c Mira las preguntas anteriores y completa este cuadro.

> **Presente de indicativo: ellos / ellas**
>
> 3.ª persona de plural: 3.ª persona de singular + **-n**:
>
> Mi padre **se llama** Eduardo / Mis hermanos _____ Blanca y Josemi.
>
> Ver más en pág. 185

Vocabulario

2a ¿Cómo son los primos de la película? Busca adjetivos de personalidad en las descripciones y anota si para ti son positivos o negativos.

CUALIDADES +	DEFECTOS -

2b En grupos, elige uno de los adjetivos anteriores y haz mímica. Tus compañeros tienen que adivinarlo.

3a Piensa en el significado de estas dos frases, ¿qué diferencia hay? ¿Cómo se dicen en tu idioma?

1. Julián **es** irresponsable y egoísta.
2. Julián **parece** irresponsable y egoísta, pero en realidad, **es** muy buena persona.

> **Hablar del carácter**
>
> Es / Parece (un chico) / (una chica) / (una persona) muy / bastante / un poco* generoso/a, simpático/a, tímido/a, amable, responsable, alegre, egoísta
>
> * Se usa con adjetivos que se consideran negativos.
>
> Los adjetivos en **-o** hacen el femenino en **-a**: *un chico simpático / una chica simpática*. Los adjetivos en **-ista** y en **-e** tienen una sola forma para el masculino y el femenino: *un chico egoísta / una chica egoísta, un chico amable / una chica amable*.
>
> Ver más en pág. 185

3b Mira la foto de otros personajes de la película *Primos*. Imagina cómo son. Habla con tu compañero.

Martina, exnovia de Diego, con su hijo, la novia de Diego y la novia de Josemi.

- *Martina es muy guapa, parece muy amable... Y su hijo parece...*
- *Sí, estoy de acuerdo. Y la novia de Josemi parece...*

4 En tríos, busca una foto de tu familia o amigos en tu teléfono móvil. Muestra la foto a tus compañeros y ellos te preguntan. ¿Tenéis algo en común?

- *Mira esta foto.*
- *¿Quién es?*
- *Es mi hermana pequeña con mis sobrinas.*
- *Ay, son muy guapas, y tu hermana parece muy simpática.*
- *Sí, tenemos muy buena relación.*
- *Y sus hijas, ¿cómo se llaman?*
- *...*

3 MIS SERES QUERIDOS

EN ACCIÓN

1a ¿Conoces a este famoso hispano? ¿A qué crees que se dedica?

1b 🔊 18 Escucha el programa de radio y marca la información correcta sobre este famoso.

NOMBRE:
Javier / Jorge Drexler

PROFESIÓN:
científico / cantautor

NACIONALIDAD:
uruguayo / paraguayo

FECHA DE NACIMIENTO:
1964 / 1974

PROFESIÓN DE SUS PADRES:
médicos / actores

ÓSCAR POR LA CANCIÓN:
Universos paralelos / Al otro lado del río

NÚMERO DE HIJOS:
dos / tres

1c Busca información sobre una persona famosa y escribe dos posibles respuestas como en la actividad anterior. Habla de esa persona y tu compañero marca la respuesta correcta.

NOMBRE:

PROFESIÓN:

NACIONALIDAD:

FECHA DE NACIMIENTO:

☐ : ☐

☐ : ☐

☐ : ☐

4 ESTO ME GUSTA

- ¿Qué prefieres: el mar o la montaña?
- ¿Salir o ver una película en casa?
- ¿Redes sociales o café con amigos?
- ¿Ir de tiendas o comprar por internet?

TEMAS

- **Me gusta:** expresar y comparar gustos
- **No solo trabajo:** expresar intereses
- **Este fin de semana yo quiero...:** hablar de intenciones

4 ESTO ME GUSTA

A ME GUSTA

Escucha y habla

1a Observa estas imagenes y marca "me gusta" 👍 o "no me gusta" 👎.

los helados — los chihuahuas — el pelo de colores

1 a ☐ 👍 b ☐ 👎   2 a ☐ 👍 b ☐ 👎   3 a ☐ 👍 b ☐ 👎

las camisas hawaianas — el café — las sandalias con calcetines

4 a ☐ 👍 b ☐ 👎   5 a ☐ 👍 b ☐ 👎   6 a ☐ 👍 b ☐ 👎

1b 🔊 19 Escucha cuatro diálogos entre dos amigos, Sofía y Nacho, y toma nota de qué imagen hablan en cada uno.

Diálogo 1: _____
Diálogo 2: _____
Diálogo 3: _____
Diálogo 4: _____

1c 🔊 19 Vuelve a escuchar los diálogos y marca los gustos de Sofía y Nacho.

	SOFÍA		NACHO	
Diálogo 1	☐ 👍	☐ 👎	☐ 👍	☐ 👎
Diálogo 2	☐ 👍	☐ 👎	☐ 👍	☐ 👎
Diálogo 3	☐ 👍	☐ 👎	☐ 👍	☐ 👎
Diálogo 4	☐ 👍	☐ 👎	☐ 👍	☐ 👎

1d Ordena las siguientes expresiones para hablar de gustos de más a menos.

> ¡No me gusta nada!   Me gusta (bastante)
> No me gusta mucho   Me encanta

Expresar gustos

😍 (1) _____
😃 (2) _____
😕 (3) _____
😡 (4) _____

Gramática

2a Observa cómo funciona el verbo *gustar*.

1 Me **gusta** <u>tomar</u> café.
2 No me **gusta** <u>el pelo</u> de colores.
3 No me **gustan** <u>las camisas</u> hawaianas.

ESTO ME GUSTA 4

2b Observa otra vez las imágenes de la actividad **1a** y escribe frases con tus gustos.

No me gustan nada las sandalias con calcetines.

3a Lee la transcripción de los diálogos de la actividad **1b** en la página 240 y completa este cuadro.

Contrastar gustos
😀 • Me encantan los perros, ¿y a ti?
😀 • **A mí** _____ (1)
😀 • Me gusta tomar café, ¿y a ti?
😐 • **A mí** _____ (2)
😐 • **No** me gusta nada el pelo de colores, ¿y a ti?
😐 • **A mí** _____ (3)
😐 • **No** me gustan nada las camisas hawaianas, ¿y a ti?
😀 • **A mí** _____ (4)

3b Practica con tu compañero. El alumno A abre el libro por la página 164 y el alumno B, por la página 173.

4 Busca fotos de otras cosas que te gustan y no te gustan. Luego, habla con tus compañeros de clase para comprobar si tenéis los mismos gustos.

• *A mí me encantan los gatos, ¿y a ti?*
• *A mí no, yo prefiero los perros.*

B NO SOLO TRABAJO

Lee y habla

1a Mira las siguientes imágenes. ¿Te gusta hacer estas actividades? Habla con tu compañero.

Cocinar · Hacer yoga · Correr · Bailar

Jugar con videojuegos · Pintar · Dormir la siesta

• *A mí me encanta correr, ¿y a ti?*
• *Pues a mí no me gusta mucho.*

4 ESTO ME GUSTA

1b Lee el artículo y completa los espacios en blanco con una de las actividades anteriores.

7 hobbies para ser una persona productiva

Trabajar muchas horas no es 100 % productivo. Es importante dedicar un tiempo cada día a las aficiones. Aquí tienes siete actividades para ser una persona más productiva.

1 _____
Todos sabemos que el deporte es necesario en nuestras vidas. Es una actividad muy completa para relajarse y olvidar los problemas.

2 _____
El *ballet*, el tango, el *funk* o el hip-hop son estilos de baile que necesitan coordinación, memoria y trabajo en equipo.

3 _____
¿Dormir durante el día? Sí, es muy productivo; solo son necesarios veinte minutos para mejorar la memoria y tener más energía por la tarde.

4 _____
A muchas personas les gusta pasar tiempo en la cocina y preparar deliciosos platos. Esta actividad es muy productiva porque es necesario planificar muy bien todo.

5 _____
Es una actividad buena para el cuerpo y para la mente. Muchos famosos la practican en la India.

6 _____
Este tipo de actividades son buenas para la creatividad y la imaginación. Escribir también es una buena opción.

7 _____
Sí, a muchos padres no nos gusta ver a nuestros hijos perder tiempo con esta actividad, pero dedicarle un poco de tiempo es bueno para desarrollar estrategias y tomar decisiones.

1c ¿Cuáles de las actividades anteriores relacionas con estos temas? Habla con tu compañero.

> el deporte la cultura la tecnología
> la salud la comida

• *Hacer yoga con el deporte, ¿no?*
■ *Sí, y también con la salud.*

Escucha

2a 🔊 20 Escucha una encuesta a tres jóvenes españoles: Diana, Carlos y Marina. Di qué temas de la actividad anterior les interesan.

2b 🔊 20 Vuelve a escuchar y señala qué les gusta hacer en su tiempo libre.

Aficiones	Diana	Carlos	Marina
Correr			
Dormir la siesta			
Cocinar			
Pintar			
Bailar			
Hacer yoga			

Gramática

3a Lee en la página 240 la transcripción del audio anterior, busca los verbos *interesar*, *gustar* y *encantar* y completa el siguiente cuadro.

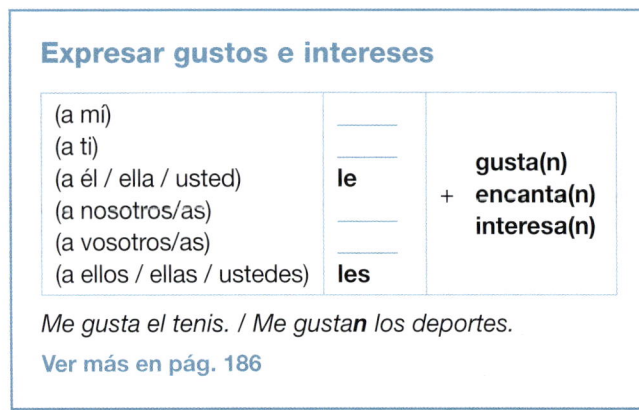

Expresar gustos e intereses

(a mí)	_____	
(a ti)	_____	
(a él / ella / usted)	**le**	+ gusta(n)
(a nosotros/as)	_____	encanta(n)
(a vosotros/as)	_____	interesa(n)
(a ellos / ellas / ustedes)	**les**	

Me gusta el tenis. / Me gusta__n__ los deportes.
Ver más en pág. 186

¡Fíjate!

El verbo **interesar** funciona como los verbos **gustar** y **encantar**.

Me interesa estudiar historia.
Me interesa__n__ los avances tecnológicos.
Me interesa__n__ la salud y la gastronomía.

ESTO ME GUSTA 4

3b Completa estas frases con tus ejemplos.

1 A mí me interesa mucho _____.
2 A mí no me interesa nada _____.
3 A mis amigos _____.
4 A mi familia _____.

4a En grupos, selecciona tres temas y prepara preguntas para descubrir qué cosas interesan más al resto de la clase.

- El deporte
- El arte
- La tecnología
- La literatura
- La vida de los famosos
- La política
- La economía
- La gastronomía
- La música
- La medicina y la salud

• ¿Os interesa el deporte?
• A mí no.
• Pues a mí sí, me gusta mucho el fútbol.

4b Escribe frases para presentar los resultados.

1 A todos nos interesa(n) _____.
2 A la mayoría nos interesa(n) _____.
3 Solo a _____ le interesa(n) _____.
4 A _____ y a _____ les interesa(n) _____.
5 A nadie le interesa(n) _____.

C ESTE FIN DE SEMANA YO QUIERO...

Lee y habla

1a Relaciona las actividades de tiempo libre con la foto correcta y escribe tres actividades más. Comenta con tu compañero cuáles te gusta hacer.

TIEMPO LIBRE

☐ Leer
☐ Quedar con amigos
☐ Descansar en casa
☐ Montar en bici
☐ Ir de compras
☐ Ver una serie
☐ Pasar tiempo con la familia
☐ Ir de excursión

• Otra actividad que me gusta es escuchar música en el coche.
• ¿Ah, sí? Yo no tengo coche. A mí me encanta quedar con amigos.

treinta y siete 37

4 ESTO ME GUSTA

1b Lee esta conversación entre Juan y María, dos compañeros de trabajo, y contesta a las siguientes preguntas.

1. ¿Qué les gusta hacer a María y a Juan normalmente los fines de semana?
2. ¿Tienen otra idea para este fin de semana?, ¿cómo lo expresan?

María: Juan, ¿qué quieres hacer este fin de semana?
Juan: Bueno, normalmente me gusta ir al campo, fuera de la ciudad y del tráfico, pero este fin de semana no quiero salir, estoy muy cansado. Quiero estar tranquilo en casa con mi mujer y mis hijos, ver una serie... Y tú, ¿tienes planes?
María: Pues yo también soy muy familiar, me gusta pasar tiempo con la familia. Pero este fin de semana quiero salir con amigos y hacer deporte, quizá montar en bici por el parque.
Juan: ¡¿Ah, sí?! ¿No quieres descansar un poco el fin de semana?
María: Normalmente me gusta muchísimo leer por la mañana... en la cama con un café, pero este fin de semana, no sé, necesito actividad. Quiero salir y quedar con amigos.
Juan: A mí también me gusta, pero con los niños es casi imposible.

Expresar y contrastar intenciones

- Para expresar intenciones usamos el verbo *querer* + infinitivo:
  Quiero ir al teatro este fin de semana.

- Para contrastar intenciones:
  Quiero salir este fin de semana, ¿y tú?
  - *Yo también.* 😊 / *Yo no.* 😕

  No quiero salir, ¿y tú?
  - *Yo sí.* 😊 / *Yo tampoco.* 😕

Ver más en pág. 187

Gramática

2a Mira las fotos y comenta con tu compañero el significado de la frase.

Normalmente me gusta jugar, pero esta tarde quiero descansar en casa.

2b Busca en la conversación de la actividad **1b** las formas del verbo *querer* que faltan.

	querer
yo	quier__
tú	quier__
él / ella / usted	qui**e**re
nosotros/as	queremos
vosotros/as	queréis
ellos / ellas / ustedes	qui**e**ren

Habla

2c Comenta con tu compañero tus intenciones para este fin de semana. ¿Tenéis planes similares?

- Ir a la playa / montaña
- Salir con amigos / Conocer gente nueva
- Ir al museo / cine
- Hacer deporte / No hacer nada
- Cocinar / Cenar fuera

• *Yo este fin de semana quiero ir a la playa, relajarme... ¿Y tú?*
• *Pues yo no. Este fin de semana quiero...*

3a Mira las fotos. ¿Quién te parece más deportista, casero/a o sociable? ¿Qué gustos o intenciones crees que tienen? Comenta con tu compañero.

Paula · Jaime · Marisa

1. Le gusta mucho correr.
2. No le gusta estar solo/a.
3. Quiere descansar en el sofá y escuchar música.
4. Le encanta quedar con amigos.
5. Le gusta ver series en la tele.
6. Quiere hacer un maratón el próximo año.
7. Le gusta estar en casa.
8. Quiere hacer una fiesta.

Le gusta mucho correr... a Paula, ¿no? Parece deportista.

Escucha

3b 🔊 21 Escucha una conversación entre Paula, Jaime y Marisa y comprueba.

3c Lee estas oraciones con tu compañero y reacciona con tu opinión.

1. Quiero leer un libro de terror.
2. No me gusta el chocolate.
3. Me gustan los gatos más que los perros.
4. No quiero hacer los deberes ahora.
5. Queremos montar en bici.

> **¡Fíjate!**
>
> Cuando contrastamos gustos, usamos **a mí** y cuando contrastamos intenciones, usamos **yo**.
> - Me encanta quedar con amigos, ¿y a ti?
> - **A mí** también.
>
> - Quiero descansar en el sofá ¿y tú?
> - Ay, **yo** no.

Lee y escribe

4a DELE ¿Eres una persona sociable? ¿Quieres conocer gente nueva para practicar español? Rellena este formulario y únete a nuestra comunidad.

mobiamigos

REGÍSTRATE   BUSCAR

DATOS PERSONALES

NOMBRE:
APELLIDO:
NACIONALIDAD:
PROFESIÓN:
FECHA DE NACIMIENTO: Día: Mes: Año:
CORREO ELECTRÓNICO:
SEXO: M   F
IDIOMAS QUE HABLAS:

INFORMACIÓN SOBRE LA PERSONA QUE QUIERES CONOCER

QUIERO CONOCER: Hombre   Mujer
¿CÓMO ES LA PERSONA QUE QUIERES CONOCER?

INFORMACIÓN SOBRE TI

¿CÓMO ERES TÚ?

¿QUÉ HACES EN TU TIEMPO LIBRE?

Uma, 22 años
James, 27 años 
Frida, 36 años 
Hachiro, 31 años 

4b Comenta tu formulario con tus compañeros, ¿con quién tienes más cosas en común?

4 ESTO ME GUSTA

EN ACCIÓN

1a 🔊 22 Escucha y lee el siguiente poema y busca palabras relacionadas con las imágenes.

> *La noche me gusta*
> *porque es muy tranquila,*
> *me gustan las estrellas,*
> *la luna y su silencio.*
>
> *Me gustan los trenes,*
> *los aviones, los paisajes,*
> *hacer la maleta*
> *y salir de viaje.*
>
> *Me gusta, ¡me encanta!,*
> *la lluvia y mojarme*
> *y es un poco triste,*
> *pero es relajante.*

1b 🔊 22 Vuelve a escuchar el poema y fíjate en las pausas. ¿Cuándo es más larga la pausa, después de una coma (,) o de un punto (.)?

1c 🔊 23 En parejas, lee este texto y pon una coma o un punto donde crees que es necesario. Fíjate en que los elementos de una enumeración se dividen con comas. Después, escucha y corrige.

> Me gusta mucho la fruta: las naranjas los plátanos las manzanas los kiwis y las fresas pero no me gusta mucho el melón También me gusta bailar correr jugar con mis amigos y pasear a mi perro ¿Y a ti qué te gusta?

1d En parejas, vamos a hacer un vídeo-poema similar al anterior con las cosas que nos gustan. Los proyectamos todos y buscamos un adjetivo para definir cada uno.

• *Para mí el vídeo-poema de Nadia y Nika es muy divertido.*
• *¡Y original!, porque…*

5 DE AQUÍ PARA ALLÁ

TEMAS

) **Aquí vivo:** describir lugares
) **¿Qué sabes de...?:** preguntar sobre una ciudad
) **Tu destino ideal:** hacer recomendaciones de un destino turístico

- ¿Te gusta viajar?
- ¿Conoces muchos países?
- ¿Cuál es tu ciudad favorita?
- ¿Prefieres vivir en un pueblo o en una ciudad?

5 DE AQUÍ PARA ALLÁ

A AQUÍ VIVO

Habla y lee

1a ¿Conoces alguno de estos lugares? Comenta con tu compañero en qué país están.

- *¿Están en España?*
- *No sé, pero la foto 2 no creo porque...*

1 La Habana   **2** Santiago   **3** Cudillero

1b Lee el siguiente vocabulario y piensa con qué foto de las anteriores lo relacionas. Comenta con tu compañero.

> museos   catedral   barcos   montañas   ciudad cosmopolita
> vida nocturna   pueblo pequeño   edificios altos   playas

- *Las montañas con la foto 2, ¿no?*
- *Sí, y también con la 3.*

1c Tres personas describen el lugar donde viven. Relaciona los textos con las fotos anteriores y escribe el nombre de la ciudad o el pueblo.

A Yo soy de Polonia, pero vivo con mi hijo en _____, un pueblo pequeño que está **en el norte** de España. Hay **playas y montañas** y es **famoso** por sus casas de colores. Hay **muchos barcos** de pescadores y la cocina es **increíble**. Si te interesa el arte, también hay **un palacio** cerca, el Palacio de la Quinta de Selgas. Está **a unos dos kilómetros** y allí hay **unos jardines preciosos** ¡y con cuadros de Goya!

B Yo soy de _____, una ciudad muy especial. Hay **muchos turistas** porque el clima es **templado** todo el año y la gente es **muy simpática**. En la zona antigua hay **una catedral y muchas terrazas** al aire libre. También muchas personas vienen por la salsa: en sus calles suena la música día y noche. ¡Y su arquitectura colonial! Esta ciudad está **en la costa** y es **la capital** del país.

C Yo vivo en _____ porque es **una ciudad dinámica y cosmopolita**. Hay **galerías** de arte, **festivales**, **centros comerciales**, **muchos restaurantes** y **museos**. Tiene mucha oferta cultural y mucha vida nocturna, especialmente en el barrio de Bellavista. Además, hay **edificios** muy altos en Sanhattan, el barrio de las finanzas. Aunque no hay **playa**, hay **unas vistas** de los Andes que son **maravillosas** (están **muy cerca**, a unos 80 km del centro de la ciudad).

Gramática

2a Busca en los textos anteriores las palabras marcadas en negrita que van con estos verbos y completa la tabla.

Hay	Es / Son	Está / Están
muchos turistas	una ciudad	muy cerca

2b Ahora completa este cuadro.

> **Describir, expresar existencia y ubicación**
>
> Para describir o definir usamos el verbo _____; para expresar existencia utilizamos el verbo **haber** en su forma impersonal, _____; y para ubicar en el espacio usamos el verbo _____.
>
> Ver más en pág. 188

Pronunciación y ortografía

3a 🔊 24 Escucha estas frases y observa cómo se unen las letras en negrita al hablar.

1 Ha**y u**n río que cruz**a e**l pueblo.
2 E**n U**ruguay la gent**e es a**uténtica.
3 E**n E**stocolmo lo**s h**ombres son mu**y a**ltos.
4 Ha**y e**dificio**s a**ntiguo**s e**n Lisboa.
5 Lo**s á**rbole**s e**n Carolina del Sur so**n e**spectaculares.
6 E**l a**mbiente de la ciuda**d e**s fantástico.

> **¡Fíjate!**
>
> Cuando una palabra empieza por vocal, se pronuncia unida a la palabra anterior.
>
> Hay una playa al este muy tranquila.
> ↓
> Ha**y u**na play**a a**l **e**ste muy tranquila.

3b 🔊 24 Escucha otra vez cada frase y repite. Graba tu voz con el móvil y comprueba si es similar al audio.

Gramática

4a Observa estas frases de los textos anteriores. ¿Cuándo utilizamos *muy* y cuándo *mucho/a/os/as*?

- Hay **muchos** barcos de pescadores.
- La gente es **muy** simpática.
- En la zona antigua hay **muchas** terrazas.
- Tiene **mucha** oferta cultural.
- Hay edificios **muy** altos.
- Están **muy** cerca.

4b Completa este cuadro con los ejemplos anteriores.

> **Cuantificadores**
>
> **muy** + adjetivo: _____
> adverbio: _____
>
> **mucho/a/os/as** + nombre: _____
>
> Ver más en pág. 189

Escribe y habla

4c Completa estas frases con información del lugar donde vives o de donde eres. Comenta con tu compañero.

1 Mi pueblo / ciudad está…
2 En mi pueblo / ciudad hay mucho/a/os/as…
3 En mi pueblo / ciudad no hay mucho/a/os/as…
4 Mi pueblo / ciudad es…
5 Mi pueblo / ciudad no es muy…
6 Las personas de mi pueblo / ciudad son…

4d 📹 Piensa en un lugar. Tus compañeros hacen un máximo de diez preguntas para descubrir el lugar. Tú solo contestas "sí" o "no".

- ¿Está en Europa?
- Sí.
- ¿Está en el norte?
- Sí.
- ¿Hay mar?
- No.

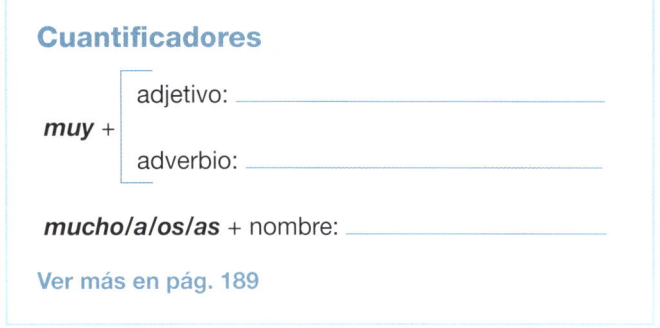

5 DE AQUÍ PARA ALLÁ

B ¿QUÉ SABES DE...?

Lee y habla

1a En grupos de tres, comenta cuál crees que es la respuesta correcta.

• *Yo creo que es una montaña.*
• *Pues yo por la foto creo que es la opción "b".*

1 ¿Qué es el salar de Uyuni?
a Una montaña en los Andes.
b Un desierto de sal en Bolivia.
c Una región en Guatemala.

2 ¿Dónde está Cartagena?
a En el centro de Colombia.
b En la selva del Amazonas.
c En la costa norte de Colombia.

3 ¿Cuáles son las lenguas oficiales de Paraguay?
a El portugués y el español.
b El guaraní y el español.
c El francés y el español.

4 ¿Dónde hay muchos coches de los años 50?
a En Caracas.
b En La Habana.
c En Lima.

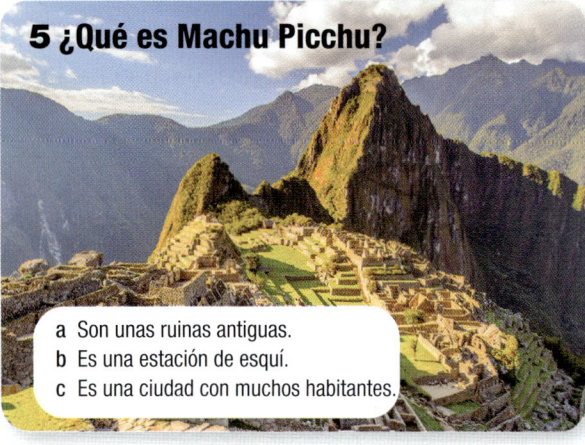

5 ¿Qué es Machu Picchu?
a Son unas ruinas antiguas.
b Es una estación de esquí.
c Es una ciudad con muchos habitantes.

6 ¿Dónde hay más de mil estatuas gigantes?
a En el lago de Yojoa (Honduras).
b En la Patagonia (Argentina).
c En la isla de Pascua (Chile).

Escucha

1b 🔊 25 Escucha a un grupo de compañeros que hacen el test y comprueba tus respuestas. ¿Quién sabe más del mundo hispano?

Gramática

2a Fíjate en las preguntas y respuestas de la actividad **1a** y completa la tabla según su uso.

	Definir	Identificar	Ubicar
Preguntas	¿Qué es?		
Respuestas			

2b Ahora completa el siguiente cuadro.

> **Interrogativos**
>
> - Para definir, preguntamos: **¿Qué + verbo?**
>
>   ¿Qué es el salar de Uyuni? / ¿Qué son los Andes?
>
>   Respondemos con **un / una / unos / unas.**
>
>   Es _____ (1) desierto. / Son _____ (2) montañas.
>
> - Para identificar, preguntamos: **¿Cuál / Cuáles + verbo?**
>
>   ¿_____ (3) son las lenguas oficiales de Paraguay?
>
>   Respondemos con **el / la / los / las**.
>
>   Son _____ (4) guaraní y _____ (5) español.
>
> - Para ubicar, en el espacio, preguntamos: **¿Dónde + verbo?**
>
>   ¿_____ (6) hay estatuas gigantes?
>
>   Normalmente respondemos con **en + lugar**.
>
>   _____ (7) la costa norte de Colombia.
>
> Ver más en pág. 189

3 Escribe una pregunta para estas respuestas. Compara con las de tu compañero.

1. ¿_____?
   En el centro.
2. ¿_____?
   El Everest.
3. ¿_____?
   Un estadio muy famoso.
4. ¿_____?
   La capital es Lima.
5. ¿_____?
   Los Andes.
6. ¿_____?
   Están en el océano Índico.

Escribe

4a Vamos a hacer un concurso de cultura general. Escribe con tu compañero cuatro preguntas para el resto del grupo.

- "¿Donde está la Tate Modern?", ¿es una buena pregunta?
- Sí, pero "dónde" se escribe con tilde en la "o" porque es una pregunta.

4b Entre todos creamos un concurso con una aplicación móvil gratuita (Kahoot, GoConqr, etc.).

C TU DESTINO IDEAL

Habla y lee

1a Para elegir un lugar de vacaciones, ¿cómo te informas? Marca las dos opciones que prefieres y comenta con tu compañero.

1. ☐ Me gusta preguntar a mis amigos o familiares.
2. ☐ Compro un libro que explica todo: transporte, hoteles, información importante, etc.
3. ☐ Prefiero no informarme y descubrirlo allí.
4. ☐ Leo los comentarios de otros viajeros en una página web.

5 DE AQUÍ PARA ALLÁ

1b DELE Estas personas buscan información en una página web para decidir dónde ir. Lee estos comentarios sobre lugares de España y relaciona a cada persona con un lugar. Hay dos comentarios que no necesitas.

LAURA Y ROBERT ☐
"Nos gusta hacer deporte en la naturaleza y conocer cómo vive la gente del lugar".

PABLO Y CARMEN ☐
"Es nuestro aniversario y queremos pasar el fin de semana en una ciudad con cultura y buena gastronomía, claro".

CLAIRE ☐
"Me encanta viajar sola, pero también quiero conocer gente nueva. Me gustan los lugares con mucha actividad y donde la gente es muy abierta".

FAMILIA MÜLLER ☐
"Queremos pasar unos días en familia para descansar, pero con actividades para los niños".

DE VIAJES

REGÍSTRATE   BUSCAR

INICIO   NOTICIAS   COMENTARIOS   CONTACTO

1 Cáceres es una ciudad con una arquitectura increíble. Pasear por la parte antigua de noche es muy, muy romántico. Si te gusta la buena comida, tienes que ir. Hay productos locales, bien cocinados y, en general, a buen precio.

2 Portomarín está en el Camino de Santiago y, claro, hay muchos peregrinos. Es un pueblo especial por la mezcla de tradición y de personas de diferentes culturas. Hay una iglesia románica y, alrededor, muchas terrazas donde disfrutar de la comida tradicional. Si vas a Galicia, tienes que probar el pulpo *á feira*, ¡delicioso!

3 Elegimos **Menorca** por la playa y por la tranquilidad de dejar a nuestros hijos jugar al aire libre. Pero si queréis actividades para hacer en familia, podéis montar a caballo o en bici alrededor de la isla. Además, hay ciudades como Mahón o Ciutadella con mucho ambiente.

4 Si buscas un lugar para relajarte con una naturaleza espectacular, la isla de **El Hierro** es perfecta para ti. El verde de los bosques, la arena negra y el agua transparente del mar es suficiente para eliminar el estrés. Un lugar con poca gente, perfecto para descansar.

5 Madrid es una ciudad con mucha vida. De día hay museos, arquitectura y muchos restaurantes y mercados para probar la gastronomía local. De noche hay fiestas, conciertos, teatro… ¡todos los días! Ah, si quieres hacer amigos de todo el mundo, puedes ir a un grupo de intercambio de idiomas, ¡hay muchos!

6 Ezcaray es uno de los pueblos más bonitos de La Rioja. Es perfecto por su ubicación en la montaña, está a 15 km de una estación de esquí. La gente es muy amable y les gusta compartir su modo de vida. La experiencia es auténtica, muy recomendable.

Basado en comentarios de Tripadvisor

5 DE AQUÍ PARA ALLÁ

Vocabulario

2a Busca en los textos anteriores las palabras o expresiones que corresponden con las siguientes definiciones.

a No es caro ni barato (texto 1): _____
b Mesas de un establecimiento al aire libre para comer o beber (texto 2): _____
c Mucha animación (texto 3): _____
d Tensión, ansiedad (texto 4): _____
e Actividad para practicar dos o más lenguas (texto 5): _____
f Población con menos habitantes que una ciudad (texto 6): _____

2b De los anteriores destinos, ¿a qué lugar quieres ir? ¿Por qué? Comenta con tu compañero.

• *No sé, me gusta todo. Quizás a Cáceres, me encantan las ciudades antiguas.*
• *Pues yo, a El Hierro. Agua transparente y poca gente, ideal.*

2c Practica con tu compañero. El alumno A abre el libro por la página 164 y el alumno B, por la página 173.

Gramática

3a Lee las frases y relaciona cada opción con su significado.

| I | Te recomiendan diferentes opciones para viajar. |
| II | Te proponen una opción como la mejor. |

1 Si te gusta la playa, …
  a **I** puedes ir a El Hierro o a Menorca.
  b ___ tienes que ir a El Hierro, es increíble.
2 Si te gusta visitar pueblos típicos, …
  a ___ tienes que ir a Ezcaray, es auténtico.
  b ___ puedes ir a Portomarín o a Ezcaray.

3b Lee la descripción de estas dos personas y las recomendaciones que hacen en una web de viajes. Marca quién crees que hace cada recomendación. Comenta con tu compañero.

Elena, estudiante italiana, vive en Madrid y le encanta.

Andrew, fotógrafo inglés, viaja mucho y le gusta conocer lugares diferentes.

1 Si te gustan las ciudades con ambiente, …
  a ☐ tienes que ir a Madrid.
  b ☐ puedes ir a Santiago, a Madrid, a Málaga…
2 Si tienes poco tiempo, …
  a ☐ tienes que ver muchas ciudades.
  b ☐ puedes quedarte en una y conocerla bien.

• *Yo creo que Elena recomienda… porque…*
• *Pues yo creo que es Andrew, porque…*

Escribe

4 Escribe recomendaciones sobre un lugar que conoces (ciudad, pueblo…) para una web de viajeros. Lee las de tus compañeros y elige dos donde quieres ir. Coméntalo con tus compañeros.

Barcelona

OPINIONES

⬤⬤⬤⬤⬤ *Opinión escrita hace 2 días*
Magnífica terraza
Si vas a Barcelona, tienes que ir a La Pedrera. Está en el paseo de Gracia y es un edificio de Gaudí maravilloso. Lo mejor, la terraza y las vistas de la ciudad.

Hacer recomendaciones

Para hacer recomendaciones podemos usar:

• **tener que** + **infinitivo** para presentar una opción como la mejor.
*Si vas a Galicia, **tienes que probar** el pulpo á feira.*

• **poder** + **infinitivo** para presentar una o más opciones posibles.
*Si te interesa la arquitectura, **puedes visitar** Cáceres, Ávila, Toledo…*

	poder	tener
yo	puedo	tengo
tú	puedes	tienes
él / ella / usted	puede	tiene
nosotros/as	podemos	tenemos
vosotros/as	podéis	tenéis
ellos / ellas / ustedes	pueden	tienen

Ver más en pág. 190

5 DE AQUÍ PARA ALLÁ

EN ACCIÓN

1a 🔊 26 **DELE** Pedro vive ahora en otra ciudad por su trabajo y le explica a su amiga cómo es ahora su vida en la nueva ciudad. Escucha y completa las siguientes frases.

1. Su vida en esta ciudad es muy *diferente*.
2. Es una ciudad _____.
3. Vive en un barrio _____.
4. Hay mucho _____.
5. Va al trabajo en _____.
6. Le encanta _____.
7. En su pueblo no hay _____.
8. Lo que no le gusta es que no hay _____.

1b Observa estas palabras, ¿con cuáles del cuadro se pueden combinar? Hay muchas posibilidades, cambia el género y el número si es necesario.

- Una ciudad
- Un pueblo
- Un barrio
- Una zona
- Un edificio
- La gente
- El ambiente
- Unas vistas

simpático · antiguo · cosmopolita · bonito · amable · especial · alto · pequeño · dinámica · preciosa · grande · tranquilo · abierta · fantástica

_____
_____
_____
_____

1c Escribe un texto sobre una ciudad o pueblo que te parece interesante y describe qué hay, dónde está y cómo es. Ensaya la pronunciación y graba un audio con una aplicación móvil (Vocaroo, Edmodo…). El resto de la clase tiene que adivinar el lugar.

1d Por último, entre todos votamos quién…

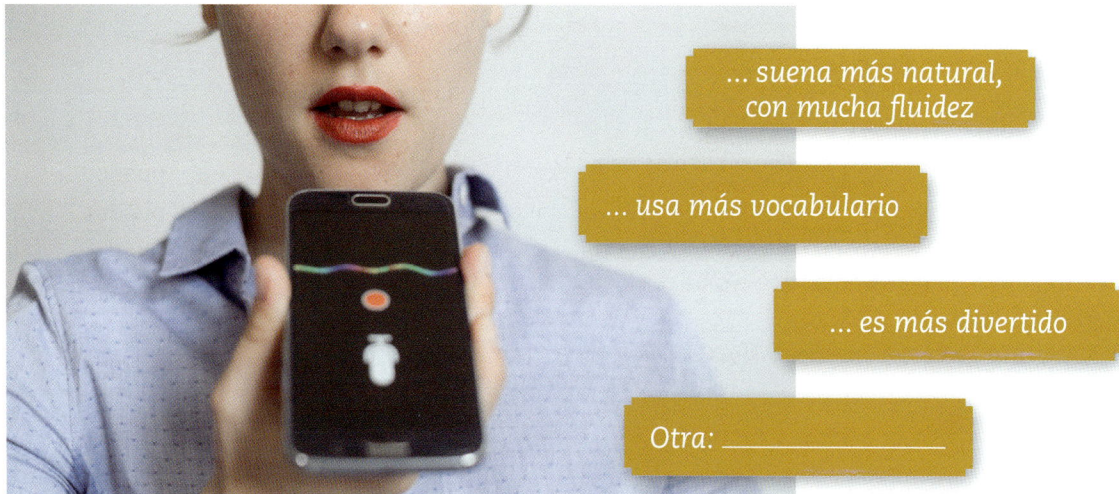

… suena más natural, con mucha fluidez

… usa más vocabulario

… es más divertido

Otra: _____

6 SOMOS ASÍ

TEMAS

- **Rutinas:** verbos de acciones cotidianas, la hora y los días de la semana
- **Mi día a día:** hablar de los hábitos de una persona
- **Fuertes y con determinación:** hablar de deportistas famosos

- ¿Lees el periódico?
- ¿Con quién vives?
- ¿Pasas mucho tiempo en casa?
- ¿Te gusta levantarte pronto?

6 SOMOS ASÍ

A RUTINAS

Habla y lee

1a Mira esta infografía con las acciones y los horarios y señala las que haces tú. ¿Qué otras acciones haces normalmente? Busca las palabras en el diccionario o pregunta a tu profesor y escribe tu rutina en el calendario.

POR LA MAÑANA

7:00	7:10	7:30
levantarse	ducharse	desayunar
8:00	8:10	8:30
salir de casa	coger el autobús	empezar a trabajar

POR LA TARDE

14:00	17:00	17:15
comer	terminar de trabajar	ir al gimnasio
18:30	20:00	20:45
quedar con amigos	hacer la compra	volver a casa

POR LA NOCHE

| 21:30 | 22:15 | 23:30 |
| cenar | ver una película | acostarse |

¿Somos animales de rutinas?

Lunes, martes, miércoles, jueves... Cada día es igual que el anterior: nos levantamos a la misma hora, desayunamos lo mismo, nos lavamos los dientes, vamos a trabajar... Parece que nuestra vida es aburrida y el tiempo pasa más rápido. Sin embargo, la rutina es necesaria para sentirnos seguros, para aprender y para organizar mejor nuestras vidas. De hecho, cuando cambiamos un hábito, por ejemplo: dormimos menos horas, comemos más tarde, etc., nos sentimos mal, incluso nos cambia el carácter. Por eso, es bueno tener rutinas y automatizar esas actividades del día a día para poder centrar la atención en otras cosas más importantes.

lunes	martes	miércoles	jueves	viernes	sábado	domingo
1	2	3	4	5	6	7
			jugar al fútbol			

SOMOS ASÍ 6

1b Comenta con tu compañero las siguientes preguntas. Luego lee en la página anterior el texto *¿Somos animales de rutinas?* y comprueba.

1. ¿Podemos vivir sin rutinas?
2. ¿Qué es lo bueno de tener rutinas?
3. ¿Y lo malo?

Gramática

2a Observa el siguiente reloj que explica cómo se dice la hora en español. Completa el cuadro con las siguientes palabras.

> y veinticinco   menos cinco
> menos cuarto   y diez

La hora

- en punto
- 4 _____
- y cinco
- 1 _____
- menos diez
- y cuarto
- 3 _____
- y veinte
- menos veinte
- y media
- menos veinticinco
- 2 _____

Ver más en pág. 190

¡Fíjate!

Las horas en español se pueden escribir con un formato de 24 horas pero, cuando hablamos, decimos:

10:00 → las diez **de la mañana**

14:00 → las dos **de la tarde**
~~las catorce~~

22:00 → las diez **de la noche**
~~las veintidós~~

Observa:
Es la una… / **Son** las dos, las tres…

2b En parejas, tienes un minuto para recordar la información de la infografía de la actividad **1a**. Luego cierra el libro. Tu compañero dice una hora y tú dices la acción.

• *Las ocho y diez de la mañana.*
▪ *¡Coger el autobús!*
• *Sí, muy bien.*

2c Lee las siguientes horas y escribe a qué acción de la infografía de la página anterior corresponden.

1. las siete de la mañana — *levantarse*
2. las seis y media de la tarde — _____
3. las nueve y media de la noche — _____
4. las ocho y diez de la mañana — _____
5. las diez y cuarto de la noche — _____
6. las ocho de la mañana — _____
7. las nueve menos cuarto de la tarde — _____
8. las once y media de la noche — _____
9. las cinco y cuarto de la tarde — _____

Escucha y habla

2d 🔊 27 Observa las siguientes horas y escribe cómo se dicen. Luego escucha cinco diálogos y marca la hora que oyes en cada caso.

1. ☐ 8:15 _____ / ☐ 7:45 _____
2. ☐ 13:30 _____ / ☐ 12:30 _____
3. ☐ 22:15 _____ / ☐ 23:15 _____
4. ☐ 15:20 _____ / ☐ 14:40 _____
5. ☐ 22:00 _____ / ☐ 10:00 _____

2e Practica con tu compañero. El alumno A abre el libro por la página 165 y el alumno B, por la página 174.

3a Habla con tu compañero sobre las acciones de la infografía de la página anterior que tú haces y si la hora es normal o es tarde para ti.

Para mí es tarde comer a las dos de la tarde.
Para mí es (muy) temprano…
Para mí es normal…

3b Crea tu propia infografía con tu rutina. Luego mira las de tus compañeros, ¿cuál se parece más a la tuya?

cincuenta y uno 51

6 SOMOS ASÍ

B MI DÍA A DÍA

Habla y lee

1a Mira el siguiente dibujo. ¿Qué actividades cotidianas puedes ver?

En el 1.º A ver la tele. En el 1.º B salir de casa, llegar a casa...

1b Dos personas del edificio anterior cuentan su rutina. Lee y descubre quiénes son.

A

Nosotros **vivimos** muy tranquilos. Por la mañana **nos levantamos** a las nueve. Mi marido siempre **sale** a dar un paseo con el perro y **compra** el pan. **Desayunamos** en casa y luego, si es necesario, **hacemos** la compra. **Comemos** a las dos, después nos gusta descansar en el sofá y **vemos** la tele un rato. Por la tarde tenemos que recoger a nuestros nietos del colegio y normalmente **vamos** al parque. Y, por la noche, **cenamos** algo ligero y **nos acostamos** sobre las doce.

B

Yo **estudio** Ingeniería y **trabajo** en una pizzería por las noches, por eso no **duermo** mucho. Normalmente **me levanto** a las ocho, **desayuno**, me ducho, me visto rápidamente y **salgo** de casa a las ocho y media. **Cojo** el autobús y **voy** a la universidad. Las clases **empiezan** a las nueve y **terminan** a las dos, así que **vuelvo** a casa sobre las tres. **Vivo** con un amigo, es muy majo y normalmente cocina para los dos, **como** en casa y luego por la tarde estudio un poco. A las ocho **empiezo** a trabajar en la pizzería y **termino** a la una.

SOMOS ASÍ 6

Gramática

2a Observa los verbos en negrita de los textos anteriores y completa la siguiente tabla.

Verbos regulares en presente

	terminar	**comer**	**vivir**
yo			
tú	termin**as**	com**es**	viv**es**
él / ella / usted	termin**a**	com**e**	viv**e**
nosotros/as	termin**amos**		
vosotros/as	termin**áis**	com**éis**	viv**ís**
ellos/as / ustedes		com**en**	viv**en**

Verbos reflexivos

levantarse
me
te levantas
se levanta
nos
os levantáis
se levantan

(yo) levanto a mi hijo

(yo) me levanto

Ver más en pág. 191

2b Piensa qué verbo representa cada imagen. En parejas, A elige una casilla y conjuga el verbo en la persona que dice B. Si es correcto, escribe su letra. B hace lo mismo. Gana quien tiene tres casillas seguidas en horizontal, vertical o diagonal.

2c Busca en los textos de la página anterior formas de estos verbos irregulares.

1. ir _____
2. empezar _____
3. volver _____
4. dormir _____
5. salir _____
6. hacer _____
7. ver _____
8. coger _____

2d Mira la conjugación de estos verbos en la página 191 y comenta con tus compañeros por qué son irregulares.

2e En parejas, di un verbo en infinitivo. Tu compañero tira un dado y dice el verbo en la persona que indica el dado. Gana quien dice más formas correctas.

- yo
- tú
- él / ella / usted
- nosotros/as
- vosotros/as
- ellos / ellas / ustedes

Pronunciación y ortografía

Las sílabas

Las palabras en español se dividen en sílabas:
dormir: dor / mir (2 sílabas)
levantarse: le / van / tar / se (4 sílabas)

Todas las sílabas tienen como mínimo una vocal.

3a 🔊 28 Escucha y observa cómo se dividen en sílabas los siguientes verbos.

una sílaba	dos sílabas	tres sílabas
1 vais	3 duer / mo	9 em / pie / zas
2 veis	4 vuel / vo	10 em / pe / záis
	5 ha / céis	
	6 co / géis	
	7 vi / vís	
	8 sa / lís	

3b Divide los siguientes verbos en sílabas.

1. volvéis
2. duermen
3. empezamos
4. termináis
5. desayunáis
6. me acuesto

3c ¿Qué verbos te parecen más difíciles de pronunciar? Comenta con tus compañeros y tu profesor.

6 SOMOS ASÍ

Escucha y habla

4a 🔊 29 Escucha una entrevista a Claudia, la vecina del 3.ºA, y responde a estas preguntas.

1. ¿A qué hora se levanta?
2. ¿A qué hora empieza a trabajar?
3. ¿Qué desayuna?
4. ¿Dónde come?
5. ¿A qué hora termina de trabajar?
6. ¿Qué hace por la tarde?
7. ¿A qué hora se acuesta?

4b Responde a las preguntas anteriores con tu información. Después, escribe las preguntas con los verbos en segunda persona del singular. Levántate y pregunta a tus compañeros. ¿Con quién tienes más rutinas en común?

> **¡Fíjate!**
> ~~por la noche~~
> Voy al gimnasio a las nueve **de la noche**.
> **Por la noche**, voy al gimnasio.

4c Practica con tu compañero. El alumno A abre el libro por la página 165 y el alumno B, por la página 174.

Escribe

5 📹 Elige un personaje del dibujo de la actividad **1a** y, en parejas, imagina su rutina y escribe un texto. Los demás compañeros tienen que adivinar quién es.

C FUERTES Y CON DETERMINACIÓN

Lee y habla

1a Observa las imágenes del texto "Fuertes y con determinación", ¿conoces a estas personas?, ¿a qué se dedican?

1b Lee las fichas que aparecen en el texto y relaciona cada una con la imagen correspondiente.

1c ¿Qué cosas tienes en común con ellos?

- *A mí también me encantan los dulces como a...*
- *Pues yo también llevo un tatuaje como...*

1d Piensa en algún deportista famoso y completa una ficha similar. Busca la información en internet y presenta la información a tus compañeros. ¿Cuál te parece más interesante?

FUERTES Y CON DETERMINACIÓN

Jóvenes y con muchas ganas de llegar a lo más alto. Tres deportistas que debes conocer.

Garbiñe Muguruza

1
Nombre
Lugar de nacimiento   La Ceja, Colombia
Fecha de nacimiento   1994

GUSTOS Y CURIOSIDADES
- Le gustan los videojuegos.
- Le gusta el reguetón y su artista favorito es Daddy Yankee.
- Su hermana también es ciclista en la selección colombiana.

LOGROS
- Tiene la medalla de Oro en el Campeonato Mundial de Ciclismo en Pista.
- Es el primer colombiano en ganar, en una misma edición, cuatro etapas del Giro de Italia.

2
Nombre
Lugar de nacimiento   Badalona, España
Fecha de nacimiento   1990

GUSTOS Y CURIOSIDADES
- Le encanta el chocolate.
- Le gusta la moda y pintarse las uñas.
- Tiene una rutina muy estricta, entrena 9 horas diarias, 6 días a la semana.
- Estudia la carrera de Publicidad.
- Su color favorito es el rosa.
- Lleva un tatuaje de unos aros olímpicos.

LOGROS
Tiene cuatro medallas olímpicas.

SOMOS ASÍ 6

Fernando Gaviria

Mireia Belmonte

3

Nombre
Lugar de nacimiento Caracas, Venezuela
Fecha de nacimiento 1993

GUSTOS Y CURIOSIDADES
- Tiene doble nacionalidad (española y venezolana).
- Desde los 6 años vive en España.
- Le encantan los dulces.
- Le gusta ir de compras y cocinar para los amigos.
- Le gusta levantarse temprano.
- Antes de cada partido desayuna fuerte: huevos, pan, fruta y café.

LOGROS
Campeona de Roland Garros y Wimbledon.

2a ¿Es importante el deporte en tu vida? Contesta a este cuestionario para averiguarlo.

¿Eres deportista?

1 **Después del trabajo o de las clases…**
   a **siempre** voy al gimnasio.
   b **a veces** quedo con amigos para jugar al fútbol u otro deporte.
   c **normalmente** vuelvo a casa y descanso.

2 **El sábado o el domingo por la mañana…**
   a **casi siempre** me levanto temprano y salgo a correr.
   b **a menudo** monto en bici o hago alguna actividad física.
   c me levanto tarde y desayuno tranquilo en casa.

3 **Antes de acostarme…**
   a hago yoga o ejercicios en casa.
   b salgo a dar un paseo.
   c veo una serie, **nunca** hago deporte.

4 **En la playa…**
   a me gusta nadar.
   b prefiero andar por la orilla.
   c **normalmente** leo un libro y tomo el sol.

RESULTADOS
Mayoría de respuestas A: el deporte es muy importante en tu vida.
Mayoría de respuestas B: te gusta hacer un poco de deporte, pero no es lo más importante en tu vida.
Mayoría de respuestas C: el deporte no te interesa, prefieres otro tipo de actividades.

2b Comenta los resultados con tu compañero, ¿estás de acuerdo?, ¿quién es más deportista?

2c Las palabras en negrita del cuestionario anterior sirven para expresar frecuencia. Ordena de más a menos frecuente en esta gráfica.

Indicadores de frecuencia

1 normalmente   3 nunca   5 casi nunca
2 a menudo   4 a veces   6 siempre

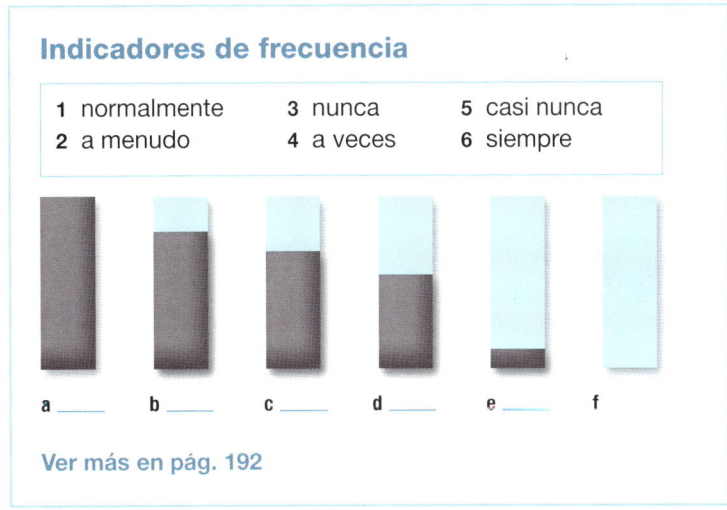

a ___ b ___ c ___ d ___ e ___ f ___

Ver más en pág. 192

2d En parejas, elige otro aspecto importante de la vida que te interesa y prepara un cuestionario como el anterior para tus compañeros.

- La comida
- El tiempo libre
- El aspecto físico
- El trabajo
- El descanso
- …

cincuenta y cinco **55**

6 SOMOS ASÍ

EN ACCIÓN

1a ¿Qué sabes sobre las costumbres de los españoles? Lee estas frases y comenta con tu compañero si te parecen verdaderas (V) o falsas (F).

1. ☐ Muchos españoles comen y cenan muy tarde.
2. ☐ Las tiendas en España cierran pronto.
3. ☐ El desayuno es la comida más importante de los españoles.
4. ☐ El aceite de oliva es un ingrediente típico de los desayunos españoles.
5. ☐ En España hay muchos bares y a la gente le gusta ir de tapas.
6. ☐ En España hay muchas fiestas populares.

1b 🔊 30 Escucha a cuatro estudiantes extranjeros en España que hablan sobre costumbres españolas que les sorprenden. Señala de qué costumbre habla cada uno.

1 Sophie	a Las fiestas populares
2 John	b Los horarios
3 Min	c Los bares y las tapas
4 Anna	d Los desayunos

1c 🔊 30 Escucha otra vez y comprueba si las frases de la actividad **1a** son verdaderas o falsas.

1d Ahora escribe frases sobre costumbres de otros países, algunas verdaderas y otras falsas. Tus compañeros tienen que adivinar cuáles son verdaderas.

● *Los chinos normalmente desayunan sopa de arroz.*
Eso es falso.
No, es verdad.

2a Lee este foro donde un español escribe sobre algunas costumbres de los mexicanos, ¿te sorprende alguna?

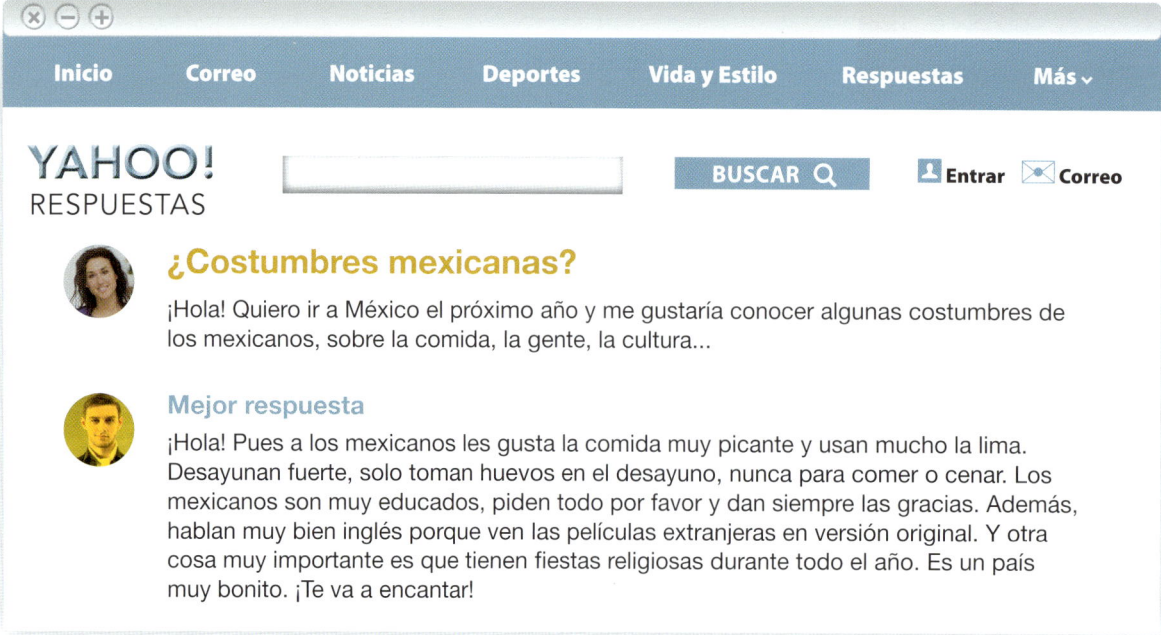

2b Ahora escribe un texto sobre costumbres de tu país que pueden ser interesantes para los extranjeros.

7 ¿QUÉ HACEMOS?

7 ¿QUÉ HACEMOS?

A ¿CÓMO ESTÁS?

Habla y escribe

1a Habla con tu compañero para ver qué tenéis en común.

1 Si estás cansada, ¿qué tomas: un batido de fruta o frutos secos?

2 Si estás triste y quieres comer algo, ¿qué prefieres: chocolate o patatas fritas?

3 Si tienes hambre, ¿comes una hamburguesa o una ensalada?

4 Si tienes sueño, ¿tomas un café o un té?

5 Si tienes calor, ¿qué prefieres: fruta o helado?

6 Si tienes sed, ¿tomas agua o un refresco?

Yo, si estoy cansada, tomo un café. ¿Y tú?

1b Y tú, ¿qué haces en estas situaciones? Completa las frases con ayuda del diccionario y, en grupos de tres, pregunta a tus compañeros.

Si estoy nervioso... | Si estoy enfadada... | Si tengo frío... | Si estoy aburrida...

• *Si estoy nervioso, salgo a pasear.*
■ *Pues yo tomo una infusión.*

Vocabulario

1c Completa el cuadro con el vocabulario de las actividades anteriores.

> **Hablar de estados de ánimo y físicos**
>
> ***estar* + adjetivo:** *estar cansada* /_____ /_____ /_____ /_____*
> ***tener* + nombre:** *tener hambre* /_____ /_____ /_____ /_____
>
> *Recuerda: estos adjetivos cambian en masculino y femenino, excepto _____.
>
> Ver más en pág. 193

1d En círculo, uno piensa en un estado de ánimo o físico, hace mímica y los otros adivinan.

¿QUÉ HACEMOS? 7

1e Ponte de pie y pregunta a la gente de clase. Gana el primero que completa toda la información con el nombre de los compañeros.

Busca a alguien que…	NOMBRE
1 canta si está contento.	
2 si tiene frío, toma un chocolate caliente.	
3 no quiere ver a sus amigos si está triste.	
4 lee un libro si está aburrido.	
5 si está estresado, hace deporte.	
6 cierra la puerta de casa con llave si tiene miedo.	

● *Oye, Alistair, ¿tú cantas si estás contento?*
● *No, no, yo canto muy poco, canto muy mal.*

Lee y habla

2 ¿Crees que los alimentos que tomamos influyen en nuestro estado de ánimo? Habla con tu compañero y piensa si las siguientes afirmaciones son verdaderas (V) o falsas (F). Después, lee el artículo "Nuestro cerebro y la comida" y comprueba.

ANTES DE LEER V/F		DESPUÉS DE LEER V/F
☐ ☐	1 Algunos alimentos pueden ayudarnos a estar menos tristes.	☐ ☐
☐ ☐	2 Todos los chocolates son buenos para reducir la tristeza.	☐ ☐
☐ ☐	3 Para empezar el día con energía puedes desayunar cereales.	☐ ☐
☐ ☐	4 Para un estado de ánimo bajo, es bueno comer pescado blanco.	☐ ☐
☐ ☐	5 Cuando estamos cansados, debemos tomar fruta y verdura.	☐ ☐

Dar consejos

Para dar consejos o hacer recomendaciones usamos:

Si estás triste / cansada…, { *tienes que* / *debes* / *puedes* } + infinitivo

Si estás cansada, **debes** *dormir una siesta corta.*
Si tienes mucho frío, **puedes** *darte un baño caliente.*
Tienes que *respirar profundamente para relajarte si estás nervioso.*

Ver más en pág. 193

NUESTRO CEREBRO Y LA COMIDA

¿Hay alguna relación entre cerebro y comida? Muchos estudios encuentran una gran conexión entre nuestros hábitos de alimentación y el estado de ánimo que tenemos. La comida que tomamos puede ayudarnos a controlar la ansiedad, la depresión y el mal humor.
¿Con qué alimentos podemos ser más felices?

Frutos secos y alimentos integrales
Cuando estamos tristes, enfadados o estresados, tomar frutos secos, arroz integral o chocolate negro nos ayuda a mejorar el estado de ánimo.

Cereales y huevo
Si estás cansado, puedes recibir mucha energía de cereales como la quinoa o el trigo. El huevo también da mucha energía si lo tomas en el desayuno.

Ácidos grasos omega 3
El estado de ánimo baja mucho si no tomas este tipo de grasas. Por eso, debes consumir pescados azules como las sardinas o el salmón.

Vitaminas B y C
El plátano, la manzana, el pimiento… aportan vitaminas importantes para tener un mejor estado físico y de ánimo. Nos ayudan si estamos cansados o nerviosos. También los alimentos verdes son relajantes y te ayudan a ser más feliz.

Escribe y habla

3 Escribe con el resto de la clase un decálogo con otras ideas que podemos hacer para mejorar nuestro estado físico o de ánimo.

1 Si estás triste, debes hablar con tus amigos o familia.

7 ¿QUÉ HACEMOS?

B ¿QUÉ TOMAMOS?

Lee y habla

1a ¿Sabes qué son las tapas? Mira las fotos: ¿qué tapas crees que son tradicionales y cuáles más modernas?

1b Lee el artículo y, en parejas, escribe un título.

1 Croquetas. **2** Pincho de pimiento, anchoa y cebolla. **3** Pincho de tortilla. **4** Pincho de higos, cebolla y queso con rúcula. **5** Pulpo a la gallega. **6** Mini-hamburguesa vegetal con huevos.

¿SABÍAS QUE ESPAÑA es el país de la Unión Europea que tiene mayor número de bares y restaurantes? Hay uno por cada 175 personas, más que en todo Estados Unidos. Ir de tapas, es decir, ir de bar en bar con los amigos a beber y comer pequeñas cantidades de comida, es una costumbre que está de moda actualmente. En todas las ciudades españolas hay cada día más bares de tapas muy variadas: las hay baratas y de fácil preparación, en algunos bares son gratis con la bebida, y otras muy elaboradas.

El mundo de los bares vive una transformación, hoy en día la gente quiere más comida sana y es más exigente. Aunque el tradicional pincho de tortilla continúa en el número uno, la alta cocina también está presente en las tapas. "Tapear" es un acto social más flexible, por eso muchos españoles y turistas prefieren esta opción a la tradicional cena en un restaurante, y grandes chefs empiezan a cambiar platos por estas pequeñas delicias. La tapa actual es un claro ejemplo de "pequeña" alta cocina.

1c Compara tu título con los del resto de la clase, ¿cuál resume mejor el texto?

Vocabulario

1d Busca en el texto palabras o expresiones con este significado.

1. Es muy popular actualmente.
2. No hay que pagar.
3. Comida buena para la salud.
4. Es el primero.
5. Es una actividad grupal.

Escucha

2a Observa las fotos de la derecha, ¿dónde están estas personas?

1. ____ En un restaurante
2. ____ En una cafetería
3. ____ En un bar

2b 🔊 31 Escucha ahora dos diálogos. ¿Con qué fotos los relacionas?

Diálogo 1: foto _____   **Diálogo 2:** foto _____

7 ¿QUÉ HACEMOS?

2c 🔊 31 Escucha otra vez, ¿qué toman los clientes en cada situación? Señala la respuesta correcta.

Bebidas

- un zumo de naranja
- un café con leche
- una cerveza con / sin alcohol
- un agua con / sin gas
- un vino tinto / blanco

Comidas o tapas

un bocadillo de tortilla

unas aceitunas

una hamburguesa

un sándwich vegetal

unas verduras a la plancha

un bacalao con tomate

unas patatas bravas

una ensalada

Reflexiona

2d Mira estas frases típicas de un restaurante o bar, ¿quién las dice normalmente: el camarero o el cliente?

1. ¿Ya saben qué van a tomar?
2. Paco, ¿me pones un café, por favor?
3. Perdone, ¿qué lleva la ensalada?
4. Perdona, ¿cuánto es?
5. Nada más, gracias.
6. ¿Qué les pongo?
7. ¿Quieren algo más?
8. Por favor, ¿qué le debo?
9. ¡La cuenta, por favor!
10. ¿Va a tomar algo de postre?

Camarero	1
Cliente	

2e Ahora, fíjate en las preguntas y señala en cuáles se usa "tú" (informal), en cuáles se usa "usted / ustedes" (formal) y en cuáles son válidas las dos opciones.

Tú	
Usted(es)	
Tú / Usted(es)	

¡Fíjate!

En España y en algunas regiones de América Latina, para hablar con personas formalmente se usa **usted** o **ustedes** + **verbo** con la forma de la 3.ª persona del singular o plural.

¿Qué **quieres** tomar? (informal)
¿Qué **quiere** tomar? (formal)

Ver más en pág. 194

2f Transforma las preguntas formales anteriores a informales.

¿Ya saben qué van a tomar? (ustedes) → ¿Ya sabéis qué vais a tomar? (vosotros)

Escribe y habla

3 Practica con tu compañero. El alumno A abre el libro por la página 165 y el alumno B, por la página 174.

4 En grupos: un camarero y dos clientes. Prepara una carta y un diálogo para representar delante de la clase. Puedes grabar un audio. ¿Qué grupo se parece más a los hablantes nativos?, ¿por qué?

- *Buenos días, ¿qué van a tomar?*
- *Buenos días. Pues, a ver, yo...*

7 ¿QUÉ HACEMOS?

C ¿DÓNDE VAMOS?

Lee, habla y escribe

1a En parejas, ¿sabes dónde está Bilbao? Imagina que estás en esta ciudad: mira su oferta cultural y de ocio, ¿dónde te gustaría ir?

Ocio y cultura en Bilbao

CINE
• *Brava*
Película dirigida por Roser Aguilar sobre el viaje interior de una mujer que sufre un accidente en el metro y ve cómo cambia su vida.
Calificación: no recomendada para menores de 16 años.
Lugar: Cines Golem, plaza Arriquibar, Bilbao.
Horario: 17.15 / 20.00 / 22.30 h.
Precio: entrada general, 8 euros; carnet joven y mayores de 65 años, 6,5 euros; lunes, día del espectador, 4 euros.

TEATRO Y DANZA
• *Dirty Dancing, el musical*
Gran espectáculo musical que revive la historia de amor imposible de la famosa película de los años 80.
Lugar: Palacio Euskalduna, Auditorio, Bilbao.
Horario: de martes a jueves, 20.30 h. Viernes y sábados, 18.30 y 22.30 h. Domingos, 18.00 h.
Precio: de 18 a 54 euros.

ARTE
• *Bill Viola: retrospectiva*
Una gran exposición para conocer la obra de uno de los artistas neoyorquinos de videoarte contemporáneos más importantes, desde sus primeros trabajos hasta la actualidad.
Lugar: Museo Guggenheim, Bilbao.
Horario: de martes a domingo de 10.00 a 20.00 h. Lunes, cerrado.
Precio: entrada general, 13 euros; jubilados y estudiantes (menores de 26 años), 7,50 euros; grupos (15 pax. mínimo), 12 euros; niños y amigos del museo, entrada gratuita.

COMER
• *Bascook*
Cocina vasca, urbana e internacional en un viejo almacén de sal. Especialidades vegetarianas con fusión oriental. Recomendación: el pescado del día a la plancha con verduras asadas.
Lugar: calle Barroeta Aldamar 8, Bilbao.
Horario: de 14.00 a 16.30 y de 21.00 a 24.00 h. Cerrado domingos y noches de lunes a miércoles.
Precio: menú del día, 29,70 euros; menú degustación, 50-60 euros.

CONCIERTO
• *Lila Downs*
La cantante de Oaxaca renueva la música tradicional mexicana con influencias del jazz, gospel y hip-hop. En esta ocasión nos presenta su disco *Balas y chocolate*.
Lugar: Bizkaia Arena, Barakaldo.
Horario: 20.00 h.
Precio venta anticipada: 32 euros. **Taquilla:** 38 euros.

1b DELE Lee otra vez la oferta cultural de Bilbao y completa las frases con la información que falta.

1. El día que el cine es más barato es el _____.
2. El título del musical es _____.
3. La exposición del museo Guggenheim es más barata para _____.
4. El concierto empieza a las _____.
5. Bill Viola es un artista de _____.
6. El día que no abre el restaurante es el _____.
7. Un plato interesante en el restaurante es _____.

¿QUÉ HACEMOS? 7

Escucha

1c 🔊 32 Dos amigos hablan de sus planes para el fin de semana. Escucha el diálogo y responde a las preguntas.

1 ¿Cuáles de los planes del programa quieren hacer?
2 ¿Qué día?
3 ¿Qué palabra dicen al final para despedirse?

Gramática

1d Completa el cuadro.

Para hacer planes en el futuro

Se usan las formas de *ir* + *a* + **infinitivo**.

yo	**voy**		cenar a un restaurante chino
tú			
él / ella / usted	**va**	+ **a** +	ir al cine
nosotros/as	**vamos**		
vosotros/as			ver un partido de fútbol
ellos/as / ustedes	**van**		

El sábado **voy a ir** *a un concierto y el domingo* **no voy a salir**, *quiero estar tranquila y descansar.*

Para hablar del futuro podemos usar diferentes expresiones. Ordena de más a menos próxima en el tiempo.

___ el próximo año   _1_ mañana   ___ en octubre
___ la próxima semana   ___ pasado mañana

Ver más en pág. 194

Habla

1e Practica con tu compañero. El alumno A abre el libro por la página 166 y el alumno B, por la página 175.

Pronunciación y ortografía

2a 🔊 33 En las frases, las palabras se agrupan y forman pequeños bloques. Escucha y fíjate en cómo se pronuncian estas frases.

1 Vamos a salir. → *Vamoş a salir.*
2 Vamos a cenar. → *Vamoş a cenar.*
3 Vamos a ir al cine. → *Vamoş a ir al çine.*
4 Voy a comer. → *Voy a comer.*
5 Voy a descansar. → *Voy a descansar.*

2b Repite las frases anteriores y graba un audio. Escucha y compara tu audio con el original. Vuelve a grabar tu voz si es necesario para mejorar la pronunciación.

Vocabulario

3a Crea el mayor número de combinaciones posibles con estas palabras. Compara con otros compañeros, ¿quién tiene más?

- sed
- novio/a
- un café
- nervioso/a
- sueño
- en casa
- en la playa
- una aspirina
- una exposición
- un bocadillo
- dos hermanos/as
- un concierto
- hambre
- el/la médico/a
- contento/a
- 44 años
- estresado/a
- el sol
- el cine
- un tren
- algo
- triste
- aburrido/a
- enfadado/a

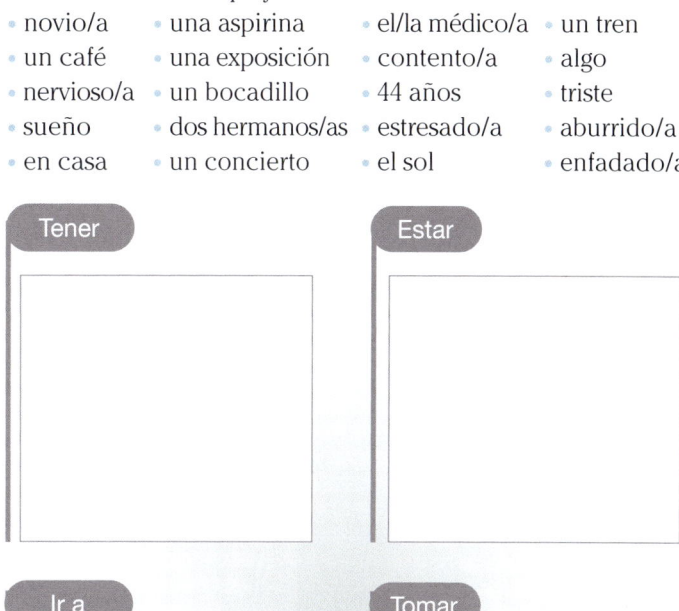

3b Piensa cómo se dicen las expresiones anteriores en tu lengua.

Lee, escribe y habla

4a En parejas, busca en internet información de la ciudad donde estás y prepara un plan de fin de semana con:

- una actividad de arte
- un espectáculo musical
- una actividad deportiva o al aire libre
- un plan para comer o cenar

4b Presenta el plan al resto de la clase. Entre todos comentáis cuál os gusta más y por qué.

Tenemos muchos planes para este fin de semana: el viernes por la noche vamos a cenar en un restaurante vietnamita que está en... y después vamos a...

7 ¿QUÉ HACEMOS?

EN ACCIÓN

1a En parejas, mira las fotos y comenta qué relación crees que hay entre estas personas.

• En la foto 1 pueden ser compañeros de trabajo.
• O el hombre es un cliente.

1b Lee las siguientes frases y relaciona con las fotos anteriores. Elige las que crees que se dicen en España o en otro país hispanohablante que conoces y comenta con la clase y con tu profesor.

1 Foto ____
   a Sí, mire, tiene que seguir todo recto y está muy cerca.
   b Sí, mira, tienes que seguir todo recto y está muy cerca.

2 Foto ____
   a Encantado de conocerte.
   b Encantado de conocerla.

3 Foto ____
   a Aquí tiene su compra.
   b Aquí tienes la compra.

4 Foto ____
   a Alejandro, perdona, ¿puedes repetirlo? No te entiendo bien.
   b Profesor, perdone, ¿puede repetirlo? No le entiendo bien.

5 Foto ____
   a ¡Cómo tienes la tensión! Adela, tienes que cuidarte más.
   b Tiene que cuidarse más, Adela, tiene la tensión altísima.

6 Foto ____
   a ¿Qué tal?, ¿cómo estás, Elena? Que no te veo nunca.
   b ¿Qué tal?, ¿cómo está, Elena? Que no la veo nunca.

1c ¿Y tú lo dices igual? Habla de las diferencias con tu cultura.

1d En parejas, piensa en otras situaciones que te interesan y comenta cómo crees que se dicen en España. Comprueba con tu profesor.

• Por ejemplo, si hablas con la directora de la escuela imagino que usas "usted", ¿verdad?
• Pues, no sé, no estoy seguro, vamos a preguntar.

8 TIEMPO DE COLORES

TEMAS

- **De colores:** léxico de colores, estaciones y meses
- **¿Qué tiempo hace?:** hablar del clima
- **Mi ropa, mi estilo:** hablar de gustos de ropa

- ¿Qué objetos ves en la foto?
- ¿De qué colores son?
- ¿Para qué sirven?
- ¿Cuál es tu color favorito?

8 TIEMPO DE COLORES

A DE COLORES

Habla

1a ¿Qué colores prefieres? Comenta con tus compañeros, ¿tenéis los mismos gustos?

- Para escribir
- Para la pared de tu habitación
- Para vestir
- Para la funda de tu móvil
- Para tu coche

blanco · amarillo · naranja · rosa · rojo
verde · morado · azul · gris · marrón · negro

• *Para mi coche yo prefiero el azul.*
• *Pues yo prefiero el negro o el gris.*

1b Por turnos, nombra un color: tus compañeros tienen que tocar una cosa de ese color. Gana el más rápido.

1c ¿Con qué estación del año relacionas estos cuadros? Comenta con tus compañeros.

- primavera
- verano
- otoño
- invierno

El cuadro 1 con el verano por el mar y…

1d ¿Qué colores asocias con cada estación del año? Comenta con tu compañero.

• *El color verde con el verano.*
• *Pues yo, el verde con la primavera.*

1e Practica con tu compañero. El alumno A abre el libro por la página 166 y el alumno B, por la página 175.

Lee y habla

2a ¿Qué meses corresponden a las estaciones del año en tu país? Comenta con tus compañeros.

- enero
- febrero
- marzo
- abril
- mayo
- junio
- julio
- agosto
- septiembre
- octubre
- noviembre
- diciembre

En mi país de abril a junio es primavera.

2b Completa estas frases con los meses del año. Después comenta con tu compañero.

1. Mi cumpleaños es en _____.
2. Normalmente voy de vacaciones en _____.
3. La fiesta más importante de mi ciudad es en _____.
4. Un mes importante para mí es _____ porque _____.

2c Observa estas palabras, ¿a qué estación del año te recuerdan?

- la lluvia
- las flores
- el viento
- la tierra
- la playa
- la nieve
- el sol
- el calor
- las hojas de los árboles
- el frío
- las vacaciones
- un paraguas

• *A mí la playa me recuerda al verano y a las vacaciones.*
• *Pues a mí las vacaciones me recuerdan al invierno porque…*

> **¡Fíjate!**
>
> *A mí la playa me recuerda a…*
> singular
>
> *A mí las vacaciones me recuerdan a…*
> plural

TIEMPO DE COLORES 8

2d Observa la imagen del texto, ¿qué colores ves? Según el texto no todos vemos los colores de la misma forma, ¿por qué? Lee y comprueba.

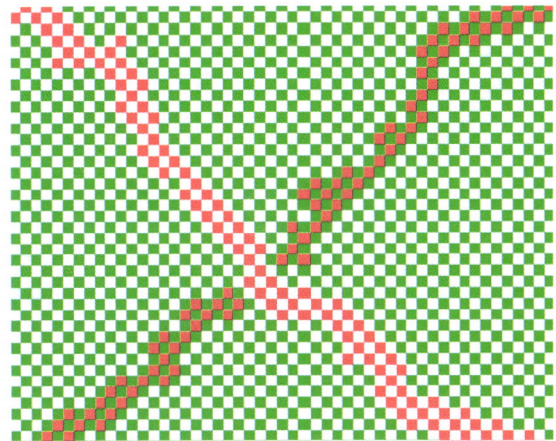

¿POR QUÉ NO TODOS VEMOS LOS COLORES DE LA MISMA FORMA?

Probablemente tu respuesta es que ves cuatro colores: rojo, rosa, verde y blanco. Pero en realidad solo hay tres: rojo, verde y blanco. Cuando los cuadros rojos están al lado de los verdes, el cerebro los ve rojos, pero cuando están al lado de los blancos, los ve rosa.

Los colores son una de las primeras cosas que les enseñamos a los niños sobre el mundo. Vemos un plátano y decimos que es amarillo, para la mayoría de nosotros es así, pero no es tan simple como parece. Nuestro cerebro decide qué color vemos dependiendo de la luz que llega a nuestros ojos.

Nuestras emociones y hasta la época del año pueden cambiar la manera de interpretar lo que vemos.

Al amarillo lo vemos diferente según la estación. En verano, el amarillo se ve más verde, mientras que en invierno, parece más rojo. Cuando los árboles están llenos de hojas, hay más verde a nuestro alrededor y por eso nuestro cerebro ve el amarillo diferente.

Extraído de *http://www.bbc.com*

Gramática

3a Observa estas dos frases, ¿cómo las traduces a tu lengua? ¿Utilizas la misma palabra?

> **Qué / Que**
>
> **a** ¿**Qué** colores ves en esta imagen?
> **b** Los colores **que** ves en esta imagen son rojo, verde y blanco.
>
> Ver más en pág. 195

3b Pon tilde en la palabra "que" si es necesario. Luego, responde o completa las frases y comenta con tu compañero.

1. ¿Cuál es el color **que** más te gusta?
2. ¿Con **que** estación asocias las vacaciones?
3. La estación **que** me parece más alegre es…
4. La estación **que** me parece más triste es…
5. ¿**Que** prefieres, el frío o el calor?

Escucha

4a Completa la letra de esta canción titulada "Un día gris" del grupo Aventuras de Kirlian, transformando las imágenes en palabras. Después, búscala en internet y comprueba.

Un día gris

Son días más pensando en volver,

detrás del con Sly Stone*.

En una ciudad con el allí,

pensando en volver, otro día, otro día.

En un día ,

yo prefiero una .

En un día ,

un mantel a cuadros .

(…)

*Sly Stone: músico y cantante estadounidense de los años 70.

Escribe

4b En parejas, elige uno de estos días y escribe un texto similar para explicar qué prefieres tú. Léelo en voz alta, ¿cuál es más poético?

- En un día de verano
- En un día de invierno
- En un día gris
- En un día azul

8 TIEMPO DE COLORES

B ¿QUÉ TIEMPO HACE?

Habla

1a ¿Qué tiempo hace normalmente en tu país o en tu ciudad en estas fechas?
Marca y compara con tu compañero.

	Hace sol	Hace buen tiempo	Hace mal tiempo	Llueve	Nieva	Hace / Hay viento	Hace frío	Hay tormenta	Hace calor	Está nublado	Hay niebla
El día de tu cumpleaños											
El día de Año Nuevo											
En verano											

• *En verano en mi ciudad hace muy buen tiempo, pero llueve mucho.*
• *Pero en tu país el verano es en diciembre, ¿verdad?*

Gramática

1b Mira en la tabla anterior los verbos que usamos para hablar del tiempo y completa el cuadro.

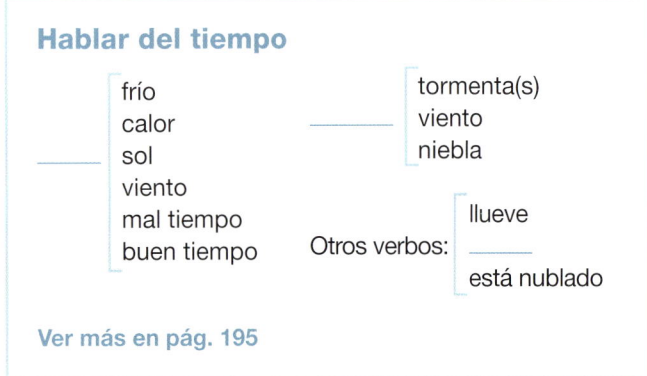

Hablar del tiempo

____ frío / calor / sol / viento / mal tiempo / buen tiempo

____ tormenta(s) / viento / niebla

Otros verbos: llueve / está nublado

Ver más en pág. 195

Pronunciación y ortografía

1c Pronuncia estas vocales con atención varias veces, uniendo unas con otras.

1 a e a o   2 i e a u o   3 o a e i o   4 u e e o o

1d Relaciona las vocales anteriores con su frase correspondiente.

a ☐ Llueve poco
b ☐ Nieva mucho
c ☐ Hace calor
d ☐ No hace frío

1e Piensa en tu expresión favorita sobre el tiempo. Después debes "gritarla en silencio" a tus compañeros, marcando muy bien la posición de la boca para cada vocal. Tus compañeros intentan adivinarla.

1f En parejas, A elige una casilla y dice qué tiempo hace. Si es correcto, escribe su letra. B hace lo mismo. Gana quien tiene tres casillas seguidas en horizontal, vertical o diagonal.

TIEMPO DE COLORES 8

Escucha

2a Mira este mapa con el clima de las tres regiones de un país hispano, ¿sabes cuál es?

Selva: clima húmedo y tropical, llueve mucho y hay tormentas frecuentes.

Sierra: clima seco y templado con cambios extremos de temperatura, hace calor y frío en un mismo día.

Costa: en el norte hace sol todo el año. En el centro y sur llueve poco pero está nublado.

2b 🔊34 DELE Un chico de este país recomienda a unas amigas la mejor época para ir allí. Escucha y completa las frases.

1. En Machu Picchu, entre abril y octubre, **no** _____ **nada**, pero **hace bastante** _____ por las noches.
2. En la época de lluvias, por la mañana **hay un poco de** _____.
3. En la costa, en verano **hace muy** _____, pero por la mañana temprano, **está un poco** _____.
4. En invierno, en la costa _____ **mucho**.
5. En el lago Titicaca, **hay muchas** _____ en verano.

Gramática

2c Observa las frases anteriores y busca un ejemplo para completar este cuadro.

Cuantificadores

Mucho/a/os/as + nombre: _____

Muy + adjetivo o adverbio: _____

Verbo + *mucho*: _____

Bastante + nombre: _____

Un poco de + nombre: _____

Un poco + adjetivo: _____

No + verbo + *nada*: _____

Ver más en pág. 195

Escribe y habla

2d Elige elementos de las columnas para formar frases.

En mi ciudad En mi país En esta ciudad En...	en verano en invierno en primavera en otoño en navidad ∅	(no)	hace hay está llueve nieva	mucho mucha muchos muchas muy bastante un poco (de) poco nada	calor frío buen tiempo mal tiempo sol nublado viento tormentas niebla

En Madrid, en verano hace mucho calor.

3 Practica con tu compañero. El alumno A abre el libro por la página 166 y el alumno B, por la página 175.

4 Dibuja un mapa de un país y marca tres ciudades o lugares que te interesan. Haz una presentación delante de la clase para recomendar cuál es la mejor época del año para visitar alguno de ellos y por qué.

Tres ciudades que me encantan de España son San Sebastián, Gerona y Granada. Podéis ir a San Sebastián (aquí, en el norte) en primavera para pasear por sus playas preciosas y...

sesenta y nueve 69

8 TIEMPO DE COLORES

C MI ROPA, MI ESTILO

Lee y habla

1a Lee y responde a las preguntas. Después, con la ayuda de tu diccionario o de tu profesor, escribe tres preguntas similares. En tríos, pregunta a tus compañeros para descubrir qué estilo tenéis: ¿quién es más clásico?, ¿y más moderno?

¿CUÁL ES TU ESTILO?

Cada persona tiene sus propios gustos a la hora de vestir. ¿Prefieres…

… los pantalones clásicos o los vaqueros?

… las camisas de colores o blancas?

… las camisetas de manga corta o de manga larga?

… los zapatos o las zapatillas de deporte?

… el traje con o sin corbata?

- ¿Prefieres los pantalones clásicos o los vaqueros?
- Depende, en el trabajo prefiero los clásicos, pero para salir, los vaqueros.

1b Dibuja otras prendas de ropa y complementos que tú usas. Luego, en grupos, comenta cómo se dicen en español.

Gramática

Concordancia de los colores

Algunos colores *(blanco, negro, rojo, amarillo, morado)* cambian de género y número dependiendo del nombre que describen.

el abrig**o** blanc**o**   las chaquet**as** blanc**as**

Otros colores no cambian de género, pero sí de número. Si terminan en vocal, forman el plural con **-s** y si terminan en consonante con **-es**: *rosa(s)* o *azul(es)*.

el abrig**o** naranja   las sandali**as** azul**es**

Ver más en pág. 196

1c Describe a un compañero por su ropa, el resto adivina quién es.

- Lleva una camiseta blanca, un pantalón vaquero y unas zapatillas de deporte.
- ¿Es Yuri?
- Sí.

TIEMPO DE COLORES 8

Escucha y lee

2a ¿Qué ropa llevas en estas situaciones? Comenta con tu compañero.

- Una reunión de negocios
- Un paseo por el campo
- Una fiesta en casa de amigos
- Un día de playa
- Una boda
- Ir al gimnasio

• *Para un día de playa, yo llevo un bañador y una camiseta.*
• *Pues yo prefiero un bikini y un vestido.*

2b 🔊 35 Escucha esta conversación de una pareja y elige para cuál de las anteriores situaciones se preparan.

2c 🔊 36 Escucha la continuación de la conversación anterior y contesta a estas preguntas.

1. ¿Por qué necesita Maribel la opinión de Félix?
2. ¿Qué opina Félix de la falda roja?
3. ¿Por qué no quiere llevar Maribel los zapatos blancos?

2d Lee ahora el diálogo y comprueba tus respuestas.

Félix: Ahora te toca a ti, porque nunca sabes qué ponerte.
Maribel: Ya, es verdad, pero es que tengo mucha ropa. Mira, ¿qué tal esta falda roja con este jersey?
Félix: Ufff, no sé, **la** veo muy larga y el jersey, un poco viejo, ¿no?
Maribel: Sí, tienes razón. ¿Y este vestido negro? ¿Me **lo** pongo con estos zapatos verdes?
Félix: Bueno, es muy bonito, pero los zapatos, no sé... ¿Por qué no te **lo** pones con esos zapatos blancos?
Maribel: Me encantan, pero no me **los** pongo casi nunca porque son muy incómodos y en Nochevieja vamos a bailar mucho.
Félix: Entonces puedes ponerte estos negros, ¿no?
Maribel: Ay, es verdad que combinan con todo, pero son un poco aburridos, ¿no? ¿Qué tal estas sandalias blancas?
Félix: Pues si te **las** pones en su casa, sí. Porque en Nochevieja normalmente hace mucho frío.

Gramática

3a En el texto anterior, las palabras en negrita se refieren a otra palabra de la conversación, ¿a cuál?

la _____   los _____
lo _____   las _____

Pronombres de objeto directo

Los pronombres son palabras que hacen el lenguaje más económico, nos ayudan a no repetir la misma palabra en una conversación. Normalmente los pronombres van delante del verbo conjugado. Los pronombres de objeto directo **(lo, la, los, las)** concuerdan en género y número con la palabra que sustituyen.

• *Yo uso mucho las zapatillas de deporte.*
• *Sí, yo también. **Las** llevo para correr, salir... para todo.*

Las llevo las zapatillas para correr, salir... para todo.

Ver más en pág. 197

3b Escribe estas frases sin repetir la parte subrayada. Fíjate en el ejemplo del cuadro anterior.

1. El traje para mí es necesario por mi trabajo. Uso el traje para reuniones con clientes y eventos especiales.
2. Esos pantalones son muy bonitos, pero no compro esos pantalones porque son muy caros.
3. Normalmente llevo faldas con todo tipo de zapatos. Llevo faldas con botas, sandalias, zapatillas de deporte... Me encantan.
4. Esta chaqueta es muy práctica. Me pongo esta chaqueta para trabajar y para salir con amigos.

3c Dos personas se sientan de espaldas a la pizarra y adivinan la palabra que escribe el profesor. Tenemos que dar pistas sin decir las palabras, pero usando los pronombres.

• *Lo usamos cuando llueve.*
• *¿Una chaqueta?*
• *"Lo usamos", no "la usamos".*
• *Ah, es verdad. ¿Un paraguas?*
• *Sí, eso es.*

4 Completa las siguientes frases con tus preferencias. Después, comenta con tu compañero.

- Un complemento que uso mucho es...
- En mi armario no hay...
- Mi prenda favorita es...
- Dos colores que nunca mezclo son...
- Me gusta comprar en...
- En mi armario siempre hay...

Un complemento que uso mucho es mi reloj. Tengo móvil, pero me gusta llevar reloj. Tengo muchos y los cambio dependiendo del color de mi ropa.

setenta y uno

8 TIEMPO DE COLORES

EN ACCIÓN

1a Vamos a leer un texto que se titula "Cómo afecta el clima a los hábitos de compra del consumidor". ¿Qué ideas crees que va a comentar?

- *Quizá habla de qué compramos cuando hace sol o llueve. No sé... ¿un paraguas en otoño?*
- *Ah, sí, puede ser.*

1b En parejas, responde a las siguientes preguntas y explica por qué.

1. ¿Cuándo compras más en línea: cuando hace buen o mal tiempo?
2. ¿Compras más cuando estás triste o cuando estás contento?
3. ¿En qué estación estás de mejor humor? ¿Y gastas más o menos?
4. ¿Qué tipo de productos crees que se compran más en verano? ¿Y en invierno?

1c Lee el siguiente artículo y, en parejas, compara con las respuestas anteriores. ¿A quién afecta más el clima?

Cómo afecta el clima a los hábitos de compra del consumidor

Según *Weather Unlocked*, el clima es el elemento más influyente en el comportamiento del consumidor, después de la economía. Influye en qué comemos, en qué usamos, en qué escuchamos, etc.

El clima afecta a los consumidores de tres formas: su método de compra, su estado de ánimo y la elección del producto.

Método de compra
Imagínate que llueve mucho y quieres comprar algo. Tienes dos opciones: salir a la calle con el tráfico o hacer tu compra desde casa en dos minutos con tu computadora o tu móvil. ¿Cuál eliges? Un estudio compartido por *RichRelevance* demostró que las personas compran menos en línea cuando hace sol que cuando llueve.

Estado de ánimo
Por lo general, las personas compramos cuando estamos de buen humor y esto pasa más en verano. De hecho, está demostrado que la exposición al sol aumenta el consumo y el dinero que gastamos en cada producto. Las fiestas, como la Navidad, también pueden causar estas emociones. Las luces, la música, los regalos y la magia de estas fechas provocan un mayor consumo.

Elección del producto
El clima también influye en el tipo de productos que compramos. Por ejemplo, ¿cuándo estamos más resfriados? ¡En invierno! Por eso, se venden más productos farmacéuticos. Si hace mucho calor, en los supermercados hay más bebidas frías, helados e incluso muebles para el jardín.

En resumen, el clima sí influye en el comportamiento del consumidor y si utilizamos las estrategias adecuadas, podemos mejorar las ventas de nuestro negocio.

Extraído de *www.neuromarketing.la*

Creo que el clima afecta más a Mimming, porque...

1d En parejas, mira el final del artículo. ¿A quién crees que se dirige: a los empresarios o a los consumidores? ¿En qué tipo de revista podemos leerlo? Comenta con tu compañero por qué.

- *Creo que a los consumidores, para informarnos, ¿no?*
- *¿Sí? Pues yo creo que a los empresarios, porque...*

2a Queremos saber quién es la persona más impulsiva, reflexiva o práctica de la clase en sus compras. En tríos, escribe un cuestionario para tus compañeros sobre sus hábitos de compra. Usa las preguntas de la actividad **1b** como modelo.

Hábitos de compra de mis compañeros

1. _____
2. _____
3. _____
4. _____

2b Pregunta a diferentes estudiantes por sus hábitos de consumo. Después, pon en común las respuestas con tu grupo y elige a la persona más impulsiva, reflexiva o práctica de la clase.

9 BIENVENIDOS A MI CASA

- ¿Dónde piensas que está este edificio?
- ¿Te gustaría vivir en él?
- ¿Prefieres un apartamento o una casa?
- ¿Dónde vives tú: en una ciudad o en un pueblo?

TEMAS

- **Mi casa y yo:** léxico sobre vivienda
- **¿Casa o piso?:** hablar de preferencias y hacer comparaciones
- **Decora tu vida:** expresar existencia y léxico de muebles

9 BIENVENIDOS A MI CASA

A MI CASA Y YO

Lee y habla

1a Lee este test y elige la opción que te define mejor o añade otra opción.

Mi casa y yo

Cuando llegamos a casa, nos sentimos relajados, seguros, en paz. Elegimos los colores, los olores, incluso los sabores de nuestro hogar. Tu casa es un reflejo de ti. ¿Eres una persona práctica, sociable, moderna? ¿Pasas mucho tiempo en casa o prefieres estar fuera?

1 Para ti la llave de tu casa simboliza…
a el lugar donde disfrutas con tu pareja.
b las reuniones con amigos y familiares.
c un lugar para el descanso.
d Otro:

2 Cuando entras a tu casa, huele a…
a flores frescas, te gusta tener flores siempre.
b comida, me encanta cocinar.
c productos de limpieza, odias tu casa cuando huele mal.
d Otro:

3 Tu dormitorio es…
a práctico y ordenado.
b caótico y con personalidad.
c moderno y funcional.
d Otro:

4 ¿Qué sonidos relacionas con tu casa?
a Música clásica.
b Risas y discusiones de niños.
c Electrodomésticos: la tele, la lavadora, el lavaplatos…
d Otro:

5 Tu momento favorito del día.
a Cuando desayuno sin prisas con café, fruta, tostadas…
b Cuando me doy un baño por la noche con mi música favorita.
c Cuando me siento en el sofá con mi pareja después de cenar.
d Otro:

6 Los mejores recuerdos en tu casa están relacionados con…
a fiestas con amigos.
b días especiales con tu familia.
c momentos íntimos con tu pareja.
d Otro:

7 Imagina que hay una catástrofe, ¿qué objeto salvas?
a Mi ordenador, sin él no puedo hacer nada.
b Un cuaderno de mi padre, tiene un valor sentimental para mí.
c Nada de la casa, con mi tarjeta puedo comprar otros.
d Otro:

8 Después de la catástrofe, ¿dónde compras los muebles de tu casa?
a Voy a Ikea y lo compro todo en un día.
b Poco a poco, en tiendas pequeñas, me encanta buscar.
c Uso una aplicación donde la gente vende sus muebles más baratos.
d Otro:

BIENVENIDOS A MI CASA 9

1b Comenta las respuestas del test con dos compañeros, ¿cómo creéis que es su personalidad: moderna, romántica, familiar, sofisticada, clásica…?

• *Yo creo que Mohamed es moderno, porque le encanta el diseño.*
• *Sí, pero también es muy familiar, le gusta preparar la cena para su familia.*

Vocabulario

2a Fíjate en el siguiente vocabulario del test de la actividad **1a** y relaciona las palabras con las fotos anteriores.

1. las llaves
2. el descanso
3. disfrutar
4. las flores frescas
5. los momentos íntimos
6. comprar muebles
7. las discusiones
8. sin prisas
9. darse un baño
10. las risas

• *Yo relaciono "sin prisas" con la foto C.*
• *Pues yo con la foto de la comida.*

2b ¿Qué vocabulario de la actividad anterior relacionas con las siguientes definiciones?

a ☐ Sentir placer.
b ☐ Hacer algo tranquilamente.
c ☐ Tener diferentes opiniones sobre un tema.
d ☐ Instantes privados y muy personales.
e ☐ Ir a una tienda para comprar las sillas, la cama, el sofá…

2c Completa las frases con la preposición que falta: *a, con, sin, de* (pueden repetirse). Después, añade tres preguntas más.

1. ¿Qué momento del día disfrutas más _____ tu familia?
2. ¿Puedes vivir _____ bañera?
3. Por la mañana, ¿_____ qué huele tu cocina?
4. ¿Tu fin de semana está lleno de actividades o disfrutas más _____ prisas?
5. ¿Prefieres quedar _____ tus amigos en casa o salir?
6. Cuando llegas _____ casa, ¿qué haces primero?

_____
_____
_____

2d En parejas, responde a las preguntas anteriores y comenta, ¿tenéis algo en común?

• *Margot, ¿puedes vivir sin bañera?*
• *Sí, yo tengo una, pero siempre me ducho, ¿y tú?*
• *Yo no, a mí me encanta bañarme cuando tengo tiempo.*

setenta y cinco 75

9 BIENVENIDOS A MI CASA

B ¿CASA O PISO?

Lee

1a Observa los anuncios de esta página web y señala las opciones correctas.

a Es una página web para comprar viviendas.
b Es una página web para hacer intercambios de casas.
c Es una página web para alquilar casas.

TU CASA

Buscar   Pon tu anuncio gratis   Acceso usuarios

Piso en venta, calle de la Cruz 20, 3.º C, Valencia
Se vende piso exterior de 137 m² con ascensor. Tiene un amplio salón, cocina con terraza, tres dormitorios y dos cuartos de baño. Con calefacción individual de gas y aire acondicionado. Situado en urbanización con amplias zonas comunes, piscina, zona de juegos infantil y vigilancia 24 horas. Dispone de plaza de garaje. Necesita reforma. Está bien comunicado. **Oportunidad: 215 000 euros**

Chalet en el Valle de Arán, Lérida
Se alquila precioso chalet de tres plantas totalmente amueblado. En la planta baja tiene un gran salón con vistas al jardín, cocina-comedor y un aseo. En la primera planta hay cuatro dormitorios y tres baños. Y en la segunda planta, una amplia buhardilla. Excelentes vistas. En el corazón del Pirineo catalán, a 19 kilómetros de las pistas de esquí de Baqueira Beret. **1500 euros/mes**

Dúplex en calle Ruiseñor, Madrid
Se alquila dúplex nuevo a estrenar de 162m² en una de las mejores zonas residenciales de Madrid. Muy tranquilo. Tiene tres dormitorios, dos baños y un aseo, cocina amueblada, salón-comedor, dos plazas de garaje y jardín. **2100 euros/mes**

Ático en alquiler, Madrid
Bonito ático totalmente reformado y amueblado en el corazón de Madrid. Tiene 70 m² en total: 50 de vivienda y 20 de terraza. Tiene un amplio y luminoso salón y un dormitorio con baño en suite. Gastos de comunidad y wifi incluidos en el precio. La terraza es espectacular, con vistas a la Puerta de Toledo. **1200 euros/mes**

1b Mira las imágenes de los anuncios, ¿conoces otro tipo de viviendas?
Un piso, un chalet, un dúplex, un ático, …

1c ¿Con qué expresiones se dice si la vivienda es para vender o alquilar?
Busca las expresiones en los anuncios anteriores.
En alquiler, …

Vocabulario

1d Para describir una vivienda podemos usar el siguiente vocabulario. Comenta con tu compañero si lo conoces. Parte de este vocabulario está en los anuncios anteriores.

- Es exterior / interior / luminoso/a / tranquilo/a
- Es nuevo/a / Está reformado/a / Necesita (una) reforma
- Tiene una cocina / un salón-comedor / un baño / un aseo / una terraza / un jardín / (una plaza de) garaje / 80 m² / calefacción / aire acondicionado
- Está amueblado/a / sin amueblar
- Gastos incluidos
- Está bien comunicado/a / Está en el centro / Está en una zona residencial
- Tiene (excelentes / buenas) vistas / Con vistas a…

1e Practica con tu compañero. El alumno A abre el libro por la página 167 y el alumno B, por la página 176.

BIENVENIDOS A MI CASA 9

1f Busca en los anuncios de la actividad **1a** vocabulario para estas definiciones.

1. Lugar para aparcar el coche.
2. Lugares compartidos con los vecinos: jardín, piscina, etc.
3. Aparato para dar frío.
4. Aparato para dar calor.

1g ¿Cuál de las características anteriores es imprescindible para ti? Comenta con tu compañero.

Para mí es imprescindible el aire acondicionado porque en mi país hace mucho calor.

Escucha

2a 🔊 37 Lola y Guille son una pareja con un niño y quieren cambiar de piso. Escucha la conversación, ¿qué tipo de vivienda de la actividad **1a** prefiere cada uno?

2b 🔊 37 Observa estas frases, ¿cuáles crees que dice Lola y cuáles Guille? Comenta con tu compañero. Luego, escucha otra vez y marca las que dice cada uno.

	LOLA	GUILLE
1 Tiene más habitaciones.	☐	☐
2 Es más barato.	☐	☐
3 Está en una zona más tranquila.	☐	☐
4 Es mejor para el niño.	☐	☐

Gramática

Hacer comparaciones

- Con sustantivos:

(A mí) Me gusta [más / menos] el dúplex **que** el ático.

(El dúplex) Tiene **más** habitaciones **que** el piso.
(El ático) Tiene **menos** baños **que** el dúplex.

- Con adjetivos:

(El dúplex) Es **más** grande **que** el ático.
(El piso) Es **menos** luminoso **que** el ático.

- Irregularidades:

(El dúplex) Es ~~más bueno~~ **mejor que** el piso.
(El piso) Es ~~más malo~~ **peor que** la casa.

Ver más en pág. 197

2c Fíjate en los anuncios de la actividad **1a**, ¿qué vivienda prefieres tú? ¿Por qué? Escribe frases en las que compares tu elección con las demás viviendas. Después, comenta con tu compañero.

El ático es más bonito que el piso, está mejor comunicado que el dúplex.

• *A mí me gusta más el ático que el dúplex porque está en el centro.*
• *Pues yo prefiero el chalet porque es más grande y además...*

Pronunciación y ortografía

3a 🔊 38 Escucha la siguiente frase, observa su curva melódica y repítela.

Mi casa tiene dos habitaciones, un cuarto de baño, una cocina, una terraza y un salón

3b Ahora escribe en tu cuaderno una enumeración de las cosas que tiene tu casa. Lee la frase a tu compañero y pon atención a la curva melódica.

Escribe y habla

4a En parejas, imagina que vas a compartir piso. Busca en alguna página web de la ciudad donde vives una oferta interesante. Haz una lista de las características más importantes.

Tipo de vivienda:
Características básicas (m², n.º de dormitorios...):

Características especiales:

Localización:
Precio:

4b Presenta tu oferta a tus compañeros y escucha sus ofertas. Tenéis que decidir cuál es la mejor.

• *Nuestra casa es más grande y tiene jardín y piscina.*
• *Sí, pero nuestro piso está mejor comunicado que vuestra casa; también es bastante grande, tiene mucha luz y unas vistas impresionantes.*

9 BIENVENIDOS A MI CASA

C DECORA TU VIDA

Lee y habla

1a Mira las fotos del artículo, ¿de qué país crees que son?

1b ¿Sabes cuál es el país más feliz del mundo? Lee el artículo y marca las cosas que haces tú también cuando quieres estar relajado.

LA FELICIDAD de las pequeñas cosas

Según un informe anual de la ONU, Dinamarca es el país más feliz del mundo y su gran secreto está en el "hygge", palabra danesa que expresa el saber disfrutar del hogar y relajarse con las pequeñas cosas. En invierno solo hay cuatro horas de luz al día, por eso sus habitantes pasan mucho tiempo en sus casas y para ellos es muy importante tener una buena decoración, muebles cómodos y bonitos espacios. También dan mucha importancia a todas las actividades que se pueden hacer allí.

Recomendaciones para lograr momentos de bienestar y relax en la vida

- Abrir nuestra casa a amigos y familiares.
- Cuidar la iluminación: usar una bonita lámpara, velas, el fuego de la chimenea.
- Poner música y flores en un jarrón.
- Hacer un pastel en el horno o preparar una cena rica.
- Apagar la televisión, el móvil y el ordenador.
- Proponer un juego de mesa.
- Darse un baño relajante en la bañera.
- Usar muebles, platos, vasos... de nuestros abuelos por su valor sentimental.
- Quedarse en la cama el domingo con una taza de té y un buen libro.
- Vivir el momento, disfrutar del "aquí y ahora" y ser consciente de ello.

1c Compara tus respuestas con las de tus compañeros: ¿quién disfruta más de las pequeñas cosas?

• Bueno, yo también pongo velas a menudo, ¡me encantan!, ¿y tú?
• Pues a mí me gusta mucho estar en silencio en casa y tomar un té caliente por la tarde...

Vocabulario

1d En tríos, busca en el texto vocabulario de muebles y objetos de la casa y piensa en otros tres que te parecen imprescindibles. Si no sabes el nombre, lo puedes buscar en el diccionario. Después, dibuja los muebles y el resto de la clase debe decir qué es.

BIENVENIDOS A MI CASA

Escucha

2a 🔊 39 Una pareja piensa en comprar algunos objetos para lograr un ambiente más cálido en su casa. Escucha el diálogo y completa el cuadro.

¿Qué miran?	¿Cómo es?	¿Lo compran?

2b Observa estas frases del diálogo anterior y elige la opción correcta.

1 "Me gusta más el rojo". ¿A qué se refiere?
   a Unos cuadros
   b Una silla
   c Un sillón

2 "Prefiero la baja". ¿A qué se refiere?
   a Una mesa
   b Un sofá
   c Unas cortinas

Gramática

El / la / los / las + adjetivo

Usamos esta estructura para no repetir un sustantivo que está en el contexto:

- Mira este sillón verde, ¡es precioso!... ¿O te gusta más **el rojo**? (= el ~~sillón~~ rojo)
- Me encanta la lámpara roja, ¿y a ti?
- La verdad es que prefiero **la azul**. (la lámpara azul, no la roja)

Ver más en pág. 198

2c Elige la opción correcta.

1 ¿Qué sofá prefieres?
   a La blanca.
   b La marrón.
   c El negro.

2 Aquí están los vasos, a mí me gustan más…
   a Los pequeños.
   b El azul.
   c Las grandes.

3 Mira este catálogo, ¿qué armario prefieres?
   a El más caro.
   b La marrón.
   c La blanca.

4 ¿Qué nevera compramos?
   a La grande es mejor.
   b El pequeño.
   c Las baratas.

2d Mira las fotos, ¿sabes cómo se llaman? Elige uno que te gusta y explica por qué. Tu compañero tiene que adivinar de cuál hablas.

• Me gustan más las blancas con color dentro porque son más grandes y más prácticas.
• ¿Son las tazas?
• Sí.

Escribe

3a ¿Tienes algún objeto favorito en tu casa? Lee el siguiente texto, ¿qué mueble describe?

> "Un lugar para la siesta, una cena informal, una charla, un café con amigos, donde duerme mi gata, las noticias del día, una película, palomitas, un libro…, mis ideas y pensamientos".

3b ▶ Piensa en otro mueble u objeto favorito de tu casa y escribe una descripción. Lee tu texto a la clase, ¿saben qué es?

setenta y nueve

9 BIENVENIDOS A MI CASA

EN ACCIÓN

1 En parejas, ¿qué estilo de casa imaginas que tienen estas personas? ¿Por qué? Elige uno para cada una de ellas. Comenta con tus compañeros.

El estilo de tu casa habla de ti

Exótica o industrial, moderna o clásica, contemporánea o tradicional, acogedora o fría, luminosa u oscura…, ¿qué dice tu casa de ti?

Manolo, 73 años, abogado, jubilado. Vive con su mujer en el centro de una pequeña ciudad. Aficiones: leer el periódico, jugar al ajedrez y al golf con sus amigos y recibir a sus hijos y nietos los domingos.

Juanjo, 33 años, fotógrafo de viajes. Vive en las afueras de una gran ciudad con su pareja. Aficiones: viajar por todo el mundo, coleccionar recuerdos de países exóticos, dormir en un avión y montar en bicicleta.

Sofía, 45 años, arquitecta, vive con una amiga economista en el centro de una gran ciudad. Aficiones: leer noticias de economía en internet, ver cine en casa, hacer fiestas allí con sus amigos y ¡la moda!

Joan, veterinario, 55 años. Vive en un pequeño pueblo. Aficiones: esquiar, escuchar música clásica y cocinar. Prefiere la vida en el campo, pero va a la ciudad a menudo al teatro y a ver exposiciones.

• *Yo creo que Manolo vive en una casa clásica, con muebles muy antiguos.*
• *Sí, y además es una casa grande con tres o cuatro dormitorios y un salón para comer con la familia.*

2a Piensa en la casa más bonita que conoces y escribe una pequeña descripción.

- ¿De quién es la casa?
- ¿Dónde está?
- ¿Cómo es? (habitaciones y muebles)
- ¿Qué es lo que más te gusta de ella?

2b Explica a tus compañeros cómo es la casa y escucha sus descripciones. ¿Cuál te gustaría visitar? ¿Por qué?

La casa más bonita que conozco es la de unos amigos que viven en Bilbao. Está en el centro y tiene unas ventanas muy grandes con unas vistas preciosas: puedes ver el museo Guggenheim y el río. El salón es muy grande, hay un sofá rojo muy bonito…

10 CIUDADANOS DEL MUNDO

TEMAS
- **¡Qué curioso!:** expresar conocimiento y reaccionar
- **Adicto al móvil:** preguntar por experiencias
- **Diario de un nómada:** describir una ruta

- ¿Te gusta viajar?
- ¿Cuál es el lugar más bonito que conoces?
- Piensa en tres objetos que siempre llevas en tus viajes.
- ¿Qué países quieres visitar?

10 CIUDADANOS DEL MUNDO

A ¡QUÉ CURIOSO!

Lee y habla

1a ¿Toda la gente que viaja es un turista? ¿Crees que hay diferencias entre un turista y un viajero? Comenta con tu compañero.

1b En parejas, lee estas frases y marca cuáles describen a un viajero (V) y cuáles a un turista (T). No hay una única solución. ¿Estás de acuerdo con tu compañero?

1. ☐ Normalmente viaja por rutas típicas.
2. ☐ Le gusta conocer culturas y costumbres diferentes.
3. ☐ No sabe usar el transporte público ni le interesa.
4. ☐ Viaja como algo temporal: quiere conocer algo distinto en un corto tiempo.
5. ☐ Sabe saludar, despedirse, dar las gracias… en el idioma del país.
6. ☐ Viajar forma parte de su vida: cuando vuelve, ya está pensando en su próximo destino.
7. ☐ Le gusta hacerse *selfies* en los lugares turísticos.
8. ☐ Conoce medio mundo, pero no siempre visita los lugares más típicos ni los museos más internacionales.

- *A un viajero le gusta conocer…*
- *Sí, y a un turista…*

2a Mira las fotos de este blog de viajes sobre hábitos culturales del mundo. ¿De qué países crees que son?

2b Ahora lee el blog, comprueba tus hipótesis y relaciona cada título con su texto. ¿Cuál es el más interesante o curioso para ti? Comenta con tu compañero.

> Llevamos todo - La moda del amor - Ojos pintados
> Silencio en el metro - Aquí no se baila

- *Para mí, la costumbre más interesante es la de…*
- *Para mí también, ¡es…!*

¿Sabés que…?

Los seres humanos nos parecemos mucho en todo el planeta, trabajamos, comemos, dormimos, amamos… Pero al mismo tiempo tenemos costumbres curiosas que son muy diferentes unas de otras. Y como es muy subjetivo el tema de las curiosidades porque lo raro o exótico para nosotros puede ser muy normal para otros, os presentamos cosas divertidas, extrañas o que directamente nos han llamado la atención en alguno de nuestros viajes.

1 _____

¿Conocés* Japón? Porque allí, en los subtes y trenes existe una regla muy estricta y que todo el mundo respeta: no se puede hablar por celular y se debe estar en silencio. No se escuchan llamadas, ruidos ni nada por el estilo. Además, si uno está cerca de los asientos reservados para ancianos, embarazadas o con gente con algún problema de salud, directamente hay que apagarlo.

2 _____

Las parejas de enamorados que salen a pasear por Corea del Sur (especialmente los jóvenes) demuestran su amor llevando ropa igual. Remera, pantalón, medias y zapatillas… Las dos personas se visten de la misma forma porque si se ponen algo de ropa diferente, significa que hay menos amor.

CIUDADANOS DEL MUNDO 10

3

¿Sabés que en India, Nepal y Birmania tienen por costumbre pintar los ojos de negro a los niños recién nacidos o de pocos años? La sustancia que se utiliza se llama *kohl*, y sirve como protección para infecciones, dolores y contra los malos espíritus.

4

Las personas transportan cosas de un lugar a otro desde que el mundo es mundo, pero hay cosas que nos llaman mucho la atención. Si conocés países como Ecuador o Perú, seguro que sabés que puedes ver una oveja o una gallina viva en el techo de un bus, ¡y en Vietnam pueden llevar muebles en sus pequeñas motos!

5

En países como Vietnam, Corea del Sur o Taiwán las bodas son estrictamente para comer. No hay baile, bandas de música, juegos ni nada: eso sí, hay ¡mucha comida! Además, las bodas no son necesariamente los fines de semana, tradicionalmente se eligen solo días considerados de buena suerte para casarse. También es muy común celebrar dos fiestas, una con cada familia por separado.

Extraído de *http://periodistasviajeros.com*

*En Argentina sabés=sabes, conocés=conoces, subte=metro, celular=teléfono móvil, remera=camiseta y medias=calcetines.

Gramática

3a Mira estos ejemplos donde se usa el verbo *saber* y *conocer*. ¿Cómo se dice en tu idioma?

1. ¿Conoces Japón?
2. ¿Sabes que en el metro de Japón los móviles tienen que estar en silencio?

Expresar conocimiento

En español se usan el verbo **saber** y el verbo **conocer** para expresar conocimiento:

- **conocer:** se puede conocer un lugar, una persona (con preposición *a*) o una cosa.
  *¿Conoces **a** mi prima Pilar? / Conozco una cafetería preciosa en esta zona. / ¿Conoces la última novela de Dolores Redondo?*
- **saber:** se pueden saber cosas que aprendemos de memoria (la letra de una canción, los verbos irregulares en español...). A menudo va seguido de *qué, quién, dónde, cuándo, cuál, por qué* y *si*.
  *¿Sabes **dónde** está Roma? / ¿Sabes a **qué** hora es la fiesta? / ¿Sabes **si** hay clase mañana?*

Recuerda que los dos son **verbos irregulares en 1.ª persona del singular**:
- *saber:* (yo) **sé**.
- *conocer:* (yo) **conozco**.

Ver más en pág. 198

3b Selecciona con un círculo la opción correcta en estos diálogos.

1. En el cine:
   - ¿**Sabes / Conoces** a qué hora termina la película?
   - No, no **sé / conozco**.

2. En una clase de español:
   - ¿**Sabes / Conoces** cómo es el presente de indicativo de *decir*?
   - Sí: *digo, dices...*

3. Dos amigos hablando:
   - ¿**Sabes / Conoces** a Dani?
   - Sí, claro, es muy amigo de Vero.
   - ¿Y **sabes / conoces** si tiene novia?
   - Sí, creo que está saliendo con una chica italiana.

3c Practica con tu compañero. El alumno A abre el libro por la página 167 y el alumno B, por la página 176.

10 CIUDADANOS DEL MUNDO

Escucha

4a 🔊 40 Escucha otras curiosidades del mundo y relaciona cada diálogo con una de las siguientes imágenes.

4b 🔊 40 Escucha otra vez y marca en el cuadro las expresiones que oyes.

> **Expresiones para reaccionar**
>
> Estas expresiones se usan para reaccionar o expresar sorpresa ante una información.
>
> ☐ ¡Anda! ☐ ¡Qué interesante!
> ☐ ¡Qué me dices! ☐ ¡Qué bonito!
> ☐ ¡Qué curioso! ☐ ¡Qué divertido!
> ☐ ¡Qué raro! ☐ ¡Ni idea!

4c Piensa cómo dices las expresiones anteriores en tu idioma.

Investiga, escribe y habla

5a ▶ En grupo, busca curiosidades sobre la cultura de un país que conoces o que te gusta. Prepara una exposición y decide el formato que quieres usar: PowerPoint, vídeo, podcast… Podéis pensar en:

- saludos
- gestos
- fiestas especiales
- restaurantes y tiendas
- ropa para días especiales
- comida típica en fiestas
- carácter de la gente
- casas

5b En parejas, escucha a tu compañero y reacciona. ¿Qué información nueva tienes ahora de otras culturas?

- *¿Sabes que en Francia, mi país, para saludar, en unas regiones dan dos besos y en otras, tres o cuatro?*
- *¡Anda! ¡Qué divertido!*

B ADICTO AL MÓVIL

Lee y habla

1a Observa estas imágenes, ¿te sientes identificado con alguna? Comenta con tu compañero.

- *Yo también hago fotos a los platos que me gustan.*
- *Yo no, pero sí uso el móvil en la cama.*

1b ¿Imaginas tu vida sin el móvil? Vamos a hacer una lluvia de ideas de los usos que hacemos del móvil. Luego, lee la primera parte del test de la siguiente página, ¿coincide?

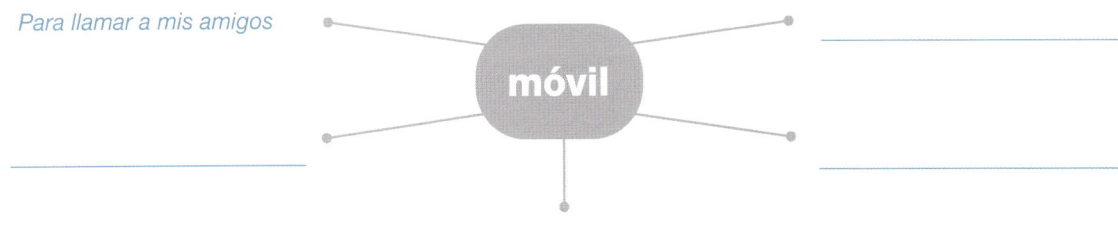

Para llamar a mis amigos

móvil

CIUDADANOS DEL MUNDO 10

1c ¿Crees que eres adicto al móvil? Comenta el test con un compañero y toma nota de tus respuestas. ¿Estáis de acuerdo con vuestros resultados?

¿Eres adicto al móvil?

Hoy en día es difícil imaginarse la vida sin el móvil. No solo lo usamos para mantener el contacto con familiares y amigos, también lo utilizamos con frecuencia en nuestro trabajo y estudios, así como en nuestro tiempo libre: juegos, compras, noticias, fotos… Se ha convertido en una herramienta necesaria para nuestra vida diaria. Sin embargo, la dependencia excesiva puede causar problemas de adicción. Contesta a este cuestionario y descubre si eres un adicto al móvil.

	Muchas veces	A menudo	Algunas veces	Nunca
a Cuando te levantas por las mañanas, ¿lo primero que haces es mirar el móvil?	☐	☐	☐	☐
b ¿Alguna vez no has escuchado a un amigo por estar mirando el móvil?	☐	☐	☐	☐
c ¿Alguna vez no has hecho los deberes o tareas del trabajo por estar entretenido con el móvil?	☐	☐	☐	☐
d ¿Dedicas más horas al día a comunicarte con gente virtualmente con el móvil que en persona?	☐	☐	☐	☐
e ¿Alguna vez tu familia te ha dicho que pasas mucho tiempo con el móvil?	☐	☐	☐	☐
f ¿Has vuelto a casa alguna vez solo para coger el móvil?	☐	☐	☐	☐
g ¿Alguna vez has encendido el móvil en un lugar donde no se puede (una clase, un avión…)?	☐	☐	☐	☐
h Si no sabes la respuesta a una pregunta, ¿la buscas inmediatamente en el móvil?	☐	☐	☐	☐
i ¿Alguna vez has salido de un cine o teatro para contestar una llamada o ver tus mensajes de móvil?	☐	☐	☐	☐
j ¿Alguna vez te has acostado con el móvil en la mano?	☐	☐	☐	☐

RESULTADOS: Suma los puntos: nunca, 0 puntos; algunas veces, 1 punto; a menudo, 2 puntos; muchas veces, 4 puntos.

Entre 0-10 puntos. ¡Felicidades! Haces un uso apropiado del móvil, por el momento no tienes adicción.

Entre 11-30 puntos. ¡Cuidado! Tienes los primeros síntomas de un adicto. Es importante reflexionar sobre el uso que haces del móvil.

Entre 31-40 puntos. El uso excesivo que haces del móvil ya es un inconveniente en tu vida. Lo primero es reconocer que tienes un problema y buscar soluciones.

Gramática

2a ¿En qué preguntas del cuestionario anterior hablamos de experiencias pasadas? ¿Cuáles son los infinitivos de estos verbos?

2b Completa el cuadro con los ejemplos anteriores.

El pretérito perfecto

Para hablar de experiencias usamos el pretérito perfecto. Se forma con el presente del verbo **haber** + **participio**.

HABER	Participio		
	regulares		irregulares
	-AR (-ado)	-ER / -IR (-ido)	
he			escribir - escrito
____	*escuchado*,	____,	ver - visto
____			hacer - ____
hemos			poner - puesto
habéis			decir - ____
han			volver - ____

Podemos usar expresiones de frecuencia: **muchas veces, varias veces, alguna vez, dos veces…, nunca**.

Ver más en pág. 199

Escribe y habla

3a Vamos a descubrir qué compañeros han tenido estas experiencias y quién es el más tecnológico. Para ello primero escribe las preguntas.

1. Pagar con el móvil. *¿Alguna vez has pagado con el móvil?*
2. Escribir en una página web de viajes. _____
3. Subir un vídeo a YouTube. _____
4. Jugar a videojuegos *online*. _____
5. Hacerse un *selfie*. _____
6. Poner "me gusta" en fotos en internet. _____
7. Vender algo por internet. _____
8. Tener una identidad falsa en la red. _____

Pronunciación y ortografía

3b 🔊 41 Ahora, escucha las preguntas anteriores, fíjate en la pronunciación y repite.

3c Añade dos preguntas nuevas. Luego pregunta a otros compañeros de clase y toma notas de sus respuestas.

- ¿Alguna vez has pagado con el móvil?
- No, nunca. Y tú, ¿has vendido alguna vez algo por internet?
- *Sí, muchas veces.*

10 CIUDADANOS DEL MUNDO

C DIARIO DE UNA NÓMADA

Lee

1a Adela es una viajera y escribe sobre los lugares que visita en un diario. Lee las recomendaciones que hace de su viaje a Nicaragua y ordénalas según la ruta del mapa.

Diario de una nómada

DE COSTA RICA A NICARAGUA

Cuando haces un viaje por varios países, te cruzas con viajeros que vienen del lugar donde tú quieres ir. Entonces, casi siempre hablas de lo que has visto y preguntas sobre lo que vas a visitar. En Costa Rica te encuentras con muchos viajeros que vienen de Nicaragua y todos dicen "es un país auténtico", "es más barato", "es seguro", "es tranquilo".

CIUDADANOS DEL MUNDO 10

1b Vuelve a leer el diario de Adela y contesta a estas preguntas.

1. ¿De qué país propone salir Adela para llegar a Nicaragua?
2. ¿Qué medio de transporte recomienda usar para ir hasta San Juan del Sur?
3. ¿Qué propone hacer en Maderas?
4. ¿De qué lugar sale para llegar a Moyogalpa?

Vocabulario

2a Relaciona los siguientes verbos de movimiento con preposición que aparecen en las recomendaciones de la actividad **1a** con los dibujos de este cuadro.

(a)

Otra buena opción es visitar una isla volcánica que está en el Gran Lago de Nicaragua, la más grande del mundo en agua dulce. Para llegar a Ometepe, tomas el *ferry* desde Rivas y en una hora bajas en Moyogalpa, uno de los puertos más importantes de la isla.

(b)

Si quieres ir hasta Maderas, una playa a pocos kilómetros de San Juan del Sur, puedes alquilar una bici. Su principal atractivo son las olas, hay varios campamentos para aprender a surfear. Pero si no, siempre puedes pasear por la playa.

(c)

Cuando vienes de Costa Rica y llegas al lado nicaragüense, aparecen taxistas para ofrecerte transporte directo para ir hasta San Juan del Sur, un pueblo costero a una hora de ahí, pero ir en taxi cuesta 35 dólares e ir en bus cuesta 7 córdobas (unos 25 centavos de dólar), así que mejor elegir la segunda opción. San Juan está en la costa del Pacífico y es un pueblo turístico, pero muy tranquilo.

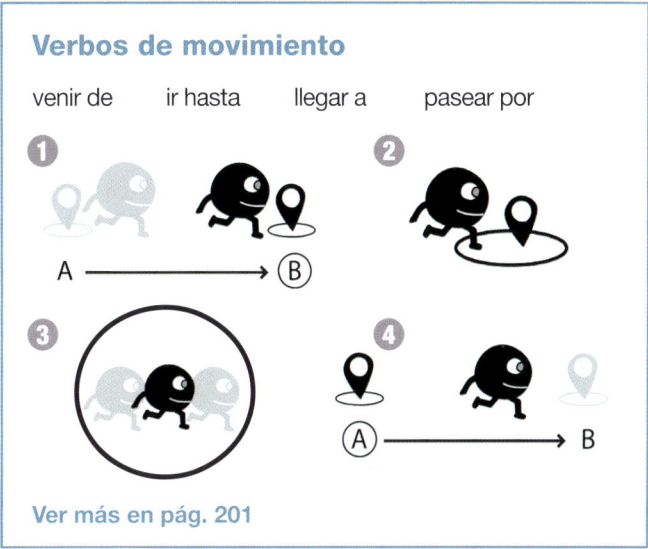

Verbos de movimiento

venir de   ir hasta   llegar a   pasear por

Ver más en pág. 201

2b En estas frases aparecen otros verbos con preposición del diario de Adela, haz un dibujo para ilustrar cada una. Compáralo con tu compañero.

- Adela **se baja en** Moyogalpa.
- Adela **va en** bus.
- Adela **sale de** Costa Rica.
- Adela **viaja por** Nicaragua.

Escribe, escucha y habla

3a En pequeños grupos, cread vuestra propia ruta. Tenéis que elegir el país, la fecha, el número de días, la época del año, los lugares a visitar y el transporte para hacer la ruta. Ilustradla en un mapa.

Llegamos a Hong Kong en avión desde Dubai...

3b Escucha las presentaciones de tus compañeros y comenta cuál te gustaría hacer y por qué.

A mí me gusta mucho la ruta de... porque...

10 CIUDADANOS DEL MUNDO

EN ACCIÓN

1a ¿Qué ves en cada foto? Todas son del mismo país, ¿sabes cuál es?

La foto número 1 parece una iglesia, ¿no?

1b 📄 **DELE** Susana está de vacaciones con su novio en ese país. Lee el correo electrónico que ha escrito a su hermana y marca las opciones correctas de las preguntas.

1 Susana dice que en Quito hace…
   a ☐ mucho frío
   b ☐ mucho calor
   c ☐ mal tiempo
   d ☐ buen tiempo

2 Susana y su novio se alojan en…
   a ☐ casa de un amigo
   b ☐ un hotel
   c ☐ un apartamento
   d ☐ una casa alquilada

3 Han ido a Ciudad Mitad del Mundo en…
   a ☐ un coche de alquiler
   b ☐ avión
   c ☐ transporte público
   d ☐ motocicleta

4 En el mercado Otavalo ha comprado…
   a ☐ artesanía
   b ☐ ropa
   c ☐ comida
   d ☐ una mochila

5 En el parque nacional de Cotopaxi han hecho una ruta…

> Hola, Vera:
>
> Te escribo desde Quito, tenemos suerte porque el tiempo es muy agradable durante el día para pasear por la ciudad. ¿Te acuerdas de Leo, mi amigo ecuatoriano? Pues estamos en su casa. Es muy amable, nos ha enseñado la ciudad, la parte antigua es increíble.
>
> También hemos hecho algunas excursiones fuera de Quito. Hemos ido en autobús a Ciudad Mitad del Mundo, es muy curioso tener un pie en cada hemisferio. Y algo muy típico de aquí es el mercado de artesanía indígena de Otavalo, es algo especial, hay de todo y es muy barato. He comprado jerséis, guantes y gorros muy bonitos para todos.
>
> Bueno, y lo que más me ha gustado es el parque nacional Cotopaxi, tiene unas vistas maravillosas de los Andes. Allí hemos hecho una ruta en bici para visitar un volcán impresionante. ¡Ya verás las fotos!
>
> Mañana vamos a visitar las islas Galápagos, ¡no puedo esperar!
>
> Nos vemos pronto.
>
> Besos,
>
> Susana

 a ☐  b ☐  c ☐  d ☐

1c Imagina que estás de vacaciones en otra ciudad. Escribe un correo electrónico a un amigo o familiar para contar tus experiencias, sigue el modelo anterior.

11 LA VIDA SECRETA DE LOS OBJETOS

TEMAS

- **Objetos que nos alegran:** describir objetos
- **Objetos perdidos:** indicar localización
- **De acá para allá:** comentar hábitos sociales

- ¿Tienes muchas cosas en casa?
- ¿Coleccionas algo?
- ¿Te gusta comprar recuerdos cuando vas de vacaciones?
- ¿Guardas algún objeto de tu familia?

11 LA VIDA SECRETA DE LOS OBJETOS

A OBJETOS QUE NOS ALEGRAN

Lee y habla

1a Lee la entrada del siguiente blog. ¿Por qué dice la autora que los objetos forman parte de su personalidad? ¿Estás de acuerdo?

Mis tesoros más queridos

REGÍSTRATE   BUSCAR

Siempre me ha interesado la forma en que las personas llenamos nuestro espacio con objetos que deseamos, compramos, buscamos o que nos regalan y que nos alegran la vida. Creo que todo lo que tenemos nos define; los objetos que guardamos como un tesoro son un espejo de nosotros mismos, reflejan nuestros gustos, forman parte de nosotros: un viejo vaquero, un peine, un lápiz, un ordenador, un jarrón, una lámpara... Con el tiempo, vuelves a mirarlos y te recuerdan momentos importantes de tu vida. Por eso, hoy quiero hablaros de cuatro objetos que hablan de mí y de mi personalidad, ¿cuáles son los tuyos?

Mis guantes rojos
Son de piel y muy muy suaves. Son un regalo de mi mejor amiga, por eso les tengo mucho cariño. Me encanta vestirme de negro y ponerme estos guantes porque dan una nota de color y alegría a la ropa que llevo.

El acordeón de mi abuelo
Es mi gran tesoro. Cuando lo miro, veo a mi abuelo tocando este instrumento por la noche y a mis padres y mis tíos bailando, ¡qué recuerdos! Es precioso. Voy a clases de música porque quiero aprender a tocarlo, aunque sé que es muy difícil.

Mi almohada
Es única, no hay otra igual. Blanda, de plumas y ¡blanca!, no me gustan de otro color. Duermo mucho, pero no puedo hacerlo con otras almohadas, por eso, si voy de viaje, siempre me la llevo.

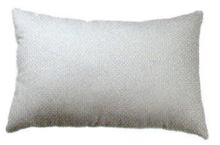

El collar de mi perro
Es un viejo collar de cuero que me encanta por su color azul. Es un recuerdo de Ámsterdam, lo tengo desde hace muchos años y me gusta mucho ver a mi perro con él cuando salimos a pasear.

1b Relaciona los objetos que describe en el blog con estas frases.

- Es un recuerdo de familia: _____.
- No puede vivir sin él: _____.
- Le recuerda a un viaje: _____.
- Le recuerda a una persona: _____.
- La usa mucho: _____.

¡Fíjate!
- *No puedo vivir sin mi / mis...*
- *Lo / La / Los / Las uso mucho.*
- *Me recuerda a una persona / un viaje / un momento especial...*

1c Piensa en objetos importantes para ti y comenta con tu compañero. Utiliza las frases del cuadro de la derecha.

Yo tengo un viejo reloj que me recuerda a mi abuelo.

LA VIDA SECRETA DE LOS OBJETOS 11

Vocabulario

1d Busca en el principio de la entrada del blog anterior las palabras relacionadas con estas definiciones.

1. Es un objeto de madera, alargado, que se usa para dibujar, subrayar o escribir.
2. Es un objeto habitualmente de cerámica o de cristal que sirve para poner flores.
3. Es una cosa que se usa para peinarse, puede ser de plástico o de madera y de diferentes colores, aunque la mayoría son negros.
4. Es una prenda de ropa informal, el clásico es de tela azul, aunque hay de muchos más colores.

1e Completa este cuadro con vocabulario de las actividades **1a** y **1d**.

Describir objetos

Definición: es un objeto, un mueble,…
Material: es de cristal, de papel, de metal,…
Forma: es cuadrado, redondo, triangular,…
Función: se usa para,…

Ver más en pág. 201

1f Piensa en tres objetos especiales para ti y descríbeselos a tu compañero. ¿Sabe de qué objetos hablas?

• *Uno de mis objetos favorito es un regalo de mis padres, pequeño, redondo y de oro que se pone en el dedo.*
• *¿Es un anillo?*

Gramática

2a Fíjate en los conectores de estas frases del blog de la actividad **1a** y completa el siguiente cuadro. ¿Cómo se dicen en tu idioma?

1. Son un regalo de mi mejor amiga, **por eso** les tengo mucho cariño.
2. Me encanta ponerme estos guantes **porque** dan una nota de color a la ropa que llevo.
3. Duermo mucho, **pero** no puedo hacerlo con otras almohadas.

Conectores

Los conectores son elementos importantes que usamos para ordenar o unir frases.

- (1) _____ expresa la causa de algo.
- (2) _____ expresa la consecuencia de algo.
- (3) _____ indica una oposición de ideas.

Ver más en pág. 202

2b Escribe *por eso, porque* o *pero* en cada ejemplo donde corresponde.

1. María quiere estudiar piano…
   a _____ va a comprarse uno.
   b _____ no tiene dinero para comprar uno.
2. Me encanta llevar guantes…
   a _____ hace mucho frío en mi ciudad.
   b _____ me compro muchos y tengo una bonita colección de ellos.

Pronunciación y ortografía

Diptongos

Un diptongo es un grupo formado por la unión de *i* o *u* con otra vocal que se pronuncia en la misma sílaba: g*ua*nte, p*ei*ne, desp*ué*s.

Ver más en pág. 202

3a Señala si las siguientes palabras tienen dos, tres o cuatro sílabas.

- guante
- triangular
- pintalabios
- euro
- cuadrado
- recuerdo
- cuero
- peine
- espacio

3b 🔊 42 Escucha y comprueba. Luego, practica la pronunciación.

Lee, escribe y habla

4a Lee un texto donde un objeto habla de "su vida", ¿puedes adivinar qué objeto es?

> Soy el primero en levantarme en la casa, despierto todos los días a Martina y empiezo a trabajar hasta que ella llega al instituto, pero algunos días me quedo en casa tranquilo. Normalmente paso la mañana dentro de una mochila llena de cosas extrañas porque si me ven los profesores, me guardan en un cajón. Por fuera, soy de color negro, rectangular y tengo una bonita pantalla. Estoy lleno de fotos y de vídeos. Trabajo mucho, por eso me gustaría estar un día entero sin batería para poder descansar.

4b En parejas, piensa en un objeto y escribe un texto similar desde el punto de vista del objeto. Después, lee la descripción y la clase adivina qué es.

11 LA VIDA SECRETA DE LOS OBJETOS

B OBJETOS PERDIDOS

Lee y habla

1a ¿Qué objetos crees que pierde normalmente la gente? Haz una lista con tu compañero. Luego, lee el texto y comprueba.

¿TODOS SOMOS DESPISTADOS?

Según un artículo del *Wall Street Journal,* pasamos quince minutos al día buscando objetos perdidos como el móvil, la cartera o las llaves. No solo los perdemos en un taxi, un bar o un aeropuerto, cada vez con más frecuencia tenemos dificultades para encontrarlos dentro de nuestra propia casa.

Vamos a ver una lista de los más comunes:

› **El móvil.** Probablemente el móvil es el objeto que más veces perdemos al día. No está encima de la mesa, ni en el bolso, ni en el bolsillo del pantalón…, ¡¿dónde está mi móvil?! Tranquilo, puedes llamarte desde otro teléfono y seguir el sonido de tu móvil hasta encontrarlo, a mí me funciona.

› **Las llaves.** Llegar a casa y no encontrar las llaves es una situación que a la mayoría de la gente le resulta muy familiar. A veces están en el fondo del bolso y no hay manera de encontrarlas, otras veces nos las hemos dejado en casa, por eso, siempre es recomendable dejar una copia a un vecino o persona de confianza.

› **El bolso o la cartera.** Sin lugar a dudas, perder la cartera o el bolso no es un gran problema, si no son de marca, lo peor es perder lo que hay dentro: dinero, tarjetas de crédito, documentos…, mejor no pensarlo.

› **El paraguas.** ¿Quién no ha salido de casa con su paraguas y ha vuelto sin él? Yo sí, y este invierno ya he comprado cinco paraguas, afortunadamente la época de lluvias ha terminado.

› **Las gafas.** Quizás el objeto más difícil de encontrar, pues no vemos bien sin ellas. ¿Has perdido las gafas? Antes de buscar por toda la casa, mira en tu cabeza, están ahí, ¿verdad?

› **Los bolis.** Tengo la casa, la mesa de la oficina y el bolso lleno de bolígrafos, pero… ¿dónde están cuando los necesito?

Además de todas estas cosas, también podemos perder el autobús, el tren o, peor todavía, un vuelo. Cuando esto sucede, también perdemos el tiempo esperando al siguiente. Pero no todo es negativo, también se puede perder peso cuando hacemos una dieta, ¡no pierdas la motivación!, ¡suerte!

Adaptado de www.teinteresa.es

1b ¿Eres una persona despistada? ¿Te sientes identificado con alguna de las situaciones que propone el texto anterior?

• *Yo normalmente no pierdo nada, pero alguna vez me he dejado las llaves en casa y me ha abierto un vecino.*
• *Pues yo soy muy despistada, pierdo muchas veces el móvil y…*

Vocabulario

1c Busca en el texto anterior combinaciones de palabras con el verbo *perder*.

Perder: *el autobús,* _____

LA VIDA SECRETA DE LOS OBJETOS 11

Lee y escucha

2a 🔊 43 Observa esta imagen y completa los siguientes diálogos con el objeto al que hacen referencia. Luego, escucha y comprueba.

1
- Leire, ¿has visto mis _____?
- Sí, están **encima de** la mesa
- ¿Dónde?
- Mira, ahí, **al lado de** la cámara.
- Ah sí, sí, ya las veo, gracias.

2
- Ay, no encuentro el _____, ¿dónde está?
- No sé…, ¿has mirado **dentro del** bolso?
- Claro, pero **ahí** no está.
- Ah, mira, **aquí** está, **debajo del** sombrero.
- Ufff, gracias.

Gramática

2b Completa los siguientes dibujos con las palabras en negrita de los diálogos de la actividad **2a**.

Indicadores de posición

- *El móvil está **en** la mesa.*

- *El móvil está (1) _____ la mesa.*

- *El móvil está **a la izquierda del** bolso.*

- *El móvil está (4) _____ la bolsa.*

- *El móvil está (2) _____ la mesa.*

- *El móvil está **detrás del** bolso.*

- *El móvil está (5) _____.*

- *El móvil está (3) _____ el bolso.*

- *El móvil está **a la derecha del** bolso.*

- *El móvil está **delante del** bolso.*

- *El móvil está (6) _____.*

Las preposiciones **de** y **a** con el artículo masculino **el** se contraen:
*El móvil está dentro **de la** bolsa. / El móvil está al lado **del** bolso.*

Ver más en pág. 203

Escribe y habla

3a Observa la imagen de la actividad **2a** y escribe frases verdaderas o falsas sobre vla ubicación de los objetos. Luego, lee las frases a tu compañero para que adivine cuáles son verdaderas.

- *El sombrero está a la derecha de la cámara.*
- *No, es falso, está a la izquierda.*

11 LA VIDA SECRETA DE LOS OBJETOS

3b Practica con tu compañero. El alumno A abre el libro por la página 168 y el alumno B, por la página 177.

4 Piensa en un objeto que ves en la clase, da indicaciones de dónde está y tus compañeros tienen que descubrir cuál es. El primero en tocarlo, gana.

Está encima de la mesa de la profesora, a la derecha del ordenador, debajo del libro.

C DE ACÁ PARA ALLÁ

Habla y escucha

1a Estas personas viven ahora en otro país de habla hispana. Piensa qué objeto tiene cada uno que le recuerda a su país. Coméntalo con tu compañero.

• *No sé, la hamaca quizá es de Juan por los colores.*
• *Puede ser, pero yo creo que es la calavera porque…*

MARÍA EUGENIA
hondureña

LUIS ALBERTO
cubano

JUAN
mexicano

LILIANA
argentina

bombilla para el mate

calavera de colores

hamaca

sombrero

1b 🔊 44 Escucha y comprueba. Después, vuelve a escuchar y di dónde viven ahora y si se han adaptado a este lugar.

LA VIDA SECRETA DE LOS OBJETOS 11

Lee y habla

2a Los países hispanohablantes compartimos la misma lengua, el español, pero no siempre las mismas costumbres. Lee los siguientes testimonios de expatriados y relaciona cada diferencia cultural con uno de los siguientes temas. Sobra uno.

- ☐ los saludos al presentarse
- ☐ el horario
- ☐ reunirse con amigos
- ☐ el uso de otra lengua
- ☐ pedir al camarero
- ☐ las reclamaciones
- ☐ la puntualidad
- ☐ "tú" o "usted" con la familia política
- ☐ la distancia física

1. En Venezuela es costumbre que cuando dos personas recién se conocen, se dan la mano. En Argentina, en cambio, se dan un beso en la mejilla para presentarse, también los hombres. Al principio, te sorprende, pero luego te acostumbras.

2. En Argentina **se va** a las discotecas a partir de la una de la mañana. En Venezuela, un momento decente para llegar es a las diez de la noche.

3. Cuando me dirijo al padre de mi novia con un "Don Antonio", sus hijos se ríen porque dicen que trato a su padre como al rey. Y es que en España **se llama** a los suegros por su nombre y de "tú". En Perú **se usa** *don* y *doña* para dirigirnos a las personas mayores y **se habla** de "usted" a todo el que no conocemos, y también a los suegros.

4. Los españoles dicen que son impuntuales porque suelen llegar entre cinco y quince minutos tarde a las citas. Pero si alguien en Perú te invita a una fiesta o una boda a las siete de la tarde, **se llega** como pronto media hora más tarde y probablemente hasta una hora y media después no estarán todos los invitados.

5. Ahora que vivo fuera de México veo que somos recursis. Allí en un bar **se habla** de "usted" al mesero, **se pide** todo "por favor" y **se dan** las gracias. No existe eso de "¿Me pones un café?", pero acá en España es lo normal.

6. En México no **se castellaniza** el inglés. Los mexicanos decimos "S-PAI-DER-MAN" no "ES-PI-DER-MAN", **se utilizan** muchas palabras en inglés y preferimos ver el cine en versión original.

7. En Chile si no estás contento con el servicio en una tienda, normalmente no te quejas. Pero en España la gente **se queja** sin problema, pero, aunque **se discute**, nunca **se llega** a las manos.

8. Al principio, pensamos que la gente es cerrada, porque acá en España no **se hacen** tantas fiestas en casa, principalmente porque las casas son bastante pequeñas, pero también porque hay muchos lugares a donde salir. En España **se gasta** un 13 % del ingreso en entretención en bares, restaurantes y cafés. En Chile, por otra parte, **se prefiere** comprar en un supermercado y **se toma** en casa con amigos.

Basado en diversos blogs: *Matadornetwork, El diario de una expatriada, Desmadreando* y *Chato*.

2b Comenta con tu compañero si te sorprende algo de los testimonios anteriores.

- *Salir tan tarde de fiesta me parece raro. En mi país las discotecas cierran a las dos.*
- *Sí, es verdad. A mí me parece curioso…*

Gramática

3a Lee estas dos frases sacadas de los testimonios de la actividad **2a** y marca cuál es su uso.

- *Se pide todo por favor.*
- *No se hacen tantas fiestas en casa.*

a) Se usan para hablar de forma general.
b) Se usan para decir lo que hace una persona específica.

3b Fíjate en los ejemplos marcados en negrita en los testimonios de la actividad **2a** y completa el siguiente cuadro con un ejemplo.

> **Construcciones impersonales con se**
>
> - **Se + verbo en 3.ª persona singular + nombre en singular / infinitivo:**
>   (1) _____ / *Se prefiere comprar.*
> - **Se + verbo en 3.ª persona plural + nombre en plural:**
>   (2) _____ / *Se hacen fiestas.*
>
> Ver más en pág. 205

Escribe y habla

4 Escribe cinco costumbres de un país que conoces. Después, en tríos, coméntalo con tus compañeros.

En mi país se lleva una botella de vino a una fiesta, pero en China se lleva fruta.

11 LA VIDA SECRETA DE LOS OBJETOS

EN ACCIÓN

1a Comenta con tu compañero para qué crees que sirven estos objetos típicos de España.

 EL BOTIJO

 LA PAELLERA

 EL ABANICO

El abanico sé para qué sirve porque tengo uno. Se usa cuando…

1b 🔊 45 Escucha las descripciones que hace Carmen sobre objetos típicos de su país, ¿a qué objeto de los anteriores corresponde cada una?

1.º _____   2.º _____   3.º _____

1c Fíjate en las expresiones en negrita que usa Carmen para organizar su exposición y completa las frases.

OBJETOS TÍPICOS DE MI PAÍS

El tema del que **voy a hablar** es objetos típicos de mi país, España.

En primer lugar, os quiero hablar de un objeto que se usa mucho en verano. Es pequeño, ligero y sirve para refrescarse cuando hace mucho calor. Lo usan más las mujeres, **pero** también lo usan algunos hombres. Hay de muchos estilos diferentes: de lunares, de colores lisos, de flores… **También** de diferentes materiales: de madera, de tela, de papel… **Por eso,** el precio varía tanto. Puede ser muy barato si es de plástico o bastante caro si es de materiales naturales y pintado a mano. Y es muy práctico, yo siempre llevo uno en el bolso.

En segundo lugar, os voy a hablar de un objeto muy útil. Su forma es redonda con dos asas para poder moverla y cogerla. El material del que está hecha puede ser de acero inoxidable, antiadherente… depende del tipo de cocina. Se usa para preparar paellas. El tamaño depende del número de raciones, las más pequeñas son para dos personas. Si quieres preparar una buena paella, necesitas una.

Para terminar, quiero hablar de un objeto muy típico antes, **pero** que se usa menos desde que tenemos frigoríficos, aunque todavía se usa en los lugares donde hace mucho calor y el ambiente es seco. **Por ejemplo,** aquí en Sevilla es muy normal ver uno en los patios de las casas. Sirve para mantener el agua fresca y eso lo permite el material, la arcilla. **Además,** la forma es importante para mantener el agua hasta diez grados más fría que la temperatura ambiente. Y a mí me encanta, es muy bonito.

1 El tema del que _____ es objetos típicos de mi país, España.
2 En _____ lugar, os quiero hablar de un objeto que se usa mucho en verano.
3 En _____ lugar, os voy a hablar de un objeto muy útil.
4 Para _____, quiero hablar de un objeto muy típico antes.
5 Añadir una idea: *también,* _____.
6 Ejemplificar: _____.
7 Expresar consecuencia: _____.
8 Expresar idea contraria: _____.

2 📄 **DELE** Tienes que hablar durante dos o tres minutos de objetos típicos de tu país o del país en el que vives. No olvides usar las expresiones aprendidas para organizar la información. Estas preguntas te pueden ayudar a preparar tu exposición:

- ¿Es un objeto típico en todo el país o de una zona?
- ¿Para qué sirve?
- ¿De qué materiales está hecho?
- ¿Qué forma tiene?
- ¿Tienes alguno? ¿Por qué?
- ¿Los turistas lo compran?
- ¿Crees que es una buena opción para llevarse un recuerdo de tu país?

12 TIEMPO DE OCIO

TEMAS
- **Mis últimas vacaciones:** identificar personas
- **Un verano en la oficina:** acciones temporales
- **Planes de ocio:** proponer, aceptar y rechazar

- ¿Dónde te gusta pasar las vacaciones?
- ¿En qué época del año prefieres tener vacaciones? ¿Por qué?
- ¿Qué te gusta hacer en tu tiempo libre?

12 TIEMPO DE OCIO

A MIS ÚLTIMAS VACACIONES

Habla y escucha

1a Observa las fotografías de las últimas vacaciones de Esther y, en parejas, responde a las siguientes preguntas.

1. ¿Dónde ha ido de vacaciones? A la costa / la montaña / una ciudad…
2. ¿En qué época ha ido de vacaciones? En primavera / verano / otoño / invierno.
3. ¿Con quién ha ido? Con amigos / Con su familia / Sola…
4. ¿Qué actividades ha hecho durante sus vacaciones?

- *Yo creo que ha ido de vacaciones a… porque en esta foto se ve…*
- *Sí, y seguro que ha ido con…*

1b 🔊 46 Escucha un diálogo en el que Esther enseña las fotos de sus últimas vacaciones a Daniela, una compañera de trabajo. Ordena las fotos anteriores según hablan de ellas. Hay una que no comentan.

TIEMPO DE OCIO 12

1c 🔊 46 Lee estas frases extraídas del diálogo anterior. Comenta con tu compañero a qué personas de las fotos se refieren. Si lo necesitas, escucha otra vez la conversación.

1. Este es tu hijo, ¿verdad?
2. • ¿Tu marido es el de la camisa blanca?
   • Mi marido es el que está detrás.
3. Esos dos son unos amigos.
4. Esta es tu hija, ¿no?
5. ¿Quién es la morena?
6. Su marido es el que está a su lado.

Gramática

2a Para identificar podemos usar los demostrativos. Fíjate en las frases anteriores y completa el cuadro.

Identificar personas

	masculino		femenino	
	singular	plural	singular	plural
aquí	(1) _____	estos	(3) _____	estas
ahí	ese	(2) _____	esa	esas
allí	aquel	aquellos	aquella	aquellas

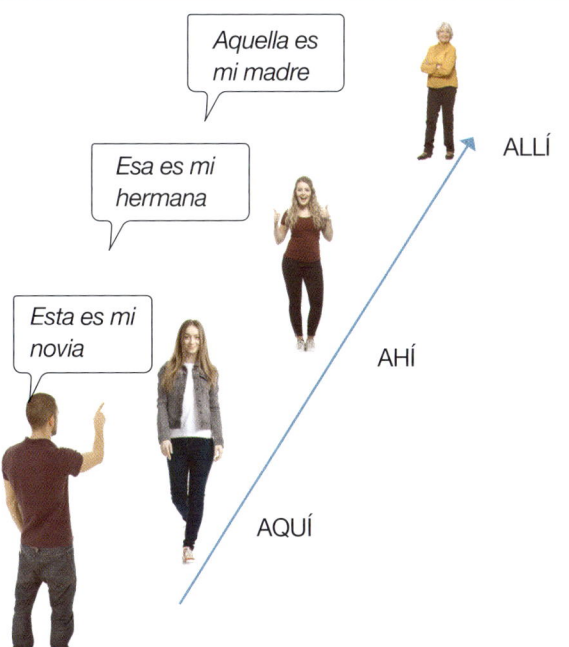

También podemos identificar personas con las siguientes estructuras. Busca un ejemplo en las frases de la actividad **1c**:

el / los / la / las + **adjetivo**: (4) _____
el / los / la / las + *de* + **sustantivo**: (5) _____
el / los / la / las + *que* + **verbo**: (6) _____

Ver más en pág. 206

Vocabulario

2b Busca en las frases de la actividad **1c** palabras relacionadas con estas categorías. En grupos de tres, añadid vocabulario. ¿Qué grupo ha escrito más palabras?

- Ropa y complementos
- Descripción física
- Indicadores de lugar
- Familia y relaciones personales

2c Vuelve a mirar las fotos de las vacaciones de Esther y escribe frases para identificar a las personas. Coméntalas con tu compañero, ¿habéis escrito las mismas?

1. Esther es la _____.
2. La hija de Esther es la que está _____.
3. El hijo de Esther es el que _____.
4. El marido de Esther es el de _____.
5. La hermana de Esther es la de _____.

Pronunciación y ortografía

3 🔊 47 Escucha estas preguntas y relaciónalas con su significado. Después, vuelve a escuchar, fíjate en la diferencia de entonación y practícalas.

1. Este es tu hijo, ¿verdad?
2. ¿Quién es la morena?

a. ☐ La persona que pregunta no sabe la respuesta.
b. ☐ La persona que pregunta sabe la respuesta, pero necesita confirmarla.

> **Preguntas de confirmación**
>
> Cuando creemos saber la respuesta, pero necesitamos confirmarla, utilizamos frases afirmativas seguidas de ¿verdad?, ¿no?:
>
> Este es tu hijo, **¿verdad?** / Y esta es tu hija, **¿no?**
>
> Ver más en pág. 206

4 Busca en el móvil fotos de tus últimas vacaciones, cumpleaños, reunión familiar… Enséñaselas a tu compañero para que descubra quién es quién.

• Mira, esta foto es de mi último cumpleaños.
• Ah, ¡qué foto más bonita! ¿Quién es esta?
• Es mi hermana.
• ¡Qué guapa! Y la de las gafas de sol es tu novia, ¿verdad?

> **¡Fíjate!**
>
> Para valorar podemos usar expresiones con ¡Qué...!:
>
> **¡Qué** foto más bonita! / **¡Qué** guapa!

12 TIEMPO DE OCIO

B UN VERANO EN LA OFICINA

Habla y lee

1a Habla con tu compañero.

- ¿Qué ventajas puede tener quedarse en verano en la oficina?
- ¿Cuándo vas de vacaciones normalmente?
- ¿Has tenido que trabajar alguna vez en verano?

1b Lee el artículo y verifica las ventajas que tiene trabajar en verano. Después, fíjate en los testimonios de estas personas: ¿cuál de ellas está de vacaciones?

¿Cómo sobrevivir a un verano sin vacaciones?

Es julio y este año debes quedarte en la oficina. Trabajar en verano tiene también muchas ventajas: la oficina tranquila, tiempo para ir a la piscina por la tarde, una mesa libre en tu restaurante favorito y, al final, puedes viajar en otra época más barata y con menos gente. Aprovecha el tiempo libre que tienes ahora y empieza algo nuevo.

Hemos preguntado a algunas personas qué están haciendo y aquí tienes algunas ideas que nos han dado para pasar un buen verano en la ciudad.

"Mis amigos se han ido así que estoy leyendo mucho y estoy viendo muchas series. Eso sí, estoy acostándome tardísimo y por la mañana, cuando suena el despertador, ¡estoy muy cansada!". **Elena, Córdoba**

"Hola, yo estoy estudiando finlandés porque en octubre me voy a Helsinki a trabajar con una beca. ¡Qué ganas tengo!". **Roberto, Santa Cruz de Tenerife**

"Yo estoy visitando España y haciendo fotos de lugares increíbles, mi favorito hasta el momento, La Alhambra, en Granada". **Jazmín, Buenos Aires**

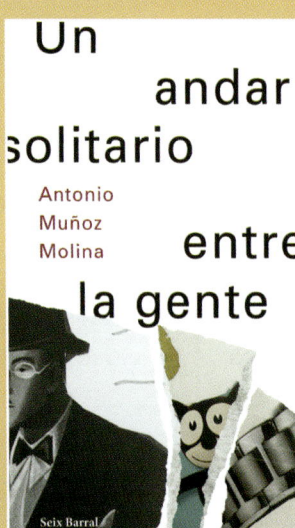

"A mí me encanta la ciudad en verano, estoy saliendo mucho por la noche y voy a todos los conciertos que puedo, ¡hay muchos en esta época!". **José Luis, Sevilla**

"Como estoy solo en la ciudad, me he apuntado a un curso de cocina japonesa, estoy aprendiendo a hacer *sushi*. He podido hacerlo ahora porque el resto del año es imposible, tengo las tardes muy ocupadas con mis clases de canto y el gimnasio". **Mario, Barcelona**

TIEMPO DE OCIO 12

1c Fíjate en los testimonios anteriores y relaciona para formar frases.

1 Estoy leyendo…
2 Estoy viendo…
3 Estoy haciendo…
4 Estoy estudiando…
5 Estoy visitando…
6 Estoy saliendo…

a ☐ diferentes ciudades.
b ☐ un curso de cocina.
c ☐ una nueva serie.
d ☐ mucho por las noches.
e ☐ un nuevo idioma.
f ☐ un libro de Muñoz Molina.

Gramática

2a Completa el cuadro con ayuda de los ejemplos anteriores.

Hablar de acciones temporales

- Usamos el presente del verbo *estar* + **gerundio** para hablar de acciones que están ocurriendo en una situación temporal y, a menudo, no habitual. En este caso a veces usamos expresiones de tiempo como *este verano, este mes, últimamente…*

- El gerundio se forma con la terminación:

Verbos en -AR -ando	Verbos en -ER/-IR (2) _____
(1) _____	(3) _____
	(4) _____

- Algunos verbos irregulares en gerundio son:
decir - d*iciendo*
pedir - p*idiendo*
leer - (5) _____ .

Ver más en pág. 207

2b Y tú, ¿qué estás haciendo actualmente? Completa las frases. Después, coméntalo con tus compañeros. ¿Con quién tienes más cosas en común?

- Últimamente estoy viendo…
- Ahora estoy leyendo…
- Este año estoy estudiando…
- Ahora estoy viviendo en…
- En mi trabajo / escuela / universidad estamos…
- Ahora no estoy…
- Mis amigos y yo estamos…

3a Lee estos diálogos y relaciónalos con la imagen correspondiente.

 A
 B

☐ **Diálogo 1**
• Celia, ¿vienes a tomar un café?
• Ay…, ahora no puedo, **estoy trabajando**, a las tres termino; si quieres comemos juntos después.

☐ **Diálogo 2**
• Bueno, Salma, ¿qué tal?, ¿has encontrado trabajo?
• Pues sí, ahora **estoy trabajando** en una tienda de ropa y estoy muy contenta.

3b Observa las expresiones en negrita de los diálogos anteriores y relaciónalas con su uso.

a ☐ Se refiere a una acción temporal.
b ☐ Se refiere a una acción que ocurre en el momento en que hablamos.

3c En círculo, tenéis que hacer una acción con mímica e ir recordando lo que cada uno está haciendo.

• *Khalid está bailando y yo estoy leyendo.*
• *Khalid está bailando, Luna está leyendo y yo estoy duchándome.*

4 En grupos, haced fotos o un vídeo en lugares significativos de la ciudad donde estáis. Mostradlo a los compañeros de otros grupos, que tienen que adivinar qué estáis haciendo.

• *¿Qué estamos haciendo aquí?*
• *Estáis haciendo una foto a Anne en la calle Arriaga, ¿verdad?*

12 TIEMPO DE OCIO

C PLANES DE OCIO

Habla y lee

1a Comenta las siguientes preguntas con tu compañero.

1 ¿Cómo te informas de las ofertas de ocio en la ciudad donde vives?
2 ¿Recomiendas alguna página web?

1b  Lee las ofertas de ocio en Valencia que anuncia una página web, ¿cuál te parece más interesante?, ¿por qué?

- *Para mí el Festilval Solmarket, porque tiene un poco de todo: música, comida...*
- *Pues yo prefiero el parque de atracciones, ¡me encanta!*

OCIO EN VALENCIA   INICIO DE SESIÓN   BUSCAR 🔍

Prepara tu viaje   **QUÉ VER**   **Planes**   **Qué hacer**   **Entradas**

¿Aburrido de los planes de siempre? Encuentra el plan perfecto para pasar unos días en Valencia este verano.

PARQUE DE ATRACCIONES
Durante todo el mes de agosto se instala un parque de atracciones al lado del río. Unas cincuenta atracciones cada día desde las 18:00 horas hasta la 1 de la madrugada de domingo a jueves y hasta las 2 los viernes y sábados. Los precios varían entre 1 y 2 euros en función de la atracción, y los viernes hay una promoción 2×1 en todas las atracciones.

FESTIVAL SOLMARKET
Es un plan de ocio familiar y gratuito perfecto para este verano. Con música en directo, actividades infantiles y una amplia oferta gastronómica para disfrutar de las tardes de verano en la playa. Del 26 de julio al 15 de agosto. Horario: abierto de 19:00 a 00:30 horas.

LUZ, MÚSICA Y AGUA
Espectáculo nocturno que combina diferentes efectos visuales en las fuentes de agua de la Ciudad de las Artes y las Ciencias. Se puede ver de forma gratuita todos los jueves, viernes y sábados a las 23:00 horas.

ACTIVIDADES ACUÁTICAS
La Ciudad de las Artes y las Ciencias ofrece este verano a sus visitantes las actividades al aire libre: *waterball*, *waterbikes* y kayak transparentes para navegar en los lagos. El precio, en el caso del *waterball* y *waterbike* es de 5 euros por 10 minutos, y el alquiler del kayak cuesta 2,5 euros por 10 minutos, 5 euros por 20 minutos y 7,50 euros por 30 minutos (precio por persona). En julio y agosto el horario de ambos servicios es de 10:00 a 21:30 horas, de lunes a domingo.

CINE DE VERANO
Ir al cine es un plan perfecto en todas las estaciones del año y a cualquier hora del día. Pero en verano las películas bajo la luz de la luna tienen un encanto especial. Hasta el 31 de agosto se proyectan noches de cine en 18 playas valencianas. Antes de las películas, que empiezan a las 22:00 horas, se ofrecen actividades infantiles. ¡Y todo gratuito! Consulta la programación en este enlace.

1c Vuelve a leer el texto y señala a qué propuestas corresponden cada uno de los siguientes enunciados, puede haber varias posibilidades. Coméntalo con tu compañero.

1 Solo se puede hacer por la noche.
2 Es una buena alternativa para salir a cenar.
3 No hay que pagar.
4 Es una buena idea para hacer con niños.
5 Es muy divertido.

TIEMPO DE OCIO 12

2a Lee esta conversación de WhatsApp entre dos amigos, Rafa y Ainara, que están haciendo planes para salir. ¿Qué deciden hacer? ¿Qué día y a qué hora quedan?

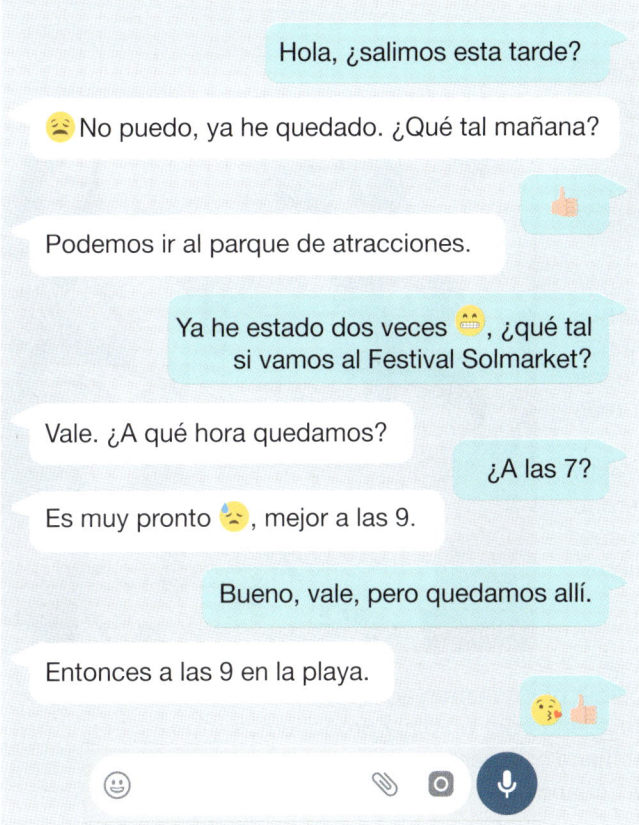

Hola, ¿salimos esta tarde?

😞 No puedo, ya he quedado. ¿Qué tal mañana?

👍

Podemos ir al parque de atracciones.

Ya he estado dos veces 😬, ¿qué tal si vamos al Festival Solmarket?

Vale. ¿A qué hora quedamos?

¿A las 7?

Es muy pronto 😢, mejor a las 9.

Bueno, vale, pero quedamos allí.

Entonces a las 9 en la playa.

😘👍

Escucha

3a 🔊48 Escucha la conversación telefónica que tienen después Rafa y Ainara.

1. ¿Por qué no puede Rafa quedar hoy con Ainara?
2. ¿Qué planes hacen finalmente?
3. ¿Qué día, a qué hora y dónde quedan?

Pronunciación y ortografía

Rechazar una propuesta

Cuando rechazamos una propuesta o invitación, es común dar una explicación o excusa e intentar dar otra alternativa. Con la entonación, suavizamos el rechazo.

Gramática

2b Completa este cuadro con las expresiones de la conversación anterior.

Planes de ocio

Proponer un plan
- ¿Vamos a...? / ¿(1) _____?
- ¿Te apetece + infinitivo? / (2) _____
- ¿Por qué no + presente? / ¿(3) _____?

Sugerir un día, una hora o un lugar
- ¿Quedamos el viernes / a las 9 / (4) _____?

Aceptar
- (5) _____. / Perfecto / Genial.

Aceptar con reservas
- Sí, pero...

Rechazar
- (Ay), lo siento es que + una excusa o explicación.
- (Ay), (6) _____.

Concretar la cita: día, hora y/o lugar
- Entonces quedamos el viernes.
- (7) _____.

Ver más en pág. 208

3b 🔊49 Escucha estos pequeños diálogos, fíjate en la entonación y luego practícalos con tu compañero.

Diálogo 1
- ¿Vamos a tomar algo después de clase?
- ¡Ay!, lo siento, es que tengo un poco de prisa; otro día, ¿vale?

Diálogo 2
- ¿Te apetece salir con la bici este fin de semana?
- No, no puedo, tengo visita: vienen los padres de mi novia, mejor otro fin de semana.

3c Practica con tu compañero. El alumno A abre el libro por la página 168 y el alumno B, por la página 177.

Investiga y habla

4 Consulta una página web de ocio de la ciudad donde estás, busca un plan interesante para el próximo fin de semana y toma nota: tipo de actividad, horario, lugar y precios. Propón el plan a tus compañeros, ¿cuántos quieren ir contigo?

- ¿Te apetece ir a ver la exposición de Antonio López el sábado?
- Es que el sábado no puedo, ya he quedado, pero podemos ir...

ciento tres 103

12 TIEMPO DE OCIO

EN ACCIÓN

1a Lee este artículo sobre otras formas de pasar el tiempo con los amigos. Elige el plan que más te gusta y coméntalo con tus compañeros.

TRES COSAS QUE PUEDES HACER CON *tus amigos* además de salir a cenar

Decía Aristóteles que sin amistad las personas no podemos ser felices. Diferentes estudios nos recuerdan que las personas mayores que tienen amigos cercanos son más felices que las que no los tienen, y que las personas sin amigos tienen más enfermedades de corazón, diabetes o depresión.
Nuestro ritmo de vida hace difícil mantener amistades y esto necesita un poco de esfuerzo. A menudo, además de vernos poco, quedamos casi siempre para hacer las mismas cosas: cenar, ir al cine o a un concierto, tomar una copa… Aquí tienes algunas ideas diferentes.

1 No hacer planes
A veces queremos quedar con una persona, pero es imposible por nuestras agendas. Cuando uno puede, el otro no. ¿Por qué no nos olvidamos de la agenda por un día y proponemos un encuentro improvisado, de una hora o media, hoy? Ni mañana ni la semana que viene: hoy. Ser espontáneo es una cualidad muy necesaria, mucho más cuando vamos cumpliendo años.

2 El día de la sopa
Organiza un almuerzo temático en tu casa y pide a todos tus amigos traer su mejor receta de sopa (o de croquetas, o…), su favorita, la de su abuela, la que mejor les sale… Vais a descubrir nuevos sabores, es divertido y, al terminar, podéis intercambiar las recetas. El plato no es importante, sí la intención de compartirlo con tu gente.

3 Organiza una fiesta de pijamas
Como cuando eras pequeño. Invita a varios amigos a dormir, prepara tu comida favorita, pon colchones por el suelo… Si es verano, podéis dormir bajo las estrellas, en el jardín o en la terraza.

Adaptado de www.lavanguardia.com

1b DELE Selecciona la opción correcta.

1. En este texto se habla de…
   a dedicar más tiempo a uno mismo.
   b la importancia de la amistad.
   c lo fácil que es ver a los amigos.
2. El texto propone…
   a tener una rutina con los amigos.
   b llamar a los amigos con frecuencia.
   c hacer cosas diferentes con los amigos.
3. Para ver a los amigos…
   a es muy importante apuntar la cita en la agenda con antelación.
   b está bien hacer un plan en el mismo día.
   c si no tienes mucho tiempo, mejor no quedar.
4. Otros planes que puedes hacer son…
   a hacer un concurso de sopas.
   b compartir platos y recetas.
   c ir de *camping*.

1c En grupos, escribid un texto similar con tres ideas diferentes para hacer planes con amigos. Comparadlo con los otros grupos: ¿cuál es la idea más original?

13 BIOGRAFÍAS

TEMAS

- **Mayores en la red:** biografías
- **Héroes anónimos:** narrar sucesos
- **¿Qué tal un concurso?:** contraste de pasados

- ¿Te gustan las biografías?
- ¿Qué persona crees que tiene o ha tenido una vida interesante?
- ¿Has participado alguna vez en un concurso?

13 BIOGRAFÍAS

A MAYORES EN LA RED

Habla y lee

1a Habla con tus compañeros.

- ¿Lees blogs o sigues a alguien en Instagram, YouTube, etc.? ¿De qué temas hablan?
- ¿Cuántos años tiene la gente con más seguidores en las redes sociales?
- ¿Conoces a alguna persona de más de 60 años famosa en las redes?

1b Lee el artículo y comenta con tu compañero qué persona te interesa más y por qué.

- *A mí me interesa mucho la vida de Marina porque...*
- *Pues a mí...*

Adultos mayores también en las redes sociales

Enseñan a cocinar, hablan de sus viajes, de moda, dan consejos o cuentan historias de su vida. Si trabajas duro, nunca es demasiado tarde para lograr lo que quieres en la vida. Los "seniors" empiezan a ponerse delante de la cámara y tienen mucho que decir en las redes sociales.

Kazue
(japonesa, 71 años)

"Nací en un pequeño pueblo de Japón. A los 18 años fui a Tokio a estudiar Historia del Arte. Trabajé durante muchos años como profesora. A los 50 años mi hija me regaló una cámara de fotos y ahí empezó mi gran pasión", nos cuenta. Años después, su nieta subió su primera foto a Instagram y hoy tiene miles de seguidores.

Miroslav
(ruso, 68 años)

¿Quién dijo que YouTube es solo de los jóvenes? A los 40 años este ejecutivo ruso decidió cambiar su vida. Dejó su trabajo, a los 42 empezó a estudiar inglés, estuvo un año viajando por todo el mundo, pidió dinero a un amigo y a los 60 decidió crear su propia escuela de *fitness* y subir sus vídeos a internet.

Marina
(española, 63 años)

A los tres años fue a vivir a San Sebastián, una bonita ciudad del norte de España. Siete años después, le regalaron su primera tabla y desde entonces hace surf por las playas de todo el mundo. "Hace unos años conocí a mi amigo Gorka y él me animó a subir mis vídeos a YouTube. Ahora mucha gente me pregunta cómo empezar a surfear", dice.

BIOGRAFÍAS 13

1c Comenta con tu compañero si conoces a alguien que tiene algo en común con las personas de los textos anteriores.

- *Mi madre también empezó a estudiar inglés con más de 40 años.*
- *¡Y yo, a los treinta y cinco, Historia del Arte!*

Gramática

2a Los textos de la actividad **1b** narran momentos de una vida. Subraya los verbos en pasado y relaciónalos con su infinitivo. Coméntalo con tu compañero.

- *"Nací" es del verbo "nacer".*
- *Sí, y "fui" del verbo "ir".*

2b Con la información de los textos anteriores, completa este cuadro.

Pretérito indefinido (formas en singular)

Verbos regulares

	trabajar	conocer	decidir
yo	trabaj___	conoc___	decid**í**
tú	trabaj**aste**	conoc**iste**	decid**iste**
él / ella / usted	trabaj**ó**	conoc**ió**	decid___

Verbos irregulares

	estar	ir / ser	pedir (3.ª persona e>i)
yo	est**uve**		ped**í**
tú	est**uviste**	fuiste	ped**iste**
él / ella / usted			

Ver más en pág. 210

2c Completa estas frases sobre tu vida (tres verdaderas y tres falsas). En parejas, tu compañero tiene que adivinar qué información es mentira.

1. Nací en…
2. Seis años después…
3. A los 15 años…
4. De… a…
5. Hace dos años…
6. El año pasado…

- *Nací en Nevada.*
- *Eso es falso, tú eres de California, ¿no?*
- *Sí, pero es verdad, nací en Nevada y a los dos años nos fuimos a San Francisco.*

Escucha

3a 🔊 50 ▶ Escucha una entrevista a un seguidor del modelo Deshun Wang. Ordena en la primera columna los momentos de su vida con la letra de la foto correspondiente.

Deshun Wang
Modelo chino

Foto	¿Qué hizo?	Edad
1	b	
2		
3		
4		
5		

3b 🔊 50 Vuelve a escuchar el audio y completa el cuadro anterior con lo que hizo Wang y la edad.

3c Practica con tu compañero. El alumno A abre el libro por la página 169 y el alumno B, por la página 178.

Investiga, escribe y habla

4 En parejas, preparad una entrevista a un personaje famoso. Tus compañeros tienen que adivinar quién es. Podéis grabarlo para corregir después.

- Pensad en un personaje que os gustaría entrevistar.
- Preparad las preguntas que queréis hacer.
- Buscad información sobre su vida.
- Cread el guion y representadlo delante de la clase.

ciento siete 107

13 BIOGRAFÍAS

B HÉROES ANÓNIMOS

Lee y habla

1a ¿Qué te sugiere la expresión "ser un héroe anónimo"? Escribe una posible definición con tu compañero.

Para nosotros, un héroe anónimo es una persona que...

1b Relaciona los siguientes titulares de sucesos con la imagen correspondiente.

1 ☐   2 ☐   3 ☐

a UNA BALLENA ES LIBERADA EN AGUAS CANARIAS

b Un nuevo "Spiderman" salva la vida a un niño

c ¿Auxiliar de vuelo o enfermera?

1c Lee dos de las noticias anteriores, ¿a qué titular se refiere cada una?

1. "**Llegamos** a Francia desde Mali unos amigos y yo hace unos años, sin papeles, sin trabajo, sin futuro", dice M. Gassama al que un día un paseo por París le **cambió** la vida. De repente, **encontró** a mucha gente concentrada en la calle, **miró** para arriba y **vio** a un niño de cuatro años colgado desde un cuarto piso. **Subió** al primer balcón y, en pocos segundos, **consiguió** llegar arriba y salvar al niño. "Lo **hice** automáticamente y volvería a hacerlo", **dijo** el joven. Unos días después, el gobierno francés le **concedió** la nacionalidad francesa.

2. Clara y Aurora trabajan para una compañía aérea. En un viaje entre Malabo y Madrid, a medianoche, **vino** un pasajero y les **dijo**: "Por favor, deprisa, una mujer va a tener un bebé". No **tuvieron** tiempo de pensar y **prepararon** todo en el asiento. "**Corrimos** lo más rápido que **pudimos**, **empezamos** a ver la cabeza del bebé, Aurora la **agarró**, el niño **salió** y todos lo **oyeron** llorar, **fue** un momento mágico", **escribieron** en el diario de vuelo. Al mes, **volvieron** a ver a la madre en Malabo y ahora Clara es la madrina del bebé.

ciento ocho

BIOGRAFÍAS 13

Gramática

2a Completa el cuadro con algunos verbos de las noticias anteriores.

Pretérito indefinido

Verbos regulares (formas en plural)

	llegar	correr	escribir
nosotros/as	lleg____	corr____	escribimos
vosotros/as	llegasteis	corristeis	escribisteis
ellos / ellas / ustedes	llegaron	corrieron	escrib____

Verbos con raíz irregular

estar	estuv-
tener	_____
poder	_____
hacer*	_____
venir	_____
decir**	_____

+ e / iste / o / imos / isteis / ieron

*La tercera persona singular del verbo **hacer** se escribe **hizo** para mantener la pronunciación.

Los verbos con raíz terminada en **j pierden la **i** en 3.ª persona de plural: *(ellos) dij-**eron** ~~dijieron~~*.

Ver más en pág. 210

2b Aquí tienes la noticia sobre la ballena liberada en aguas canarias. Ordénala y escríbela en pasado siguiendo el modelo de las otras noticias.

a ☐ Sin pensarlo, se lanza al mar con solo unas gafas de bucear y un cuchillo.

b ☐ César Espino, propietario de un barco de excursiones en Fuerteventura, ve una ballena atrapada en unas redes de pesca.

c ☐ La ballena liberada sale nadando y César vuelve al barco feliz.

d ☐ Corta las redes y la salva.

2c ¿Qué héroe de los anteriores te gusta más? ¿Coincides con tus compañeros?

• *Uff, qué difícil, me gustan mucho las tres historias, pero creo que..., ¿y vosotros, qué pensáis?*
• *A mí el héroe que más me gusta es...*

Pronunciación y ortografía

3a Fíjate en que los verbos irregulares de la actividad **2a** no llevan acento gráfico. Lee la información de este cuadro y di qué tipo de palabras son.

El acento gráfico o la tilde (´)

La sílaba fuerte es la que se pronuncia con más intensidad en una palabra y, dependiendo de su posición, las palabras se clasifican, entre otras, en:

1 **Agudas**
ha-blar / vi-si-tó / co-ra-zón / An-drés

Este tipo de palabras llevan tilde cuando terminan en **vocal**, **-n** o **-s**.

2 **Llanas**
co-ma / co-mes / di-bu-jas / Ós-car

Llevan tilde todas las palabras llanas que terminan en **consonante, excepto -n** y **-s**.

3 **Esdrújulas**
má-gi-co / te-lé-fo-no

Siempre llevan tilde.

Las palabras de una sílaba generalmente no llevan tilde: *vio, fue, dio*.

Ver más en pág. 209

Escucha

3b 🔊 51 Escucha y marca la frase que oyes.

1	Llego de Mali.	Llegó de Mali.
2	Hablo francés.	Habló francés.
3	Trabajo mucho.	Trabajó mucho.
4	Comento la noticia.	Comentó la noticia.
5	Visito a mi hermana.	Visitó a mi hermana.

3c Vuestro profesor va a decir una palabra. Por turnos, en grupos de cuatro, cada uno es una sílaba y, el que representa la tilde, tiene que poner la mano encima de la cabeza del que tiene la sílaba fuerte.

Investiga, escribe y habla

4 En pequeños grupos, buscad otros titulares o noticias de héroes anónimos y presentadlas a la clase. ¿Qué noticia te ha impresionado más?

• *Hemos encontrado una noticia de una mujer en Mongolia que encontró a un bebé al lado de un camello pequeño.*
• *¡Anda!, ¿y qué hizo después?*

13 BIOGRAFÍAS

C ¿QUÉ TAL UN CONCURSO?

Lee y habla

1 En pequeños grupos: ¿os gustan los concursos? Demostrad todo lo que sabéis sobre política, música, arte, deporte e historia. ¿Preparados?

1 ¿Qué músico compuso *La quinta sinfonía*?
- a Vivaldi
- b Beethoven
- c Chopin

2 Fue la primera mujer de la historia en ganar un Premio Nobel.
- a Marie Curie
- b Malala Yousafzai
- c Gabriela Mistral

3 ¿Qué pensador del siglo XIX publicó su obra más famosa, *El Capital*, en 1867?
- a Nietzsche
- b Confucio
- c Marx

4 ¿Quién pintó la obra *La gran ola*?
- a Katsushika Hokusai
- b Manet
- c Picasso

5 ¿Qué canción ha vendido más copias desde que se lanzó?
- a *Thriller*, de Michael Jackson
- b *Satisfaction*, de los Rolling Stones
- c *Gangnam Style*, de PSY

6 ¿Qué autor escribió *Frankenstein* en 1818?
- a Charles Dickens
- b Mary Shelley
- c Isaac Asimov

7 ¿Qué actriz ha ganado más premios Óscar?
- a Marion Cotillard
- b Meryl Streep
- c Penélope Cruz

8 ¿Qué deportista ha conseguido más medallas olímpicas?
- a Nadia Comăneci
- b Usain Bolt
- c Michael Phelps

BIOGRAFÍAS 13

Gramática

2a Fíjate en estas dos frases relacionadas con el test anterior. Ambas hablan de acciones pasadas, pero con una perspectiva diferente. Relaciona cada frase con la descripción adecuada. ¿Qué tiempo verbal se utiliza en cada caso?

a ☐ Expresa la acción en relación a un momento actual.
b ☐ No tiene relación con el momento actual.

Contraste pretérito indefinido y pretérito perfecto

Recuerda que para expresar acciones terminadas con expresiones de tiempo como *hoy, esta semana, este año, este siglo...* normalmente usamos el pretérito perfecto porque lo relacionamos con el AHORA. Sin embargo, con expresiones de tiempo terminado como *ayer, el mes pasado, el año pasado...* usamos el indefinido porque no lo relacionamos con el momento actual:

- *Ayer vi a la selección de baloncesto femenino, son increíbles.*
- *Sí, han ganado todos los partidos este año.*

Ver más en pág. 212

2b Relaciona cada frase con el marcador de tiempo adecuado.

1 *Gangnam Style*, de PSY, consiguió el record al vídeo de YouTube con más "me gusta".

2 *Gangnam Style*, de PSY, ha conseguido el record al vídeo de YouTube con más "me gusta".

a Hasta la fecha
b En 2012

3 Marion Cotillard ha hecho películas en francés, inglés e italiano.

4 Marion Cotillard hizo su primera película.

a A lo largo de su carrera
b En 1994

5 Usain Bolt superó la marca de 100 m.

6 Usain Bolt ha superado varias marcas.

a En el 2009
b En su vida

3 Ahora, en grupos de tres, cread cinco preguntas para el resto de los equipos, usad como modelo el test de la actividad **1**. Decidid qué tiempo de pasado queréis usar.

ciento once 111

13 BIOGRAFÍAS

EN ACCIÓN

1a ¿Con qué foto relacionas cada adjetivo? Compara con tu compañero y, si habéis elegido a personas diferentes para una misma palabra, explicad por qué.

> alegre hiperactivo/a moderno/a extrovertido/a curioso/a tímido/a tradicional tranquilo/a

1b Comenta con tu compañero qué tipo de personas te gustan.

Me gusta mucho la gente curiosa porque...

2a Lee este artículo sobre las personas interesantes y pon los siguientes títulos en el párrafo correcto.

- Siempre están aprendiendo
- Sienten pasión por lo que hacen
- Prueban cosas nuevas
- No se preocupan por lo que piensan los demás

Algunos rasgos característicos de las personas interesantes

Parece que la gente interesante tiene un magnetismo especial, pero ¿qué es lo que la hace atractiva?

(1) _____
Sus intereses no son solo aficiones, van más allá. Un ejemplo es Jane Goodall que se fue de Inglaterra a Tanzania con 26 años para estudiar a los chimpancés y pasó toda su vida entre ellos.

(2) _____
Hacen cosas que les interesan. Buscar nuevas experiencias mejora el estado de ánimo y las personas alegres son más atractivas que las deprimidas.

(3) _____
Para ellos, el mundo está lleno de posibilidades. Viven en un aprendizaje continuo porque tienen una gran curiosidad. Por ejemplo, Einstein, además de ser muy inteligente, fue una persona muy curiosa y eso le ayudó a llegar a sus teorías científicas.

(4) _____
La gente interesante es auténtica independientemente del lugar y de la compañía. No hay nada menos interesante que alguien que no muestra cómo es por miedo a la opinión del resto.

Seguro que tú eres muy interesante por naturaleza, pero si no, ¿por qué no sigues los consejos anteriores para serlo?

Adaptado del Huffington Post

2b Comenta con tu compañero qué rasgos anteriores compartes y cuáles te gustaría mejorar.

Yo creo que soy curiosa, me gusta vivir nuevas experiencias...

2c En pequeños grupos, decidid qué palabras clave definen a una persona interesante y cread una nube de palabras. Después, buscad las diferencias con las de otros grupos y comentadlas.

- *Me gusta mucho la nube de... porque han escrito "excéntrica" y a mí me gusta la gente un poco rara.*
- *Pues a mí me encanta la de... porque...*

3 📄 DELE Redacta una biografía real o imaginaria de unas 70-80 palabras. Habla de: familia, estudios, trabajo, viajes, experiencias interesantes, relaciones, etc.

14 GASTRONOMÍA

TEMAS

- **Hábitos saludables:** comentar nuestros hábitos de comida
- **A cocinar:** escribir una receta
- **Experiencia gastronómica:** valorar una actividad culinaria

- ¿Prefieres comer en casa o fuera?
- ¿Te gusta cocinar?
- ¿Cuál es tu comida favorita?
- ¿Hay algo que no te gusta nada comer?

14 GASTRONOMÍA

A HÁBITOS SALUDABLES

Habla y lee

1a ¿Qué podemos hacer para llevar una alimentación saludable? Coméntalo con tu compañero.

- Yo creo que es importante tomar mucha fruta.
- Sí, y también…

1b Lee el siguiente decálogo sobre hábitos de alimentación saludable, ¿coincide con tu opinión?

10 hábitos PARA LLEVAR UNA vida sana

1. Llevar una dieta equilibrada: comer toda clase de alimentos, pero sin excesos.
2. Respetar las cuatro comidas diarias en horarios fijos: desayuno, comida, merienda y cena. La cena debe ser ligera.
3. El desayuno debe incluir una fruta (zumo de naranja, kiwi…), un lácteo (yogur, queso…) e hidratos (pan).
4. Comer pescado, especialmente azul como el salmón o las sardinas, tres o más veces por semana.
5. Consumir carnes con poca grasa como el pollo o el pavo.
6. Beber al menos dos litros de agua al día.
7. Elegir productos con grasas saludables como el aceite de oliva.
8. Consumir alimentos ricos en fibra como los frutos secos, la lechuga o la zanahoria.
9. Reducir el consumo de sal.
10. Tomar muy poco o nada de alcohol.

Vocabulario

1c Busca alimentos de estas categorías en la infografía anterior y señala otros que tú consumes. Puedes usar el diccionario si lo necesitas.

- Carne
- Verdura
- Lácteos
- Pescado
- Fruta
- Otros

1d En grupos de tres, comparad vuestras listas y explicad el vocabulario nuevo.

- ¿Qué es la quinoa?
- Es un cereal con muchas propiedades.

Lee y habla

2a Algunas personas comentan sus hábitos en un foro sobre salud. ¿Crees que tienen buenos hábitos de alimentación?

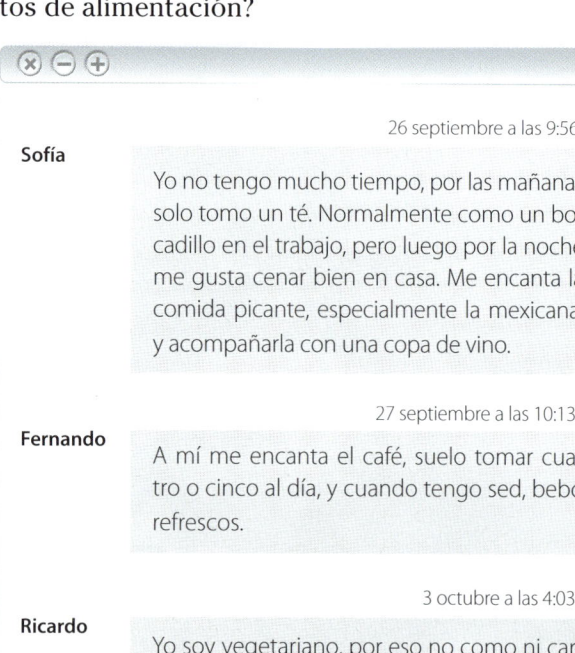

Sofía — 26 septiembre a las 9:56 am
Yo no tengo mucho tiempo, por las mañanas solo tomo un té. Normalmente como un bocadillo en el trabajo, pero luego por la noche me gusta cenar bien en casa. Me encanta la comida picante, especialmente la mexicana, y acompañarla con una copa de vino.

Fernando — 27 septiembre a las 10:13 pm
A mí me encanta el café, suelo tomar cuatro o cinco al día, y cuando tengo sed, bebo refrescos.

Ricardo — 3 octubre a las 4:03 pm
Yo soy vegetariano, por eso no como ni carne ni pescado. En el desayuno suelo tomar yogur con fresas y frutos secos, también me encanta la fruta como postre, después de comer y cenar o a cualquier hora del día.

Gabriela — 4 octubre a las 11:22 am
En mi casa comemos de todo: carne, pescado y toda clase de verduras y frutas. Además, controlamos mucho la sal y cocinamos sin grasas. El problema es que nos encanta el chocolate y lo tomamos todas las noches después de cenar viendo la televisión.

GASTRONOMÍA 14

2b ¿Con qué personas del foro anterior identificas las siguientes frases?

1. Toma **demasiado** café.
2. Come **mucha** fruta y verdura.
3. Lleva una dieta **bastante** variada.
4. Bebe **un poco de** vino con las comidas.
5. Cocina con **poca** sal.
6. No toma **nada de** grasa.

Yo creo que Fernando toma demasiado café porque toma cuatro o cinco al día.

Gramática

2c Relaciona cada dibujo con el cuantificador correspondiente.

Cuantificadores

1. Hay **demasiada** leche.
2. Tiene **mucha** leche.
3. Tiene **bastante** leche.
4. Tiene **un poco de** leche.
5. **No** tiene **nada de** leche.

FÍJATE:
Poco y *un poco de* se refieren a una pequeña cantidad, pero con **poco** damos énfasis a que no es suficiente.

¿Quiere un poco de leche?

Aquí hay poca comida para los dos.

Ver más en pág. 212

3a Observa estas dos frases del foro de la actividad **2a**. Luego, contesta a las preguntas.

- "***Normalmente*** *como un bocadillo en el trabajo*".
- "*En el desayuno* ***suelo*** *tomar yogur con fresas y frutos secos*".

1. ¿Hablan de planes o de hábitos?
2. ¿El verbo *soler* en presente es regular o irregular?, ¿por qué?
3. ¿Qué tipo de palabra sigue al verbo *soler*?

Expresar hábitos

Para hablar de hábitos podemos usar **normalmente** o el verbo **soler** + infinitivo:

Suelo desayunar *bastante, pero me gusta cenar poco.*

Ver más en pág. 213

3b Escribe tus propios ejemplos con tus hábitos alimentarios. Después, comentadlo en grupos, ¿quién tiene mejores hábitos?

- *Yo suelo comer mucho pescado.*
- *Pues yo no, pero tomo bastante fruta y verdura…*

Escucha, escribe y habla

4a 🔊 52 Escucha a Gerardo, un cubano que vivió en la República Dominicana, hablando de los hábitos alimentarios de este país. Marca si las siguientes afirmaciones son verdaderas (V) o falsas (F).

1. ☐ La comida dominicana es una mezcla de culturas de diferentes continentes.
2. ☐ Los ingredientes más típicos de su región son el maíz y la yuca.
3. ☐ Normalmente se consume más pescado que carne.
4. ☐ En la República Dominicana se consume poco arroz.
5. ☐ Los dominicanos usan mucho el plátano y lo cocinan de diferentes formas.
6. ☐ Solo se toma café por las mañanas.
7. ☐ La comida más importante es la cena.

4b Escribe frases verdaderas o falsas sobre hábitos alimentarios en otros países que conoces. Después, en grupos de tres, vuestros compañeros tienen que adivinar cuáles son verdaderas.

- *En Japón se suele desayunar sopa de pescado.*
- *Yo creo que eso es verdad.*

14 GASTRONOMÍA

B A COCINAR

Vocabulario

1a ¿Con qué alimentos haces las siguientes acciones? Coméntalo con tu compañero.

> patatas   mantequilla   leche   aceite   huevos   pescado   queso   ajo   helado   lechuga

pelar — echar — mezclar — calentar — cortar — freír

- *Yo frío el queso.*
- *¡¿Ah, sí?! Yo nunca, pero lo caliento a veces para ensaladas.*

Lee y habla

1b En el blog de cocina *El plato del día* la gente sube recetas con platos típicos de su país. Lee estas recetas y comenta cuál te gusta más, cuál te parece más exótica y por qué.

- *A mí me gusta más el ajoblanco porque es muy fácil de preparar.*
- *Uy, a mí no me gustan las sopas frías, prefiero el bolón de verde porque…*

BOLÓN DE VERDE
(Ecuador)
MIGUEL ÁNGEL

Ingredientes (6-8 personas)
- 4 plátanos verdes
- 2 cucharadas de aceite de girasol
- 4-5 cucharadas de mantequilla
- 1 cucharada de chile molido
- 1 cucharada de comino molido
- 1 taza de queso rallado o 1 taza de chorizo cocido
- sal al gusto

Preparación
1. Pele los plátanos. Córtelos en trozos medianos.
2. Tome una sartén y eche la mantequilla, caliente a temperatura baja. Añada los trozos de plátano y cocine durante unos 30-40 minutos. Deben quedar un poco dorados, pero no mucho.
3. Mezcle en un bol grande los trozos de plátanos calientes con el chile y el comino hasta obtener una masa. Eche sal al gusto.
4. Forme bolas pequeñas con la masa. Rellénelas con el chorizo. Si lo rellena con queso, es una excelente receta vegetariana.
5. También se puede servir caliente, para eso fría las bolas a temperatura alta.
6. Sirva inmediatamente acompañado de café y huevo frito.

AJOBLANCO
(España)
MARÍA

Ingredientes (4 personas)
- 100 g de almendra sin tostar
- 2 dientes de ajo
- 1 litro de agua fresca
- un poco de sal (al gusto)
- 150 g de miga de pan duro
- 100 ml de aceite de oliva virgen
- 30 ml de vinagre de vino blanco

Preparación
1. Quita la corteza al pan y pon la miga de pan en agua fría.
2. Pon agua a hervir, luego echa las almendras. Sácalas del agua, déjalas enfriar unos minutos y, después, pélalas.
3. Pela los ajos. Mezcla las almendras con los ajos y un poco de sal.
4. Añade la miga del pan y haz una pasta a la que le añades el aceite.
5. Echa el vinagre y, por último, el agua bien fresca. Deja el ajoblanco tres o cuatro horas en la nevera antes de servirlo.
6. Para acompañar, dicen que lo mejor son las uvas, aunque también se puede servir con manzana, melón, un poco de jamón…, al gusto de cada uno.

GASTRONOMÍA 14

1c Practica con tu compañero. El alumno A abre el libro por la página 169 y el alumno B, por la página 178.

Gramática

2a En las recetas anteriores aparece el imperativo para dar instrucciones. Ten en cuenta que en Sudamérica se prefiere la forma *usted* y en la mayor parte de España se usa *tú*, en un registro informal, y completa este cuadro.

Imperativo afirmativo

Verbos regulares

	-ar	-er / -ir
tú	-a	
usted		-a

Algunos verbos irregulares

	calentar	hacer	poner	freír
tú	cal**ie**nta			fr**í**e
usted		ha**g**a	pon**g**a	

Ver más en pág. 214

2b 🔊 53 ¿Sabes hacer guacamole? Lee la receta que da Carlos, mexicano, y completa los verbos que faltan en la forma correcta. Después, escucha y corrige.

mezclar   servir   cortar (x2)   echar

Bienvenidos al *Plato del día*. Hoy vamos a hacer un plato muy sencillo, pero muy sabroso. Los ingredientes que necesitamos son aguacates, una lima, una cebolla, un jalapeño y cilantro. Primero, **(1)** _____ los aguacates, quite el hueso y ponga la pulpa en un plato. Luego, **(2)** _____ el jugo de la lima para mantener el color verde. **(3)** _____ la cebolla, el jalapeño y el cilantro muy fino y **(4)** _____ todo hasta obtener una masa. ¡Y ya está listo! **(5)** _____ con nachos y disfrute de este sencillo y delicioso plato mexicano.

Pronunciación y ortografía

3a Fíjate en estas frases de las recetas de la actividad **1b** y subraya a qué palabras sustituyen los pronombres *los* y *las*.

*Forme <u>bolas pequeñas</u> con la masa. Relléne**las** con el chorizo.*

1. Pele los plátanos. Córte**los** en trozos medianos.
2. Pon agua a hervir, luego echa las almendras. Sáca**las** del agua y déja**las** enfriar.

3b 🔊 54 Escucha cómo se pronuncian los siguientes verbos y subraya la sílaba fuerte.

- eche
- corta
- saque
- deja
- mezcle
- calienta
- ponga
- sirve
- rellene

3c 🔊 55 Ahora escucha estas frases y decide si al añadirle un pronombre es necesario poner una tilde o no. Revisa las normas de acentuación de la página 214.

1. El ajo, **pelalo**.
2. Las almendras, **saquelas** del agua.
3. El ajoblanco, **ponlo** unas horas en el frigorífico.
4. Las bolas, **rellenelas** con el chorizo.

El imperativo afirmativo con pronombre

El pronombre va detrás del imperativo afirmativo. En ocasiones, es necesario escribir tilde si se forma una palabra esdrújula:

*Eche las bolas de plátano → Éche**las***

Ver más en pág. 214

Escribe, lee y habla

4a En parejas, escribid una receta para mandar al blog *El plato del día*. Tened en cuenta el formato de este tipo de texto:

- Nombre de la receta
- Por qué la habéis elegido
- De dónde es típica
- Número de personas
- Ingredientes
- Preparación

4b Votad qué receta os parece más fácil de preparar, cuál está mejor escrita y cuál está más rica.

ciento diecisiete 117

14 GASTRONOMÍA

C EXPERIENCIA GASTRONÓMICA

Lee y habla

1a Cuando vas a una ciudad que no conoces bien, ¿qué haces? Lee y marca la mejor opción para ti.

1. Me interesa más la información relacionada con…
   a. la historia
   b. la comida típica
   c. otra: _____
2. Busco esa información…
   a. en internet
   b. preguntando a amigos
   c. otra: _____
3. Prefiero…
   a. probar algo típico
   b. comer algo que sé que me gusta
   c. otra: _____
4. Me gusta hacer actividades…
   a. con amigos o con mi familia
   b. con un grupo organizado
   c. otra: _____

1b En tríos, comenta con tus compañeros tus respuestas. ¿Con quién tienes más en común?

1c Lee el primer párrafo de la web *Food lovers* y marca para qué sirve.

1. ☐ Para probar cocina típica española.
2. ☐ Para ser un experto sobre la historia de Barcelona.
3. ☐ Para conocer la comida catalana y su cultura.

1d Lee el resto de la información y pon el título a cada párrafo.

• Guías expertos   • Exclusividad   • Excelencia

1e Comenta con tu compañero qué te parece la web *Food lovers*.

• *Me gusta la idea porque…*
• *Sí, pero yo prefiero…*

 # FOOD LOVERS
COMPANY

Turismo sostenible en Barcelona

¿Quieres probar la auténtica cocina local de calidad y conocer la ciudad acompañado por un experto de la zona que conoce sus rincones e historia? Nuestro *tour* ofrece una experiencia real de la cocina tradicional catalana y al mismo tiempo te permite descubrir la ciudad antigua en pocas horas en una ruta con algunas sorpresas.

¿Qué nos diferencia?

1 _____

Usamos una gran variedad de criterios para diseñar nuestros servicios, la selección de los lugares, las comidas y bebidas, los itinerarios. En todos ellos buscamos un servicio superior y auténtico para disfrutar de un día único.

2 _____

Nuestras rutas son para un máximo de seis personas u ocho personas. Vas a disfrutar de una experiencia íntima de nuestra gastronomía, sociedad y cultura. Ofrecemos flexibilidad y nos adaptamos a los intereses de nuestros clientes.

3 _____

Somos de Barcelona y tenemos un gran conocimiento de la ciudad y la región. Todos nosotros tenemos además una formación y experiencia profesional en diferentes ámbitos de la cultura, del arte y de la comunicación.

Extraído de www.foodloverscompany.com/es

GASTRONOMÍA 14

2 Lee las siguientes opiniones sobre la web *Food lovers* y señala qué le gustó más a cada persona.

1 Las historias sobre la ciudad: _____
2 La elección de los lugares: _____
3 El ambiente del grupo: _____

FOOD LOVERS COMPANY

243 opiniones

Bea S.

¡¡GENIAL!!
Fui sola a Barcelona, así que decidí apuntarme al *tour* de FLC. Nuria, nuestra guía, sabe muchísimo de la cultura catalana y cómo dinamizar un grupo, en poco tiempo te sientes entre amigos. **Me encantó** tanto la comida como la compañía. ¡Muchas gracias, Nuria!

Mario P.

¡ESPECTACULAR Y DELICIOSO!
Durante cuatro horas visitamos diferentes locales donde probamos productos frescos y de calidad. **Me parecieron fantásticos**, con un ambiente auténtico, no los típicos lugares para turistas. Sin duda es la mejor manera de conocer la gastronomía catalana y su forma de disfrutar de la vida.

Joshua G.

¡NOS ENCANTÓ!
Nos pareció increíble la ruta de FLC. La información que dan es de auténticos expertos y la comida **nos pareció buena** y de calidad. Los vinos **nos encantaron**. ¡Lo recomendamos 100 %!

Gramática

3a Completa las valoraciones de personas que hicieron un *tour* similar con los verbos *gustar, encantar* o *parecer* en la forma correcta. Luego, con tu compañero, comenta qué valoraciones son negativas.

1 La presentación de los platos nos _____ terrible.
2 Me _____ muy interesantes las explicaciones.
3 La decoración del local no me _____ mucho.
4 Los rincones de la ciudad nos _____, mejor selección, imposible.

3b Fíjate en las expresiones para valorar que aparecen en negrita en las opiniones anteriores y marca en el cuadro la opción correcta.

> **Valorar experiencias**
>
> En las construcciones valorativas (con los verbos ***gustar, encantar, parecer***) el verbo va en singular o plural dependiendo de:
>
> a ☐ la persona que valora   b ☐ lo que valoramos
>
> Ver más en pág. 215

3c Lucía y Darío son dos amigos que hablan de un restaurante al que han ido. Mira la foto: ¿quién ha hecho cada comentario?

1 Me pareció muy bien de precio. *Lucía*
2 Me pareció carísimo. _____
3 La decoración me pareció terrible. _____
4 La decoración del lugar me encantó. _____
5 El servicio me pareció muy lento. _____
6 El servicio fue rápido y amable. _____
7 La comida me encantó. _____
8 La comida no me gustó nada. _____

4a Practica con tu compañero. El alumno A abre el libro por la página 169 y el alumno B, por la página 178.

4b En pequeños grupos, vamos a elegir un lugar para disfrutar de una experiencia gastronómica. Decidid uno, buscad información en internet (actividad, lugar, precio, etc.) y pensad por qué lo proponéis. Comentad las diferentes propuestas y elegid la que más os gusta.

● Yo conozco un restaurante peruano que está cerca de aquí. Fui con unos amigos y nos encantó, la comida me pareció muy buena.
● ¿Y es caro?

ciento diecinueve 119

14 GASTRONOMÍA

EN ACCIÓN

1 Observa estas dos fotografías, ¿qué diferencias hay entre comer en casa y fuera de casa? Haz una lista con tu compañero.

2 Lee el texto y comprueba.

¿Comer en casa o salir fuera?

Actualmente, por el ritmo de vida que llevamos (horarios de trabajo, muchas actividades, poco tiempo…), comer fuera de casa es algo muy habitual. Además, en las grandes ciudades hay una gran variedad de restaurantes con comida local e internacional. Sin embargo, no hay que olvidar la importancia de comer en casa. Aquí hay varias razones:

- Cuando cocinamos en casa, sabemos qué ingredientes llevan los platos que comemos, la calidad de los productos, así como la forma de preparación (con menos grasas, sal o azúcar…); de esta forma podemos comer mucho más sano.
- En casa es más fácil controlar las cantidades: podemos servir porciones más pequeñas que en los restaurantes.

Comer en casa permite poder planificar qué vamos a comer para llevar una dieta equilibrada, normalmente hay menos tentaciones porque la variedad es menor.

Además de las ventajas para la salud, la comida casera permite ahorrar mucho dinero. Se pueden comprar productos frescos de calidad sin pagar demasiado.

Sin embargo, comer fuera puede ser una excelente opción:

- Es una excusa perfecta si no te apetece cocinar, no sabes qué hacer o, simplemente, no tienes tiempo para preparar la comida.
- Normalmente en los restaurantes tienes una gran variedad de platos y cada persona puede elegir uno diferente. Además, puedes probar platos nuevos que nunca has cocinado y así descubrir nuevos ingredientes y sabores.
- Cuando vas a un restaurante, no tienes que preocuparte por nada, solo elegir el menú. El camarero sirve los platos y está pendiente de tus necesidades. No hay que recoger los platos al final, así puedes disfrutar del café y la conversación sin problemas.
- Es una forma de salir de la rutina, conocer nuevos sitios y relacionarse con la gente.

Hay muchos motivos para salir a comer, pero también para quedarse en casa. Tú decides.

3 **DELE** Vas a participar en una conversación en parejas (A y B). Lee la información de tu ficha, prepara tus argumentos y representad la situación de manera oral.

Ficha estudiante A
Usted y su compañero de piso quieren cenar juntos, pero en lugares diferentes. Usted quiere cenar fuera y su compañero, en casa. Intente llegar a un acuerdo con él.

- ✓ Es más cómodo
- ✓ Hay más opciones
- ✓ Hay más gente

- ✗ No quiere cocinar
- ✗ No hay que ir a la compra
- ✗ No tiene que lavar los platos

Ficha estudiante B
Usted y su compañero de piso quieren cenar juntos, pero en lugares diferentes. Usted quiere cenar en casa y su compañero, fuera. Intente llegar a un acuerdo con él.

- ✓ Es más barato
- ✓ Hay comida en casa
- ✓ Es más sano

- ✗ No quiere salir
- ✗ No hay que vestirse
- ✗ No quiere comer mucho

15 DE COMPRAS

TEMAS
- **Regalos y más:** elegir un regalo
- **De compras:** conversar en una tienda
- **En la maleta:** recomendaciones de viajes

- ¿Te gusta ir de compras?
- ¿Sueles ir con otras personas?
- ¿Qué tipo de tiendas prefieres?
- Si vas a otro país, ¿compras regalos?

15 DE COMPRAS

A REGALOS Y MÁS

Lee, habla y escucha

1a ¿Te gusta hacer regalos? ¿A quién sueles regalar cosas?

A mí me encanta hacer regalos, normalmente...

1b Lee el primer párrafo de esta página web de regalos, ¿te pasa igual? Coméntalo con tu compañero.

1. ¿A qué persona te cuesta más hacer regalos?, ¿por qué?
2. ¿Qué sueles comprarles?, ¿dónde?

Uy, a mí me cuesta encontrar un buen regalo para mi hermana mayor, es que tenemos gustos muy diferentes.

1c Observa los productos de la página web. ¿Te parecen buenas ideas para hacer un regalo?, ¿cuáles crees que son más prácticos?, ¿y más originales?

DE COMPRAS 15

2a 🔊 56 Pablo está en la oficina a la hora de la comida buscando regalos en internet. Escucha la conversación con una compañera y señala qué objetos de la página web anterior comentan.

2b 🔊 56 Vuelve a escuchar y completa las siguientes frases con el motivo y el regalo que va a hacer Pablo.

1 A su padre por _____ **le** va a regalar _____.
2 A sus hijas por _____ **les** va a regalar _____.
3 A su mujer por _____ **le** va a regalar _____.

Gramática

2c Observa las frases anteriores y completa.

- ¿Quién es el destinatario del regalo en cada frase? **(1)** _____
- Cuando aparece el destinatario en la frase, siempre lleva la preposición **(2)** _____ delante.
- Fíjate en las palabras en negrita: la tercera persona del singular es **(3)** _____ y la del plural es **(4)** _____.

Pronombres de objeto indirecto

- El objeto indirecto (OI) es la persona, cosa o animal destinataria indirectamente de la acción del verbo:
  A mi padre le regalo una maleta.
  Doy de comer a mi gato.

- Los pronombres de OI **(me, te, le, nos, os, les)** se usan siempre cuando el OI va delante del verbo:
  A mamá le voy a regalar un abrigo por su cumpleaños.

- También es muy frecuente su uso con el OI en la misma frase:
  Le voy a regalar a mamá un abrigo.

Ver más en pág. 216

2d Piensa en personas cercanas a ti y qué les puedes regalar de la página web *Regalos y más*. Escribe las frases y luego coméntalas con tu compañero.

- *A mi novia le puedo regalar el cojín porque…*
- *Pues yo a mis compañeros de piso…*

3a Observa estas frases del audio de la actividad **2a** para hacer comparaciones y contesta a las preguntas.

> 1 En *Regalos y más* tienen **tanta** variedad **como** en esta página.
> 2 Mi padre viaja **tanto como** yo.
> 3 La máquina de helados **no** es **tan** cara **como** la impresora.

1 ¿Qué página web tiene más variedad?
2 ¿Quién viaja más: el padre o el hijo?
3 ¿Cuál es más cara: la máquina de helados o la impresora?

Hacer comparaciones

- Para comparar dos cosas, personas o animales que muestran alguna característica igual, podemos usar:

  Verbo + **tan** + adjetivo/adverbio + **como**…
  tanto/a/os/as + sustantivo + **como**…
  tanto como…

  *Regalos y más tiene **tanta** variedad **como** la otra web / es **tan** original **como** la otra web.*
  *Mi padre viaja **tanto como** yo.*

- Pero para suavizar una comparación negativa podemos decir:
  ***No** es **tan** cara **como** la impresora. = Es menos cara.*
  ***No** me gusta **tanto**. = Me gusta menos.*

Ver más en pág. 217

3b Haz comparaciones con los productos de la página web *Regalos y más* y tus compañeros lo adivinan.

- *Es tan caro como la impresora, pero más divertido.*
- *¡El patín eléctrico!*
- *Sí.*

4a En grupos, pensad en posibles regalos para otros compañeros y para el profesor. Podéis buscar ideas en internet.

- *¿Qué le regalamos a la profesora?*
- *Le podemos regalar una caja de bombones.*
- *No sé, mejor algo más práctico, un estuche para…*
- *Sí, buena idea.*

4b Coméntalo con el resto de la clase.

Nosotros a la profesora le vamos a regalar un estuche para guardar los rotuladores, y a Mark…

ciento veintitrés 123

15 DE COMPRAS

B DE COMPRAS

Vocabulario

1a Relaciona esta lista de objetos con las fotos. ¿Qué otras prendas de ropa o accesorios ves?

> una blusa   un traje   un collar   unas pulseras
> un sombrero   un pañuelo   unos anillos
> unas medias   unos calcetines

1c Lee los diálogos y escribe en qué tienda están. ¿Qué crees que quieren comprar?, ¿por qué? Compara tus respuestas con las de tu compañero.

1 En la _____.
- ¿Qué desea?
- Quería unos _____.
- ¿Qué número tiene?
- El 22.
- Aquí tiene.
- (…)
- Perdone, ¿puede traerme los rojos?
- Ahora mismo.
- (…)
- ¿Qué tal le quedan?
- Muy bien, me los llevo.

2 En la _____.
- Buenos días, ¿en qué puedo ayudarlo?
- Hola. Quería un _____.
- ¿Qué talla tiene?
- La 50.
- Aquí tiene, los probadores están a la derecha.
- (…)
- ¿Qué tal le queda?
- Un poco estrecho, ¿me trae una talla más, por favor?

3 En la _____.
- Buenas tardes, ¿en qué puedo ayudarla?
- Buenas tardes, me gustaría ver ese _____.
- Sí, claro, aquí tiene.
- Es muy bonito. ¿Qué precio tiene?
- 280 €.
- Uy, es un poco caro para un regalo. Me lo voy a pensar.

- Yo creo que el diálogo 3 es en la joyería.
- Sí, yo también, y quiere comprar una pulsera.
- No, no, porque dice que es muy "caro", no "cara".

1b Comenta con tu compañero qué puedes comprar en estas tiendas.

- Yo compro los zapatos y los calcetines en una zapatería.
- Bueno, depende, yo los calcetines los compro en una tienda de ropa.

JOYERÍA   ZAPATERÍA   TIENDA DE ROPA

DE COMPRAS 15

1d Busca cómo se expresan las siguientes ideas en los diálogos anteriores. Compara tus respuestas con las de tu compañero.

1. Los dependientes ¿cómo ofrecen su ayuda?: _____ / _____
2. Los clientes, ¿cómo piden?: _____ / _____
3. Los dependientes, ¿cómo preguntan para saber si es S, M, L, XL…?: _____
4. ¿Qué preguntan para saber qué talla de zapatos tiene un cliente?: _____
5. Los dependientes, ¿cómo preguntan si les está bien la ropa o los zapatos?: _____
6. Si al cliente no le queda bien, ¿cómo pide otra prenda?: _____ / _____
7. Si le gusta, ¿cómo expresa que lo quiere comprar?: _____
8. Si no lo quiere comprar, ¿qué dice?: _____

Fórmulas para pedir en las tiendas

Cuando vamos de compras, usamos unas expresiones bastante fijas para mostrar cortesía:

- Para pedir es más educado usar *quería* que *quiero*.
- Cuando queremos ver otro modelo u otra talla, decimos: *¿Me puede traer…? / ¿Puede traerme…?*
- Si queremos comprarlo, decimos: *Me lo llevo*. En este caso, el pronombre concuerda con el producto que queremos comprar: *Me las llevo* (unas gafas) / *Me los llevo* (unos trajes).
- Pero cuando no estamos decididos a comprar la prenda, decimos: *Me lo voy a pensar*. En esta fórmula el pronombre no cambia.

Ver más en pág. 218

1e Encuentra el intruso. ¿Qué opción no combina con el comienzo de la frase?

1. Me queda _____.
   - a muy bien
   - b estrecho
   - c un poco grande
   - d agradable
2. ¿Qué talla _____?
   - a tiene
   - b usa
   - c hace
   - d necesita
3. ¿Puedo probarme _____?
   - a los probadores
   - b el reloj
   - c los pantalones
   - d los pendientes
4. ¿Me trae _____?
   - a el precio
   - b otros zapatos
   - c una talla más pequeña
   - d esa camisa

Escucha y habla

2a 🔊 57 Vas a escuchar tres diálogos de compras y contesta a estas preguntas.

1. ¿En qué tipo de tienda están?
2. ¿Quieren comprar, cambiar o devolver algo?

2b 🔊 57 Vuelve a escuchar para contestar a las siguientes preguntas.

1. ¿De qué producto hablan?
2. ¿Consigue su objetivo o no?
3. ¿Por qué?

3 📄 DELE Imagina que fuiste de tiendas hace unos días, compraste algo que ahora no te gusta y vas a la tienda a cambiarlo. Simula una conversación con tu compañero; uno hace de dependiente y el otro, de cliente. Puedes prepararlo con la transcripción de los diálogos anteriores (ver página 240).

Recuerda que en español la concordancia es muy importante y quizá tienes que cambiar algo de las frases:

- ¿Qué tal le queda **la** falda?
- Me **la** llevo.

Me qued**an** estrech**os los** pantal**ones**. No me **los** llevo.

Pero:

- ¿Qué tal le queda la falda?
- Un poco estrecha, me **lo** voy a pensar.

15 DE COMPRAS

C EN LA MALETA

Vocabulario

1a Comenta con tu compañero qué llevas en la maleta en estas ocasiones. ¿Hay otras cosas que te parecen imprescindibles?

1 Si vas a un país cálido:
   a un pañuelo
   b unos calcetines
   c un sombrero
   d un traje

2 Si vas a una ciudad muy fría:
   a un gorro
   b una bufanda
   c un abrigo
   d unos guantes

3 Si vas a la montaña:
   a una mochila
   b un pijama
   c unas botas de montaña
   d un botiquín

4 Si vas a la playa:
   a un bañador
   b unas chanclas
   c una toalla
   d una gorra

• Yo siempre llevo un pañuelo cuando voy a un país cálido, porque en los restaurantes hace frío con el aire acondicionado; es más útil que un sombrero, pero nunca llevo calcetines, ¡qué calor!
• Pues yo sí los llevo, porque...

1b Formamos dos grupos. Tu profesor muestra una palabra de las anteriores a una persona que tiene que dibujarla en la pizarra y el equipo contrario debe adivinarla en un minuto.

Lee y habla

2a ¿Mira las fotos. ¿Qué ciudades crees que son?, ¿por qué?

DE COMPRAS 15

2b En este foro de internet la gente da recomendaciones para hacer bien la maleta. Lee los textos: ¿de qué ciudades de las fotos anteriores hablan?

VIAJES Y MALETAS

INICIO FORO CONTACTO BUSCAR

Esta ciudad es maravillosa, pero ahora en verano, hace mucho calor, por eso meted ropa muy ligera en la maleta. También debéis llevar pantalones o faldas largas para poder entrar en las mezquitas. El sol es muy fuerte. Por eso, es conveniente llevar gafas de sol, sombrero y crema solar. Y si tenéis pensado viajar al desierto, llevad un pañuelo para la cabeza, aunque también podéis comprarlo allí. Preparad un botiquín básico de viaje. Y ¡disfrutad!

Marco Andrada, Segovia (España)   A

Es una de las ciudades más cosmopolitas del mundo. Si van a visitarla, metan de todo en la valija*: yo siempre voy en tacos*, pero tuve que comprarme unos tenis* porque es una ciudad muy grande. Llueve bastante allá, por eso tengan siempre cerca un pequeño paraguas. Reserven la mañana del domingo y vayan a visitar el mercado de Candem. Eso sí, es conveniente llevar bastante dinero porque es una ciudad muy cara. ¡Feliz viaje!

Eliana Barreiro, Rosario (Argentina)   B

* En Argentina valija = maleta; tacos = tacones / zapatos de tacón; y tenis = zapatillas de deporte.

Gramática

3a ¿Cuál de las dos ciudades anteriores te gustaría visitar? Busca las recomendaciones para las siguientes situaciones.

1 Visitar un lugar cálido.
  Hace mucho calor, por eso meted ropa muy ligera en la maleta.
2 Ir a un templo.
3 Problemas de salud.
4 Lugar con tiempo variable.
5 Visitar una ciudad cara.

3b Fíjate de dónde son las personas que escriben en el foro de la actividad **2b** y completa este cuadro con las recomendaciones que dan.

Imperativo afirmativo plural

	llevar	reservar	meter	escribir
vosotros		reserv**ad**		escrib**id**
ustedes	llev**en**			escrib**an**

Ver más en pág. 220

3c ▶ Practica con tu compañero. El alumno A abre el libro por la página 170 y el alumno B, por la página 179.

Pronunciación y ortografía

4 🔊 58 Cuando hablamos, muchas veces no se escucha esa "d" final del imperativo, por eso debemos fijarnos en el acento, en qué sílaba es más fuerte. Escucha, presta atención y repite.

1	Toma muchas fotos.	Tomad muchas fotos.
2	Bebe bastante agua.	Bebed bastante agua.
3	Habla más bajo.	Hablad más bajo.
4	Lee más.	Leed más.
5	Coge el paraguas.	Coged el paraguas.
6	Lleva más jerséis.	Llevad más jerséis.

Investiga, escribe y habla

5 Busca información de un lugar que conoces y escribe recomendaciones para viajar allí. Tus compañeros tienen que adivinarlo.

15 DE COMPRAS

EN ACCIÓN

1a Fíjate en el título del artículo y comenta con tu compañero de qué crees que trata.

1b En muchas ocasiones los textos van con gráficos para ayudar a entender los datos. Relaciona el gráfico con el tipo de consumidor.

¿QUÉ TIPO DE CONSUMIDOR ERES?

Hay distintos tipos de consumidores y esto lo saben los expertos en *marketing*. El objetivo es uno solo: que compremos más y más caro. Por eso es importante saber cómo compramos. Estos son los tipos de consumidores más habituales:

1 ☐ El comprador exquisito
En este grupo, no hay diferencia de género: el 50 % son hombres y el 50 % mujeres, con una media de edad de 35 años y corresponden al 17 % de los consumidores. No compran de todo, solo cosas bonitas y caras. Piensan que con una buena marca mejora su imagen. Son personas bien informadas y muy tecnológicas.

2 ☐ El comprador impulsivo
Es uno de los tipos de consumidores más frecuente (aproximadamente el 25 %), con una edad media de 34 años, compuesto por un 52 % de mujeres y un 48 % de hombres. Son personas sociables y espontáneas. Les encantan las compras y su palabra favorita es "ofertas". Compran con sus teléfonos móviles y no pasan más de un mes sin comprar algo.

3 ☐ El comprador equilibrado
A este grupo pertenece un 20 % de los consumidores con una edad media de 39 años. El 51 % son mujeres y el 49 % hombres. Su principal característica es que analizan muy bien sus compras y no hacen caso a lo que dice la publicidad. Estudian la relación calidad/precio y preguntan todo sobre el producto que les interesa.

4 ☐ El comprador emocional
Corresponden al 7 % de los compradores. Son personas que buscan una vida mejor y lo relacionan con las compras. Ven algo barato o caro, útil o inútil y pueden comprarlo o no, depende de su estado de ánimo. El 53 % de este grupo son mujeres y el resto son hombres, con una media de edad de 37 años.

5 ☐ El comprador independiente
El grupo "más masculino" de todos, el 55 % son hombres con una media de edad de 35 años y responden el 10 % de los compradores. Son muy independientes y odian las compras. Solo compran algo cuando es realmente imprescindible y nunca por internet. Y si alguien les puede comprar lo que necesitan, lo prefieren.

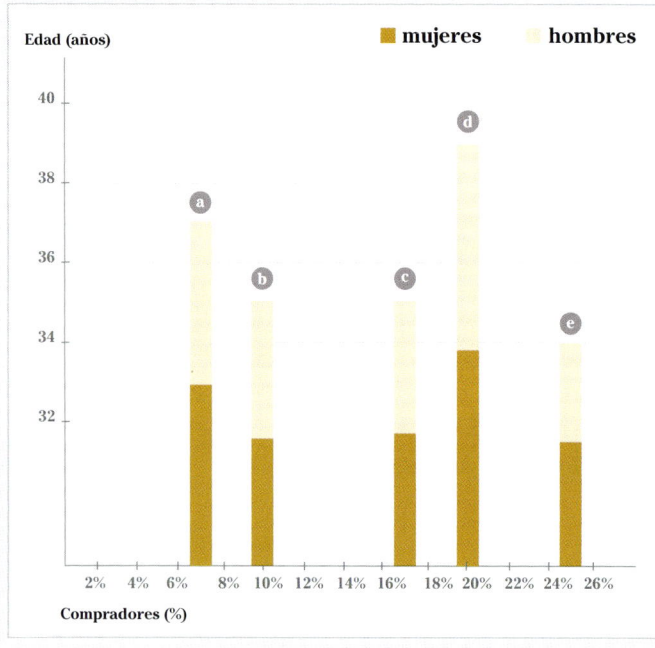

1c En grupos de tres, preparad un test para conocer los hábitos de compras de los compañeros y qué tipo de consumidor son. Después, os preguntáis y comentáis las respuestas.

- *¿Has comprado algo este mes?, ¿qué?*
- *¿Compras más cuando hay ofertas?*

1d Cread una estadística con los datos sacados de la clase. Podéis presentarla de forma gráfica.

- *Un 20 % de la clase son consumidores...*
- *Un 15 %...*

16 OTRAS ÉPOCAS

TEMAS

- **Recuerdos del pasado:** hablar de hábitos en el pasado
- **¿Antes o ahora?:** comparar dos épocas
- **Historia del tatuaje:** curiosidades estéticas

- ¿Te gusta la historia?
- ¿A qué época te recuerda la foto?
- ¿Tienes otra época favorita?
- ¿Eres una persona nostálgica?

16 OTRAS ÉPOCAS

A RECUERDOS DEL PASADO

Vocabulario

1a Estas son algunas de las etapas de la vida. ¿Crees que falta alguna? En tu opinión, ¿a qué edad comienzan aproximadamente? Coméntalo con tus compañeros.

 La infancia
 La adolescencia
 La juventud
 La madurez

• *Para mí la infancia es de 0 a 15 años.*
• *Bueno, yo pienso que la adolescencia empieza antes, a los 12 o 13 años, ¿no?*

1b En grupos, relacionad estas palabras con cada una de las etapas de la vida. ¿Qué otras cosas relacionáis con las etapas anteriores?

- Las peleas
- La nostalgia
- Los juguetes
- Los hijos
- Los exámenes
- El instituto
- La jubilación
- El trabajo
- Los jóvenes
- Los adultos
- El recreo
- Las personas mayores

Lee y habla

1c En parejas, mira el título del artículo y piensa de qué va a tratar. Después, lee el primer párrafo y comprueba si coincide con tus ideas.

Por qué pensamos que el tiempo pasado fue mejor

Los estudios de neurociencia han mostrado que la nostalgia es un sentimiento que nos ayuda a recordar el pasado de una forma ideal y a olvidar fácilmente los recuerdos negativos. La nostalgia nos lleva a menudo a la infancia y por eso tenemos en la memoria buenas experiencias de esta época: los recreos, las vacaciones… y olvidamos las malas como los exámenes, las peleas con los hermanos… Muchas veces tenemos este sentimiento al escuchar una canción, con una foto, con un olor… Y tú, ¿eres un nostálgico? Deja tus comentarios.

COMENTARIOS

 Silvia, 38 años
Recuerdo que, de pequeña, mi serie favorita era Pippi Calzaslargas. Yo quería ser tan valiente como ella. La veía los domingos por la mañana, ¡era genial!

 José María, 45 años
Cuando tenía 10 años, me encantaba jugar al Scalextric. Mi primo vivía en una casa muy grande y lo poníamos en el salón. Iba a jugar con él todos los fines de semana.

 Rafa, 45 años
A los quince años mi grupo favorito era The Smiths, me pasaba horas en mi habitación escuchándolos. Recuerdo que llevaba el pelo como Morrisey y bailaba igual que él. ¡Qué tiempos!

 Andira, 28 años
Yo era superfán de Spice Girls en la época del instituto. Mi favorita era Mel B porque yo también era morena y tenía el pelo rizado, además me vestía como ella.

 Rodrigo, 22 años
*En el colegio el fútbol era nuestra pasión, estábamos todo el día con el balón y todos los sábados jugábamos un partido por las tardes.
En aquel momento quería ser como Iker Casillas, era mi ídolo.*

1d Lee los comentarios del artículo, ¿con quién te sientes más identificado? Coméntalo con tu compañero.

• *Yo, con Rodrigo, porque de pequeña el fútbol era mi pasión.*
• *Pues yo con…*

OTRAS ÉPOCAS 16

Gramática

2a Fíjate en los comentarios anteriores: aparece un nuevo tiempo verbal, el pretérito imperfecto. Mira los usos en el siguiente cuadro y busca más ejemplos para cada uno. Después, completa la conjugación (fíjate en los ejemplos de los comentarios de la actividad **1c**).

Pretérito imperfecto

Este tiempo tiene los mismos usos que el presente, pero en este caso nos situamos en un momento del pasado y describimos lo que pasa o lo que hacemos en ese momento.

	Presente	Pretérito imperfecto
a Hablar de acciones habituales.	*Voy en bici a clase.*	*Cuando era pequeño, iba al colegio en bici.*
b Describir lugares, personas y cosas.	*Tengo el pelo rizado.*	*De pequeña tenía el pelo rizado.*

Verbos regulares

	-ar	-er/-ir
yo	llev____ (1)	ten____ (3)
tú	llev**a**bas	ten**í**as
él / ella / usted	llev**a**ba	ten**í**a
nosotros/as	llev____ (2)	ten**í**amos
vosotros/as	llev**a**bais	ten**í**ais
ellos / ellas / ustedes	llev**a**ban	ten**í**an

Verbos irregulares

	ser	ir	ver
yo	____ (4)	____ (5)	____ (6)
tú	**e**ras	**i**bas	v**e**ías
él / ella / usted	**e**ra	**i**ba	v**e**ía
nosotros/as	**é**ramos	**í**bamos	v**e**íamos
vosotros/as	**e**rais	**i**bais	v**e**íais
ellos / ellas / ustedes	**e**ran	**i**ban	v**e**ían

Ver más en pág. 221

Habla

2b Ponte de pie y pregunta a tus compañeros para descubrir si esta información sobre su infancia es verdadera (V) o falsa (F).

		V	F
1	Un / Una compañero/a estudiaba español de pequeño/a.	☐	☐
2	Dos personas tenían una tortuga de mascota.	☐	☐
3	A la mayoría le encantaba el chocolate.	☐	☐
4	Casi todos eran muy buenos estudiantes.	☐	☐
5	Una persona odiaba los espaguetis.	☐	☐
6	A nadie le gustaba hacer los deberes.	☐	☐

• *Tina, ¿estudiabas español de pequeña?*
• *No...*

2c Practica con tu compañero. El alumno A abre el libro por la página 170 y el alumno B, por la página 179.

3a 🔊 59 Escucha a Carolina hablar de su pasado y numera los dibujos según el orden de la conversación.

3b 🔊 59 Vuelve a escuchar y toma nota en tu cuaderno de los recuerdos que tiene con cada dibujo.

3c Dibuja cosas que te recuerdan a tu pasado y tus compañeros tienen que adivinar qué son.

ciento treinta y uno 131

16 OTRAS ÉPOCAS

B ¿ANTES O AHORA?

Habla y lee

1a Observa los objetos del texto, ¿para qué sirven?, ¿los has usado?, ¿crees que actualmente se usan? Coméntalo con tu compañero.

Mi padre tiene una máquina de escribir en casa, ahora está de decoración, pero de pequeño la usaba para...

1b Lee el texto y comprueba.

OBJETOS PARA EL RECUERDO

Hay muchas cosas cotidianas que en poco tiempo se han convertido en objetos para el recuerdo. Esto es debido a que la tecnología avanza rápidamente y han aparecido nuevos productos y más eficientes. En un futuro no muy lejano nos va a ser difícil explicar a nuestros hijos algunos de los aparatos que usamos hoy en día y que nos parecen tan modernos.

LA MÁQUINA DE ESCRIBIR
Eran muy ruidosas y había que aprender a usarlas para poder escribir rápidamente. Tenías que pensar muy bien antes de teclear porque no se podía borrar. Hoy en día ya no se fabrican, usamos los ordenadores para realizar las funciones que hacíamos con la máquina de escribir.

EL CASETE
Se utilizaba para grabar y escuchar música. En los años ochenta era el sistema más práctico y fácil de transportar. El problema era que solo tenían espacio para un tiempo muy limitado de música. En la actualidad prácticamente no se usan, aunque al igual que los discos de vinilo, vuelven a estar de moda, gracias a la moda retro.

EL TELÉFONO DE DISCO
Hasta los años ochenta, las llamadas se hacían a través de aparatos telefónicos que tenían un disco con diez agujeros. En aquella época no había móviles, y la única forma de hablar por teléfono era a través del fijo. Actualmente todavía se usan teléfonos fijos, aunque habitualmente con una forma muy diferente.

LOS CARRETES DE FOTOS
Antes las cámaras no eran digitales, tenían carretes de un número limitado de fotos, por eso tenías que elegir muy bien qué foto ibas a hacer porque no podías ver el resultado ni saber si había quedado bien o mal para repetirla. Actualmente todavía hay gente que los usa, suelen ser apasionados de la fotografía.

Vocabulario

1c Busca en el texto anterior expresiones para situar acciones en el pasado y en el presente y completa esta tabla.

PASADO	Antes / En aquellos tiempos
PRESENTE	Ahora / En estos momentos

Gramática

2a Fíjate en las palabras en negrita de estas frases sacadas del texto y relaciona cada una con su significado.

Todavía / Ya no

1 Hoy en día **ya no** se fabrican, usamos los ordenadores para realizar sus funciones.

2 Actualmente **todavía** se usan teléfonos fijos, aunque habitualmente con una forma muy diferente.

a Se usaba en el pasado y se usa en el presente.

b Se usaba en el pasado, pero no se usa en el presente.

Ver más en pág. 223

OTRAS ÉPOCAS 16

2b Piensa en otros objetos que usabas en el pasado y ya no y coméntalo con tu compañero. Puedes buscar imágenes en internet.

- Yo antes usaba despertador, pero ya no, ahora uso el móvil.
- Pues yo todavía lo uso porque no me gusta tener el móvil en la habitación.

Escucha

3a 🔊60 Sofía ha leído el artículo anterior y habla con sus padres sobre la vida de antes y de ahora. Escucha y marca los temas de los que hablan.

☐ Los medios de comunicación
☐ Los viajes
☐ El trabajo
☐ El transporte
☐ El medio ambiente
☐ La alimentación

3b 🔊60 Vuelve a escuchar y marca quién piensa que se vivía mejor antes y quién, ahora. Toma notas de los argumentos de cada uno.

Nacho	Aurora	Sofía
ANTES / AHORA	ANTES / AHORA	ANTES / AHORA

Pronunciación y ortografía

4a Fíjate en estas frases del audio anterior. ¿Crees que el uso de la coma cambia el significado?

1 Solo teníamos teléfono en casa y **no perdíamos el tiempo** como ahora con el móvil.
2 **No, perdíamos el tiempo** con el fijo.

4b 🔊61 Escucha estas conversaciones para comparar *antes* y *ahora*. Presta atención a la pausa y marca las que oyes en cada caso, puedes escuchar una o las dos.

1 a No salíamos más que ahora.
   b No, salíamos más que ahora.
2 a No se veía la tele tanto como ahora.
   b No, se veía la tele tanto como ahora.
3 a No había colegios bilingües.
   b No, había colegios bilingües.

Gramática

5a Observa las siguientes frases sacadas de la conversación entre Sofía y sus padres, y completa el cuadro.

a Yo creo que…
b … ¿verdad, Aurora?
c Bueno, depende, ¿no?
d …pero yo pienso que hoy en día hay más libertad.
e Por ejemplo, ahora podemos ver cualquier película…
f Bueno, sí, es verdad, pero…
g No estoy de acuerdo con eso.
h ¿Crees que comemos mejor ahora…?
i Sí, eso es verdad.
j Además, hay más contaminación…

Debatir

Expresar una opinión	*Yo creo que…*
Pedir una opinión	
Preguntar si se está de acuerdo	
Expresar acuerdo	
Expresar acuerdo parcial o matizar	
Expresar desacuerdo	
Dar un ejemplo	
Añadir información nueva	

Ver más en pág. 224

Habla

5b Vamos a participar en un debate para comentar si vivíamos mejor antes de internet o vivimos mejor ahora. Para ello:

1.º Dividimos la clase en dos grupos: los defensores del pasado y los del presente.
2.º Cada grupo hace una lluvia de ideas para defender su opinión.
3.º Se reparten las ideas entre los miembros del grupo.
4.º Comienza el debate. No olvides usar las fórmulas para debatir.

Yo creo que antes salíamos más que ahora, los niños jugaban mucho en la calle, pero ahora no tanto porque…

ciento treinta y tres

16 OTRAS ÉPOCAS

C HISTORIA DEL TATUAJE

Habla y lee

1a Lee las siguientes preguntas y comenta con tu compañero tus respuestas.

1. ¿Te gustan los tatuajes?
2. ¿Tienes alguno?, ¿tiene algún significado para ti?
3. ¿Por qué crees que la gente se tatúa?
4. ¿Crees que un tatuador puede ser considerado un artista?, ¿conoces alguno?

1b Lee los siguientes significados de los tatuajes, piensa si son verdaderos (V) o falsos (F) y compáralo con tu compañero. Luego, busca en qué fragmento del texto *El origen de los tatuajes* aparecen y comprueba tus respuestas. Comenta con tu compañero lo que no sabías.

		V	F
a	Los militares americanos se hacían símbolos que les recordaban a su pareja.	☐	☐
b	Las mujeres egipcias que dedicaban su vida a su familia llevaban uno.	☐	☐
c	Los guerreros los usaban para decir cómo querían ser enterrados.	☐	☐
d	En los campos de concentración solo era una forma de diferenciar a los prisioneros.	☐	☐
e	Los japoneses en la antigüedad los utilizaban para identificar a los ladrones, asesinos, etc.	☐	☐

• *No sabía que en Japón se usaban para...*
• *Yo eso sí, pero no sabía que...*

Escucha y habla

2a 62 **DELE** Antonio trabaja en un estudio de tatuajes y tiene cuatro mensajes en el contestador. Escucha y selecciona el enunciado que corresponde a cada mensaje. Vas a oír cada mensaje dos veces. Hay seis enunciados y cuatro mensajes.

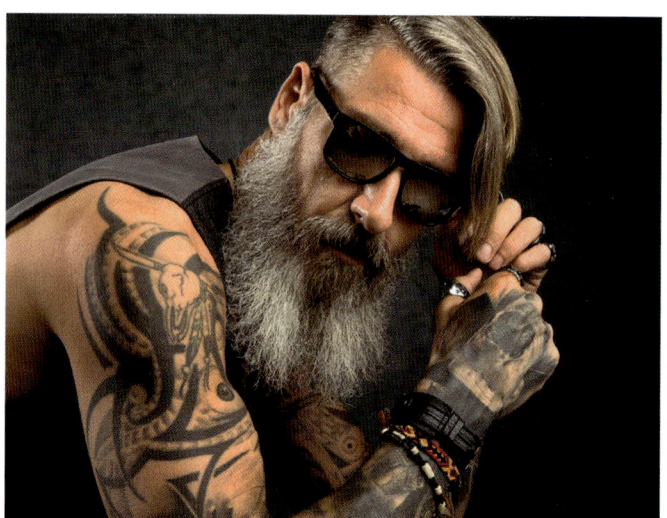

ENUNCIADOS
a Quiere concertar una cita.
b Quiere cancelar una cita.
c Pide una recomendación.
d Busca trabajo en el estudio.
e Consulta la devolución de un vale.
f Va a escribir sobre el estudio.

Mensaje	Enunciado
1	
2	
3	
4	

EL ORIGEN DE LOS TATUAJES

Lo único que se conoce del origen del tatuaje es que nació en la frontera entre Europa y Asia hace aproximadamente cinco mil años. Sin embargo, sí que sabemos que ha tenido diversos significados en diferentes épocas.

1 En la XI dinastía egipcia se practicaba el arte del tatuaje, pero los estudios en diferentes momias sugieren que solo las sacerdotisas lo usaban.

2 Aproximadamente mil años antes de Cristo, el tatuaje llegó de Europa y África a Asia. El significado de los tatuajes dependía de cada país, por ejemplo, en Japón se utilizaban para marcar a los criminales. Los tatuadores japoneses eran maestros en el uso de la imaginación, la perspectiva y los colores.

3 Para el cristianismo en la Edad Media los tatuajes se relacionaban con el diablo, por eso los prohibían. Más adelante, los caballeros templarios

2b Piensa en las siguientes situaciones y marca la opción que eliges. En tríos, comentad por qué: ¿coincidís en vuestras razones?

1 Si me llaman para cancelarme una cita el mismo día,...
   a me enfado y la anulo.
   b me enfado, pero no se lo digo.
2 Si me regalan un vale para un tatuaje,...
   a me lo hago.
   b les doy las gracias, pero no me lo hago.
3 Si tengo un tatuaje horrible,...
   a me lo quito con láser.
   b me lo dejo.
4 Si mi hijo de 17 años quiere hacerse un tatuaje,...
   a lo acompaño y se lo regalo.
   b le digo que no.

Gramática

3a Fíjate en las palabras en negrita de las siguientes frases de la actividad anterior y relaciona.

> - Si mi hijo de 17 años quiere hacerse un tatuaje, **se lo** regalo.
> - Si mi hijo de 17 años quiere hacerse un tatuaje, **le** digo que no.

1 **Lo** se refiere a...   a a mi hijo
2 **Se** se refiere a...   b hacerse un tatuaje
3 **Le** se refiere a...

Pronombres de objeto indirecto y directo

- Cuando aparece el objeto indirecto (OI) de tercera persona **le, les** junto con el objeto directo (OD) **lo, la, los, las,** el OI cambia a **se**:
  Si me lo pide, **se** lo regalo. (~~le lo regalo~~)

- Si es otro destinatario **(me, te, nos, os)** el que recibe la acción indirectamente del verbo, no cambia y siempre va antes del objeto directo:
  Si me regalan un vale para un tatuaje, **me lo** hago.

Ver más en pág. 224

3b Sustituye las palabras que no son necesarias por el pronombre correcto.

1 • ¿Hablaste con Aitana?
   • Sí, me llamó para concertar una cita y le di la cita a Aitana para mañana.
   *Sí, me llamó para concertar una cita y se **la** di para mañana.*
2 • Juana ha dejado dinero a su hermano para el tatuaje.
   • ¡¿Le ha dejado a su hermano el dinero?! Su madre se va a enfadar muchísimo.
3 • Mi cuñada me ha regalado estos pantalones, pero no me gustan. Voy a devolver a mi cuñada estos pantalones.
   • No, no puedes hacer eso.

4a Busca curiosidades estéticas de otras épocas y escribe en tu cuaderno un pequeño texto. Por ejemplo: el pelo, el maquillaje, los *piercings*, etc.

En la época antigua usaban colorantes vegetales para teñirse el pelo de otro color, pero no duraban mucho. Sin embargo, los griegos y los romanos usaban tintes permanentes con sustancias químicas..., nada bueno para el pelo.

franceses se tatuaban cruces en las manos o los brazos como señal de desear una sepultura cristiana si morían en la batalla.

4 Durante la Segunda Guerra Mundial, los nazis tatuaban a los judíos con números, con una doble finalidad, de identificación y humillación, porque la cultura judía prohibía las marcas en el cuerpo.

5 Los soldados estadounidenses de la Segunda Guerra Mundial solían tatuarse el nombre de la persona amada dentro de un corazón o símbolos de su país.

4b En tríos, comenta las curiosidades con tus compañeros. Luego cambia de trío y, después de escuchar todas, elige la más sorprendente.

• ¿Sabíais que los vikingos...?
• Ah, no, no lo sabía, me parece muy original, ¿no?

16 OTRAS ÉPOCAS

EN ACCIÓN

1a Fíjate en las imágenes del artículo, ¿qué anuncian?, ¿te parecen anuncios modernos o antiguos?

Anuncios de sartenes para mujeres, licores para señoras, padres que nunca están en la cocina y niñas educadas para lavar la ropa de la familia desde pequeñas.

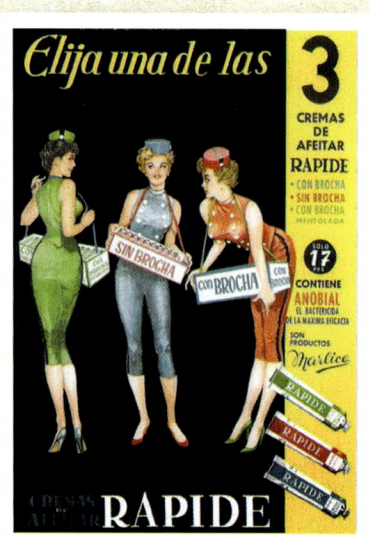

Así era la publicidad de antes, pero estamos ya en el siglo XXI y el sexismo continúa. Los anuncios presentan fotos de mujeres que tienen que hacer dieta después de Navidad, el cuerpo femenino todavía se trata como un objeto y se repiten los estereotipos de género. ¿La sociedad ha cambiado? Si hay una mayor igualdad entre hombres y mujeres, ¿por qué los anuncios no lo reflejan?

1b Lee el artículo anterior, piensa en un posible título y coméntalo con la clase junto con tu opinión sobre el texto.

1c Dividid la clase en grupos: unos van a buscar anuncios publicitarios actuales políticamente incorrectos; otros, lo contrario, anuncios donde se ve un modelo de mundo más igualitario y solidario.

1d Comentad las diferencias y proponed cinco reglas que debe cumplir una publicidad responsable.

17 LA SALUD

TEMAS

- **¿Sabías que…?:** hablar de datos curiosos del cuerpo humano
- **¡Qué mala cara!:** expresar dolores y dar remedios
- **Siéntete bien:** hablar de complejos

- ¿Cuántas palabras relacionadas con el cuerpo sabes?
- ¿Cuidas mucho tu salud?, ¿cómo?
- ¿En tu país son frecuentes los tratamientos estéticos?

17 LA SALUD

A ¿SABÍAS QUE...?

Lee y habla

1a Lee la siguiente infografía y comenta con tu compañero qué información ya sabías y cuál no.

- *Yo no sabía que si nos tapamos los oídos, perdemos el sentido de la orientación.*
- *Yo eso sí, pero no sabía que…*

8 curiosidades SOBRE EL CUERPO HUMANO

1 Si nos tapamos los oídos, perdemos el sentido de la orientación.

2 La nariz tiene la capacidad de percibir hasta 50 000 tipos de olores diferentes.

3 Es imposible estornudar con los ojos abiertos.

4 El hueso más largo del cuerpo está en la pierna.

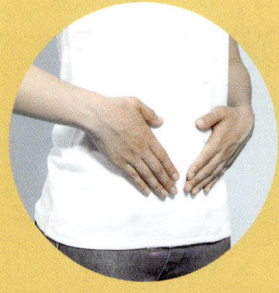

5 La comida pasa de 3 a 5 horas en el estómago.

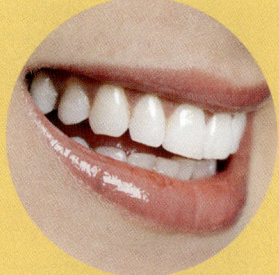

6 Tenemos 32 dientes, los más grandes son las muelas.

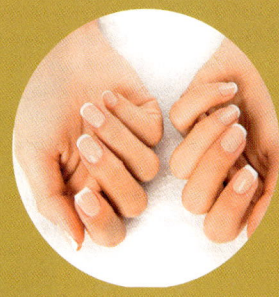

7 Las uñas de las manos tardan aproximadamente seis meses en crecer.

8 Para mantener el equilibrio, la parte del cuerpo más importante es el dedo gordo del pie.

LA SALUD 17

Vocabulario

1b Busca en la infografía anterior palabras relacionadas con el cuerpo y añádelas a la siguiente lista. Comenta con tus compañeros el vocabulario nuevo para ti.

- la cabeza
- la cara
- la boca
- el cuello
- los brazos
- la espalda

1c ¿Qué es lo primero que miras en una persona?

• Lo primero que miro son los ojos, ¿y tú?
  Pues yo, las manos.

Pronunciación y ortografía

1d 🔊 63 Escucha cómo se pronuncian estas palabras, ¿notas alguna pausa entre el artículo y el nombre?

1. la cabeza
2. la espalda
3. el cuello
4. el pie
5. las manos
6. las muelas
7. los dientes
8. los ojos

Ausencia de pausa

En español tendemos a unir los sonidos entre el artículo y el sustantivo, de forma que se pronuncia sin hacer pausa:

la cabeza → lacabeza

1e Todos de pie, en círculo. Un alumno en el centro dice una parte del cuerpo y los demás tienen que tocársela. El más rápido, elige quién va al centro.

Tócate… la nariz.

Gramática

2a Lee la siguiente información y busca en la infografía de la actividad **1a** más ejemplos.

Superlativo relativo

• Cuando queremos destacar dentro de un grupo a una persona, un animal o una cosa, podemos usar el superlativo relativo:

*Para la mayoría de los humanos, **la vista** es **el sentido más importante.***

Elemento destacado: la vista   Grupo de referencia: los sentidos

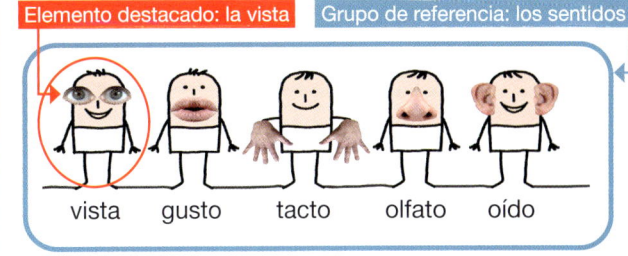

vista   gusto   tacto   olfato   oído

1 _____
2 _____

• Si ya sabemos de qué hablamos, no es necesario mencionarlo:

*Tenemos 206 huesos en el cuerpo, **el** hueso **más pequeño** está en el oído.*

3 _____

Ver más en pág. 225

2b En parejas, completad estas frases. Luego, comentadlas en grupo clase y justificad vuestras opiniones.

1. El órgano más importante del cuerpo humano es…
2. El animal con el cerebro más grande es…
3. El animal con el mejor oído…
4. El ave con el cuerpo más pesado es…
5. El animal más peligroso para el ser humano es…

• *Nosotros creemos que el órgano más importante del cuerpo humano es el cerebro porque nos diferencia de los demás animales.*
  Pues para nosotros es el … porque…

Investiga, escribe y habla

3 En grupos de tres, buscad en internet información sobre más curiosidades relacionadas con el cuerpo humano o de los animales, y preparad frases verdaderas o falsas para realizar un concurso.

• *El animal con más patas es la araña.*
  Yo creo que no es verdad porque…

ciento treinta y nueve

17 LA SALUD

B ¡QUÉ MALA CARA!

Vocabulario

1a Habla con tu compañero para ver qué tenéis en común. Podéis comentar otras opciones.

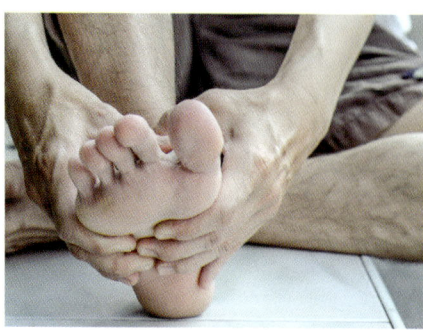

1. Si te duele la cabeza, ¿te acuestas un rato y cierras los ojos o tomas una pastilla?

2. Si te duelen los pies, ¿los metes en agua caliente con sal o te das un masaje?

3. Cuando estás enfermo/a, ¿vas al médico o te acuestas y descansas?

4. Si tienes fiebre, ¿tomas algo para bajarla o te das una ducha fresca?

5. Cuando tienes tos, ¿tomas un jarabe o bebes mucha agua?

6. Si tienes dolor de garganta, ¿tomas té con miel o leche caliente?

- *A mí me duele muy poco la cabeza pero cuando me duele, me siento y me relajo un rato con los ojos cerrados.*
- *Pues a mí me duele la garganta a menudo.*
- *¿Y qué haces?*
- *Pues...*

Escribe y habla

1b Y tú, ¿qué haces en estas otras situaciones? Completa las frases con ayuda del diccionario y, en grupos de tres, preguntad a vuestros compañeros.

1. Si te duelen los oídos, ¿vas al médico o _____?

2. Si estás resfriado/a, ¿_____?

3. Si estás estresado/a, ¿_____?

LA SALUD 17

Gramática

1c Completa el esquema con el vocabulario anterior.

- Me duele
  la cabeza
- Estoy
- Me duelen
- Tengo

¿Qué te pasa?

1d ¿Qué diferencia hay entre *duele* y *duelen*? ¿Qué otros verbos conoces que funcionan gramaticalmente como *doler*?

Verbo *doler*

- El verbo **doler** funciona gramaticalmente como los verbos *gustar*, *encantar* e *interesar*:

(A ellas) Les duele la cabeza.

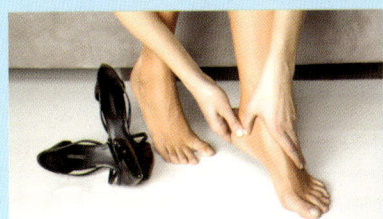

(A ella) Le duelen los pies.

- Cuando decimos *me duele(n)*, es necesario poner el artículo, pero no cuando decimos *tengo dolor de*:
  Me duele **la** cabeza. / Tengo dolor de cabeza.
  Me duelen **las** piernas. / Tengo dolor de piernas.

Ver más en pág. 226

1e Tu profesor te va a decir un estado físico, haces mímica, y los otros adivinan. ¿Hacéis todos los mismos gestos? Comentadlo en clase.

Escucha y escribe

2a 🔊 64 Escucha a tres personas que hablan sobre su salud y completa la tabla con los problemas de cada uno.

Diálogo	¿Qué le pasa?
1	
2	
3	

2b 🔊 65 Habla con tu compañero, ¿cuál de las recomendaciones del siguiente cuadro crees que son buenas para los problemas del audio? Después, escucha los diálogos completos y marca las que dicen, ¿coinciden con las tuyas?

Hacer recomendaciones

- ☐ **Intenta** dormir mucho.
- ☐ **Tómate** una pastilla.
- ☐ **Deberías** trabajar menos.
- ☐ **Ve** un día a la semana a yoga.
- ☐ **Para eso va muy bien** hacer deporte.
- ☐ **Lo mejor es** darte un buen masaje.
- ☐ **¿Por qué no** te pones calor?

Ver más en pág. 226

2c Practica con tu compañero. El alumno A abre el libro por la página 171 y el alumno B, por la página 180.

3 Hablad en pequeños grupos sobre vuestros problemas de salud y comentad qué hacéis para prevenirlos.

- *Últimamente me duele mucho la espalda, porque paso muchas horas sentada en el ordenador.*
- *Pues yo voy a la piscina para evitar los dolores de espalda, porque me pasa lo mismo.*
- *Sí, yo debería ir también, pero está un poco lejos de mi casa, por eso...*

ciento cuarenta y uno **141**

17 LA SALUD

C SIÉNTETE BIEN

Lee y habla

1a ¿Conoces estos tratamientos estéticos?, ¿son populares en tu entorno? Coméntalo con tu compañero.

Alisado japonés • Depilación láser • Blanqueamiento de dientes

1b Lee estos enunciados y marca cuáles están a favor (F) y cuáles en contra (C) de los tratamientos estéticos. ¿Con cuáles estás de acuerdo? Coméntalo con tu compañero.

1. ☐ La cirugía estética es un error, cada persona tiene que aceptarse como es.
2. ☐ Los tratamientos estéticos pueden ayudar a mejorar la autoestima.
3. ☐ Hay problemas más importantes en el mundo, debemos mirarnos menos en el espejo.
4. ☐ Lo importante es sentirse bien con uno mismo y si este tipo de tratamientos ayudan…

1c Algunas personas no se sienten bien con su imagen. Si esto les produce problemas de autoestima, decimos que tienen un complejo físico. Lee los siguientes testimonios, ¿qué complejo tienen?, ¿qué solución han encontrado?, ¿te parece una buena idea? Coméntalo con tu compañero.

- *Yo creo que Natalia tenía complejo por…*
- *Sí, y como solución … me parece bien porque ahora…*

Mi familia me decía que era una tontería, pero es un complejo bastante común. Tenía los dientes muy amarillos y por eso nunca sonreía en las fotos. Tenía miedo de hacerme un tratamiento por si afectaba a los dientes, pero acabo de hacerme un blanqueamiento y estoy encantada. Es verdad que al principio tienes más sensibilidad y no puedes tomar nada muy frío o caliente, pero es temporal. Ahora me siento más segura y os animo a hacéroslo si tenéis el mismo complejo.

NATALIA, ALBACETE

Mucha gente piensa que a los hombres no nos importa, pero no siempre es así. Mi problema era el pelo, en realidad, el exceso de pelo. De adolescente, me encantaba practicar deportes en el mar y dejé de hacerlo por no ponerme en bañador. Hasta que me hablaron de la eliminación con láser y lo probé. Lo mejor es que es definitivo y vuelvo a sentirme bien conmigo mismo. La semana que viene empiezo a trabajar como monitor de surf, así que imagina cómo me siento.

JULIO, CÁDIZ

LA SALUD 17

Gramática

2a Fíjate en las siguientes frases de los testimonios anteriores y relaciónalos con su significado.

1. Acabo de hacerme un blanqueamiento.
2. Vuelvo a sentirme bien conmigo mismo.
3. Empiezo a trabajar como monitor de surf.
4. Dejé de hacer deportes acuáticos.

a ☐ Se comienza una nueva actividad.
b ☐ Se interrumpe una actividad.
c ☐ Se repite una situación.
d ☐ Se habla de algo que ha hecho hace poco tiempo.

Las perífrasis verbales

Son expresiones compuestas por un verbo conjugado seguido de un infinitivo, gerundio o participio unidos o no por una preposición. Su significado es un todo y no se pueden interpretar por separado. Fíjate en estos ejemplos:

• ¿Me ayudas?
• Acabo la manicura y te ayudo.

• ¿Me ayudas?
• No puedo, **acabo de** pintarme las uñas.

En el primer ejemplo, **acabar** significa *terminar* ("termino de pintarme las uñas y te ayudo"), pero en el segundo, **acabar de** + **infinitivo** expresa una acción pasada reciente ("me he pintado las uñas hace un momento, no están secas").

Ver más en pág. 227

2b Crea frases con información de tu vida. Después, en tríos, comentad la información, ¿coincidís en algo?

1. Este mes
2. Esta semana
3. Hoy
4. Hace un rato

a he empezado a…
b acabo de…
c he vuelto a…
d he dejado de…

Escucha, habla y escribe

3a Observa la siguiente imagen, ¿qué problema hay?

3b 🔊 66 Escucha estas tres conversaciones y anota qué complejo tenían, por qué y si han encontrado una solución. Para la persona que todavía no lo ha solucionado, ¿qué le recomiendas? Coméntalo con tu compañero.

• Yo creo que puede probar…
• Otra opción es…

	¿Qué complejo tenía?	¿Por qué?	¿Lo ha solucionado?
1			
2			
3			

3c Entre toda la clase vamos a crear un *collage* con el título "Siéntete bien contigo mismo". Negocia con tus compañeros qué frases e imágenes poner.

• "Acéptate como eres" puede ser una buena frase.
• Sí, me encanta, y quizás podemos poner esta imagen, ¿qué pensáis?

ciento cuarenta y tres 143

17 LA SALUD

EN ACCIÓN

1 DELE Lee los siete textos y los cinco enunciados. Selecciona el texto (A-G) que corresponde a cada enunciado (1-5).

Peluquería NANOS
Ofrecemos servicios para bebés y niños y usamos productos específicos para el cuidado de su cabello. También organizamos fiestas de cumpleaños. Domingos cerrado. Llámanos para concertar una cita al 652 258 342. **A**

CLÍNICA DENTAL SONRISAS ÚNICAS
Expertos en crear sonrisas únicas desde niños a adultos. Primera visita gratuita. Descuentos para jubilados. Llama al 91 540 21 33. **B**

Estudio de tatuaje tINtA
Llevamos 30 años creando tatuajes originales y artísticos. Hacemos descuento del 20 % a universitarios. Estamos en el número 14 de c/ Calvario. Visita nuestro Instagram para ver nuestros trabajos y ¡ven a conocernos! **C**

Fisioterapeuta en casa
Actuamos donde te duele y cuando te duele. Servicio a domicilio. Ofrecemos flexibilidad de 9:00 a 22:00 cualquier día de la semana. Pide tu cita en: www.fisioterapeutaencasa.com **D**

Herbolario Lo Natural
Le ofrecemos una excelente atención totalmente personalizada con productos naturales de la mejor calidad. Nuestro objetivo es su equilibrio emocional. Ofertas en complementos antioxidantes este otoño. Pida una cita con uno de nuestros asesores de lunes a viernes llamando al 902 545 210. **E**

Relax para tus manos
Vive una experiencia completa en tus manos. Usamos los mejores productos y el ambiente es esencial para nosotros. Disfruta de una manicura profesional tomando una infusión desintoxicante y escuchando tu música favorita. Visítanos en c/ Libertad, 5. **F**

DEPÍLATE OSOS NO
Porque la piel y el pelo de cada hombre son diferentes, vas a tener un equipo médico durante todo el tratamiento. Además, contamos con láseres especialmente indicados para depilación masculina. Este mes si contratas dos zonas, tienes un 35 % de descuento. Cerramos en Semana Santa. Contacta con nosotros a través de www.ososno.es **G**

ENUNCIADOS	TEXTOS
1 No abren el fin de semana.	
2 Tienen descuento para personas mayores.	
3 Especializados en público infantil.	
4 Hacen ofertas a estudiantes.	
5 Van a coger vacaciones los días festivos.	

2 En grupos, haced una lista de los problemas más frecuentes de salud o estética del siglo XXI y entre toda la case preparad una infografía con un decálogo de recomendaciones.

18 CULTURAS

TEMAS

- **Un buen barrio:** describir un barrio
- **¿Tienes sal?:** pedir favores
- **¿Eres una persona educada?:** hablar de diferentes costumbres

- ¿En qué barrio vives?
- ¿Te gusta tu barrio?
- ¿Qué ves desde tu casa?
- ¿Conoces a tus vecinos?

18 CULTURAS

A UN BUEN BARRIO

Lee y habla

1a ¿Cómo tiene que ser un buen barrio? Coméntalo con tu compañero y haced una lista.

- *Un buen barrio tiene que ser tranquilo.*
- *Sí, pero también debe tener tiendas…*

1b Lee el siguiente artículo sobre lo que más se valora de un barrio, publicado en una página web inmobiliaria, ¿menciona toda la información de vuestra lista?

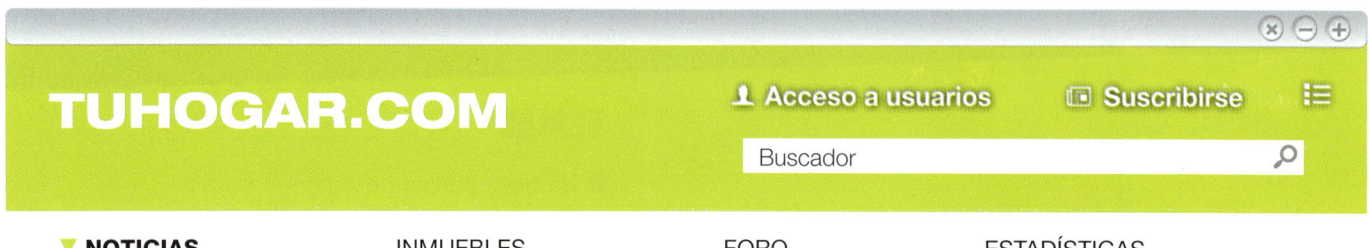

NOTICIAS   INMUEBLES   FORO   ESTADÍSTICAS

Cómo prepararse antes de comprar una casa

¿Has comprado o alquilado un piso y después te das cuenta de que no fue una buena opción? Esta es una situación bastante habitual. Los psicólogos dicen que tomamos mejores decisiones a corto plazo, pero somos más imprecisos cuando planificamos a largo plazo. ¿Cómo solucionarlo en el caso de la vivienda?

Según un estudio realizado a usuarios de nuestra página web, estos son los cinco factores más valorados:

1. **La seguridad.** No necesariamente un barrio tranquilo, pero sí seguro, para vivir sin miedo, tanto dentro de casa como en la calle.
2. **La localización.** Si vivimos lejos de nuestro lugar de trabajo, con el tiempo puede ser un problema. Estar bien comunicado mediante autobuses, metro u otros transportes públicos es, sin duda, un factor clave para elegir un barrio.
3. **Los servicios públicos.** No solo transportes públicos, sino también otros servicios que pueden ser una prioridad: colegios, centros de salud, hospitales, zonas deportivas, etc.
4. **Las compras.** Mucha gente prefiere hacer la compra en grandes supermercados y centros comerciales, pero es muy cómodo tener tiendas especializadas cerca de casa.
5. **El ocio.** Un barrio es más atractivo si nos ofrece una oferta de actividades de tiempo libre adecuada a nuestros gustos: cines, teatros, restaurantes, bares, parques infantiles, etc.

Además, se mencionaron otros factores como la facilidad de encontrar aparcamiento, las zonas verdes e incluso la estética de los edificios.

¿Tienes claro cuáles son tus prioridades? Consulta nuestras ofertas y encuentra tu lugar perfecto para vivir.

1c ¿Estás de acuerdo con el *ranking* del artículo anterior? Comenta en tríos cuáles son tus prioridades.

- *No, para mí lo más importante es la localización. Yo prefiero vivir en un barrio céntrico.*
- *Pues para mí, si está lejos o cerca, no es tan importante si está bien comunicado y tiene un buen transporte público.*

Vocabulario

2a Busca en el artículo de la actividad **1b** vocabulario para describir un barrio y, si conoces más, añádelo. Compara tu lista con tu compañero y explícale las palabras nuevas.

1. Un buen barrio **es** *tranquilo,...*
2. En un barrio **hay** *colegios,...*
3. Un barrio **está** *bien comunicado,...*

2b En tríos, una persona describe algo del vocabulario anterior y los compañeros tienen que descubrir qué es.

- *Es un lugar donde vas si estás enfermo.*
- *¿Un hospital?*
- *No, es más pequeño.*
- *¡Ah!, entonces es…*

Gramática

3a Relaciona cada frase con la imagen correspondiente. ¿A qué se refiere *lo* y *el*?

1. ☐ **Lo** más importante para mí es la seguridad.
2. ☐ De los transportes públicos, el metro es **el** más importante para mí.

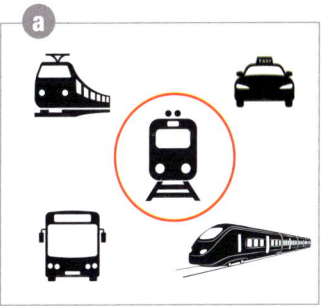

Destacar un elemento

Cuando queremos destacar algo de diferentes categorías, usamos el artículo neutro *lo*; si es de la misma categoría, usamos *el* o *la*, dependiendo de si el nombre es masculino o femenino:

*Hay dos hospitales en mi ciudad, **el más** moderno está cerca de mi casa.*

***Lo más** importante para mí es la seguridad.*

Ver más en pág. 228

3b Elige la opción correcta para completar estas preguntas. Luego, contéstalas y coméntalas con tu compañero.

1 ¿Qué servicio público es…	a el más necesario para ti en un barrio?
2 ¿Qué es…	b lo más necesario para ti en un barrio?
3 ¿Qué barrio es…	c lo más bonito de tu ciudad?
4 ¿Qué es…	d el más bonito de tu ciudad?

4 **DELE** Vas a participar en una conversación. En parejas, lee la información de tu ficha, prepara tus argumentos y representad la situación de manera oral.

FICHA ESTUDIANTE A

Usted y su compañero quieren alquilar un piso juntos. Su compañero prefiere vivir en el centro y usted, en las afueras. Intente llegar a un acuerdo con él.

Debe:
1. Decir a su compañero que prefiere alquilar en las afueras.
2. Explicar por qué.

 VIVIR EN LAS AFUERAS   **VIVIR EN EL CENTRO**

- Es más tranquilo	- Hay problemas de aparcamiento
- Hay más zonas verdes	- Hay más contaminación
- Es más seguro	- Es más caro

3. Llegar a un acuerdo con su compañero.

FICHA ESTUDIANTE B

Usted y su compañero quieren alquilar un piso juntos. Su compañero prefiere vivir en las afueras y usted, en el centro. Intente llegar a un acuerdo con él.

Debe:
1. Decir a su compañero que prefiere alquilar en el centro.
2. Explicar por qué.

VIVIR EN EL CENTRO   **VIVIR EN LAS AFUERAS**

- Tiene más encanto	- Hay menos oferta para salir
- Está mejor comunicado	- Está lejos del trabajo
- Hay más tiendas	- Se necesita más el coche

3. Llegar a un acuerdo con su compañero.

18 CULTURAS

B ¿TIENES SAL?

Habla y lee

1a Habla con tus compañeros.

1. ¿Sabes el nombre de los vecinos de tu edificio?
2. ¿Hablas con ellos cuando te los cruzas en el ascensor o en la escalera?
3. ¿Qué favor le puedes pedir a un vecino?

1b Estas mismas preguntas llevaron a crear la red social *¿Tienes sal?* Lee el artículo y, en parejas, enumerad las cosas que hacen las personas que participan en esta red.

¿TIENES SAL?

Esta red social busca que nuestros vecinos dejen de ser desconocidos y está recuperando la vida de barrio.

MUCHO MÁS QUE PEDIR SAL

Sonia Alonso decidió crear ¿Tienes sal? tras hablar con Christian Vollmann, fundador de Nebenan, la versión alemana de esta red.

¿Qué puede hacer un vecino con ¿Tienes sal?? "Puede encontrar vecinos con los que compartir gustos, aficiones o formas de vida: cinéfilos, padres, dueños de perros, etc.", cuenta Sonia.

Pero la cosa no acaba ahí: "Puedes encontrar ayuda de los que están más cerca para, por ejemplo, regarte las plantas, cuidar al gato cuando estás de vacaciones o prestarte una escalera", expone.

"También puedes encontrar recomendaciones de la zona (panaderías, técnicos informáticos...) y los vecinos pueden organizarse más fácilmente", continúa.

Por poner algún ejemplo, ya se han organizado algunas quedadas, "para ir a pasear, salir a correr o a tomar unas cañas o, simplemente, para conocerse", nos relata Sonia.

¿Tienes sal? pretende recuperar el sentimiento de comunidad perdido. "Las ciudades grandes, en general, están perdiendo la identidad de barrio", opina Sonia.

"¿Tienes sal? es una herramienta digital que pretende facilitar los encuentros en la vida real. Es curioso que se necesite algo digital para organizar actividades con el vecino de al lado. Sé que lo es, pero ayuda a romper el hielo", nos expone Sonia.

- *Pues en esta red la gente comparte gustos y aficiones, ¿verdad?*
- *Sí, y también...*

1c Después de leer el artículo, comenta estas cuestiones con tus compañeros.

1. ¿Qué piensas de este tipo de proyectos?
2. ¿Qué otras cosas se pueden hacer para recuperar la vida de barrio?
3. ¿Te gustaría participar en una red social de tu barrio como esta?

CULTURAS 18

Lee y escucha

2a En estos diálogos, un vecino pide un favor a otro. ¿Qué respuesta suele ser más adecuada en un nativo? Coméntalo con un compañero.

1 Hola, Elena, ¿puedes quedarte con el niño esta tarde? Es que tengo una reunión de trabajo y voy a volver tarde.
   A Sí puedo.
   B Claro, claro, tráelo sin problema.

2 Hola, perdona, ¿me dejas dos huevos? Estaba haciendo una tortilla y no tengo suficientes.
   A No, no puedo, lo siento.
   B Ay, imposible, es que no me queda ni uno. Lo siento.

3 Dani, perdona, ¿puedes venir un momento a mi casa? Es que estoy pintando el salón y te necesito.
   A Bueno, vale.
   B Sí, sí, voy en dos minutos.

4 Perdona, Antonio, ¿me ayudas a subir la compra?
   A Claro, tranquila.
   B Ay, bueno, vale.

5 Oye, Ramón, ¿puedes darme un poco de sal? Es que no me queda.
   A Sin problema, toma, toma.
   B Bueno, sí.

2b 🔊67 Escucha estos diálogos y confirma tus respuestas. Comenta si algo te ha llamado la atención.

Gramática

2c Mira las fórmulas usadas en los diálogos anteriores para pedir favores y responder. Contesta a las preguntas y coméntalo con tus compañeros y tu profesor.

1 ¿Por qué crees que unas respuestas son más adecuadas que otras?
2 ¿Qué forma verbal va después de *puedes*...?
3 ¿Para qué se usa la expresión *es que*...?
4 Fíjate en los diálogos 2 y 5: ¿cuándo crees que se usa el verbo *dejar* y el verbo *dar*?

Pedir favores

Para pedir favores, podemos usar diferentes fórmulas:

¿**Puedes** pasarme la sal?
¿**Me das** un chicle, por favor?
¿**Me dejas** tu bolígrafo un momento?
¿**Me ayudas** a subir la compra?

Ver más en pág. 229

Pronunciación y ortografía

¡Fíjate!

- Un recurso muy utilizado para mostrar amabilidad y reforzar la respuesta afirmativa es repetir alguno de los elementos:

  Sin problema, **toma, toma.**

  Sí, sí / Claro, claro, *tráelo.*

- **Bueno, vale...** es una respuesta poco correcta para aceptar, pues significa que vas a hacer el favor, pero parece que no quieres hacerlo.

3a 🔊68 Escucha y presta atención a la entonación de estas respuestas y repite.

1 Claro, claro, tranquila.
2 Ay, lo siento.
3 Sin problema, toma, toma.
4 Bueno, vale.
5 Ay, imposible, es que no me quedan, lo siento.

3b Practica con tu compañero. El alumno A abre el libro por la página 171 y el alumno B, por la página 180.

4 Tu compañero y tú vais a hacer un intercambio de casa. Piensa en qué favores te gustaría pedirle: ¿tienes plantas?, ¿y animales domésticos?; ¿qué necesitas de su casa: wifi, bicicleta...?

✓ Escribid el diálogo y ensayadlo.
✓ Escuchad a los compañeros. Tomad notas sobre el contexto, la entonación, la adecuación de las respuestas (grabarlo os puede ayudar).
✓ Comentad los diálogos y corregid los errores.

• *Oye, mira, quiero pedirte algo. Tengo muchas plantas y hace bastante calor, ¿puedes regarlas? Lo mejor es por la mañana pronto, es que luego hace mucho sol.*
• *Sí, sí, claro y...*

ciento cuarenta y nueve 149

18 CULTURAS

C ¿ERES UNA PERSONA EDUCADA?

Habla y lee

1a Piensa sobre estas cuestiones y después coméntalas con tu compañero.

1. ¿Qué entiendes por una persona educada?
2. ¿Hablas de forma diferente a otras personas?, ¿por qué?
3. ¿Qué cualidades crees que debe tener una persona educada?

1b Lee la columna de la izquierda del siguiente artículo y comprueba si tus respuestas coinciden con las del autor. Después, en tríos, responded a las preguntas de la derecha y comentad qué aspectos debe mejorar cada uno.

- *Yo creo que Antonella es muy educada, quizá debe mejorar en puntualidad…*
- *Sí, es verdad y Zhao puede mejorar en…*
- *Pues yo creo que…*

¿Eres una persona educada?

Ser una persona educada no significa tener estudios universitarios y tampoco es solo ser cordial. Esas cualidades pueden ser necesarias, pero no las únicas. Buena educación es sinónimo de buenas maneras, de cultura, de tacto, entre otras características.

En el comportamiento diario es importante tener en cuenta el tipo de relación para saber si usar la forma *tú* o *usted*, y saber actuar según la cultura.

Entre las cualidades que debe tener una persona educada están la puntualidad, la discreción, la tolerancia, el sentido del humor y el autocontrol.

Responde a las siguientes preguntas para ver lo educado que eres.

1. En una cola, ¿esperas tu turno?
2. ¿Tus amigos piensan que eres puntual?
3. En un correo, ¿firmas con tu nombre y saludas a la persona por el suyo?
4. Si estás reunido con alguien o en clase, ¿evitas mirar tu móvil y esperas a finalizar?
5. En una cena con amigos, preguntas por la vida de otros: por ejemplo, "¿sabes si tiene novio?".
6. Si un amigo te pregunta en tu casa si tienes fuego, ¿qué le contestas?
7. ¿Hablas o te ríes demasiado alto?
8. En una discusión, si otra persona te levanta la voz, ¿levantas la tuya?

Gramática

2a Fíjate en los dos tipos de preguntas que aparecen en el siguiente cuadro y marca la opción correcta.

Presencia y ausencia de artículo

PREGUNTAS A
- ¿Tienes un nuevo novio?
- ¿Tienes un buen trabajo?

PREGUNTAS B
- ¿Tienes novio?
- ¿Tienes trabajo?

En las preguntas ☐ **A** / ☐ **B** usamos el verbo *tener* ☐ **con** / ☐ **sin** artículo cuando hablamos de estereotipos sociales o hacemos una pregunta general.

Ver más en pág. 230

2b Marca si deben llevar artículo o no las siguientes preguntas.

1. ¿Tienes **un / ø** perro?
2. ¿Tienes **un / ø** coche deportivo?
3. ¿Tienes **unos / ø** hijos?
4. ¿Tienes **un / ø** trabajo?
5. ¿Tienes **una / ø** pareja?

2c Comenta con tu compañero en qué situaciones crees que no son educadas las preguntas anteriores.

• *Bueno, a mí la primera pregunta me parece que siempre se puede hacer, ¿no?*
• *Sí, pero la segunda no es adecuada, excepto si estás hablando de coches con otra persona...*

3a Fíjate en las palabras en negrita de estas frases y marca a qué se refieren. Después, completa el cuadro de la columna derecha.

1. En un correo, ¿firmas con tu nombre y saludas a la persona por **el suyo**?
   a. El nombre de la persona
   b. Tu nombre
2. En una discusión, si otra persona te levanta la voz, ¿levantas **la tuya**?
   a. La voz de otra persona
   b. Tu voz
3. Si en un bar un amigo empieza a mirar su móvil, ¿tú miras **el tuyo**?
   a. El móvil de tu amigo.
   b. Tu móvil.

Los posesivos

yo	mi / mis	mío/s, mía/s
tú	tu / tus	(1) _____
él / ella / usted	su / sus	(2) _____
nosotros/as	nuestro/s, nuestra/s	nuestro/s, nuestra/s
vosotros/as	vuestro/s, vuestra/s	vuestro/s, vuestra/s
ellos / ellas / ustedes	su / sus	suyo/s, suya/s

• Cuando por el contexto ya sabemos de qué estamos hablando, usamos las formas *mío, suyas*...:
*Este libro es **mío**.*

• Cuando hay una idea de contraste en la oración, ponemos el artículo delante:
*Su forma de actuar no me parece mal, pero prefiero **la mía**.*

Ver más en pág. 231

3b Sustituye las palabras subrayadas por *el mío, la tuya*… y comenta tus respuestas con tu compañero.

1. Si vas a pasar un fin de semana con tu amigo, ¿prefieres ir en su coche o en <u>tu coche</u>?
2. Cuando hay que organizar una fiesta con tus amigos, ¿prefieres hacerla en tu casa o en <u>la de tus amigos</u>?
3. Si estás discutiendo con un amigo, ¿continúas explicando tus ideas hasta convencerlo o escuchas con atención <u>sus ideas</u>?
4. Tu pareja te ha hecho un regalo por tu cumpleaños, pero ha pensado en sus gustos, no en <u>tus gustos</u>. ¿Cómo reaccionas?

4 ¿Hay preguntas que no se pueden hacer en tu cultura? Grabad un vídeo en el que expliquéis esas cuestiones tabú. Después, editarlos juntos y, si queréis, podéis subirlos a la nube.

En España no se debe preguntar a una persona por su salario porque...

18 CULTURAS

EN ACCIÓN

1a Rocío ha hecho fotos de sus lugares favoritos de Almería. ¿Qué foto te interesa más?, ¿por qué?

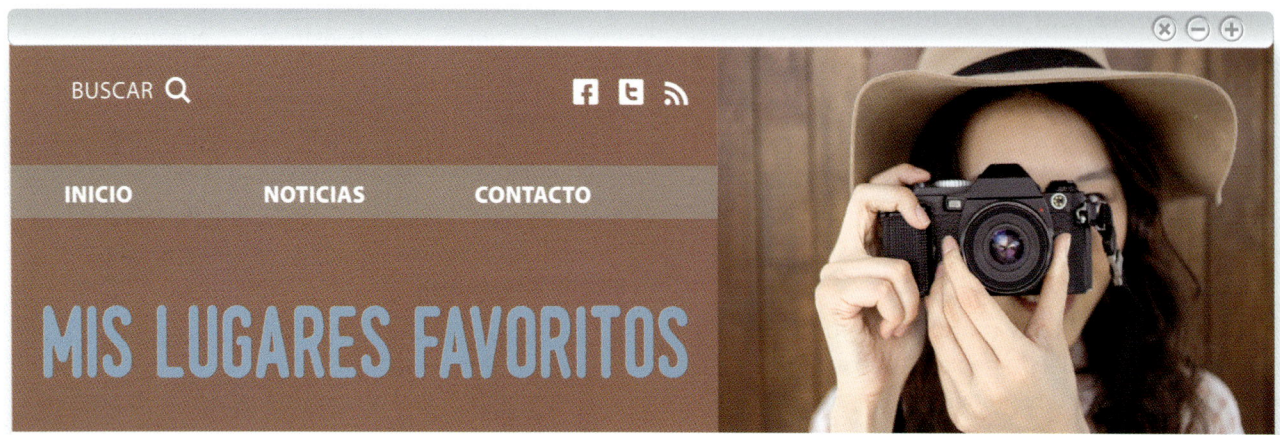

Las vistas desde el faro de Cabo de Gata son impresionantes, el mar azul infinito.

Mi plan favorito para el domingo por la mañana es jugar al vóley con mis amigos en la playa del Zapillo.

Visitar la Alcazaba de Almería es como hacer un viaje en el tiempo.

La mejor forma de terminar el día es tomando tapas en las terrazas que hay en el paseo marítimo.

1b En grupos, preparad un concurso fotográfico con vuestros lugares favoritos de la ciudad donde estáis. Pensad las normas del concurso y elegid los ganadores.

- ¿Cuántas fotos hay que hacer?
- ¿Cómo vais a presentarlas?
- ¿Qué vais a valorar más?

APÉNDICE

- Revisiones
- Actividades en parejas
- Gramática y comunicación
- Glosario
- Transcripciones para resolver actividades

REVISIÓN UNIDADES 1/2

INSTRUCCIONES DEL JUEGO

- Dividir la clase en tríos. Cada trío trabaja con un tablero.
- Por turnos, tira el dado y avanza desde la SALIDA hasta la LLEGADA. Si la respuesta es correcta, permaneces en la casilla; si la respuesta no es correcta, vuelves a la última casilla donde estabas.
- El primero en llegar al final, gana.

Vocabulario para jugar
- Empiezas
- Me toca / Te toca
- Tira el dado
- ¡He ganado!

Salida

1 ¿BUENOS DÍAS O BUENAS DÍAS?

2 ¿A qué te dedicas?

3 Cinco nacionalidades.

4 ¿Qué son las samosas?

5 • ¿Cómo _____ "love" en español? • "Amor".

6 Completa la secuencia: 12 – 15 – 18 – ___ – ___ – 27

7 VUELVE A TIRAR EL DADO

8 Un plato y un baile típico hispano.

9 ¿Qué lenguas hablas?

10 ¿Cómo se pronuncia?

11 Cinco países de habla hispana.

12 ¿Cómo se escribe tu apellido?

13 Completa: ___ gazpacho es ___ sopa fría de tomate.

14 VUELVE A TIRAR EL DADO

15 Pronuncia: Azucena Charo Julio Guillermo

16 Completa la secuencia: 100 – 200 – ___ – ___ – 500

17 Tres cosas típicas de tu país.

18 ¿Cómo se dice? 1.º, 2.º, 3.º

19 ¿Quién es?

20 Pronuncia: guerra bilingüe guitarra pingüino

21 ¿Por qué estudias español?

22 Cuatro datos personales de un / una compañero/a.

23 ¿Qué es el tango?

24 UN TURNO SIN JUGAR

25 Cuatro apellidos hispanos.

26 ¿Qué sabes de tu profesor(a)?

Llegada

REVISIÓN UNIDADES 3/4

INSTRUCCIONES DEL JUEGO

- Formar grupos de dos a cuatro alumnos.
- Cada jugador tiene una ficha de un color (rojo, azul, verde o amarilla) y comienza en la casilla con la flecha de su color.
- Por turnos, tira el dado y contesta a la información de la casilla. Si la respuesta es correcta, te quedas en esa casilla; si no, vuelves a la última donde estabas.
- Si caes en la casilla de salida de otro jugador, pierdes un turno.
- Gana el jugador que da la vuelta antes y llega a la meta.

Vocabulario para jugar

- ¿Quién empieza?
- Me toca / Te toca
- Cambio de posición con…
- ¡He ganado!
- Pierdo turno

---

23. CAMBIO DE POSICIÓN CON OTRO JUGADOR
24. Los hijos de tu hermano son…
1. (flecha roja)

22. Me encantan los gatos, ¿y a ti?
A. A mi familia le gusta…
2. LO CONTRARIO DE PELO LISO

19. (flecha azul)
20. Cinco cualidades.
21. LO CONTRARIO DE MAYOR
B. EL MÁS ALTO DE LA CLASE ES…
3. No me interesa el arte, ¿y a ti?
4. Tres defectos.
5. Quiero cenar fuera, ¿y tú?

18. No me gusta el reguetón, ¿y a ti?
G. El más joven de la clase es…
H. YO LLEVO…
META
D. MAÑANA QUIERO…
C. A todos nos gusta…
6. Cinco actividades de tiempo libre.

17. LO CONTRARIO DE ALTA
16. Los posesivos son: mi, tu…
15. Tres tipos de películas.
F. A… NO LE GUSTA…
9. El femenino de alegre.
8. LO CONTRARIO DE DIVERTIDO
7. (flecha verde)

14. El femenino de marido.
E. A mi profesor(a) le interesa…
10. El padre de tu padre es…

(flecha amarilla) Tengo los ojos… CAMBIO DE POSICIÓN CON OTRO JUGADOR

ciento cincuenta y cinco 155

REVISIÓN UNIDADES 5/6

INSTRUCCIONES DEL JUEGO

- Dividir la clase en tríos.
- Por turnos, tira el dado y avanza desde la SALIDA hasta la LLEGADA. Tienes que completar la frase de la casilla. Si caes en una casilla con flecha, te mueves en la dirección marcada.
- Tira una moneda: si sale "cara", dices la verdad; si sale "cruz", dices una mentira. Tus compañeros no pueden verlo y tienen que adivinar si es verdad o mentira. Si lo adivinan, pasa el turno a otro compañero; si no, continúas.
- El primero en llegar a la meta, gana.

Vocabulario para jugar

- ¿Quién empieza?
- Me toca / Te toca
- Vuelvo a tirar
- Eso es verdad / Eso es mentira
- ¡He ganado!

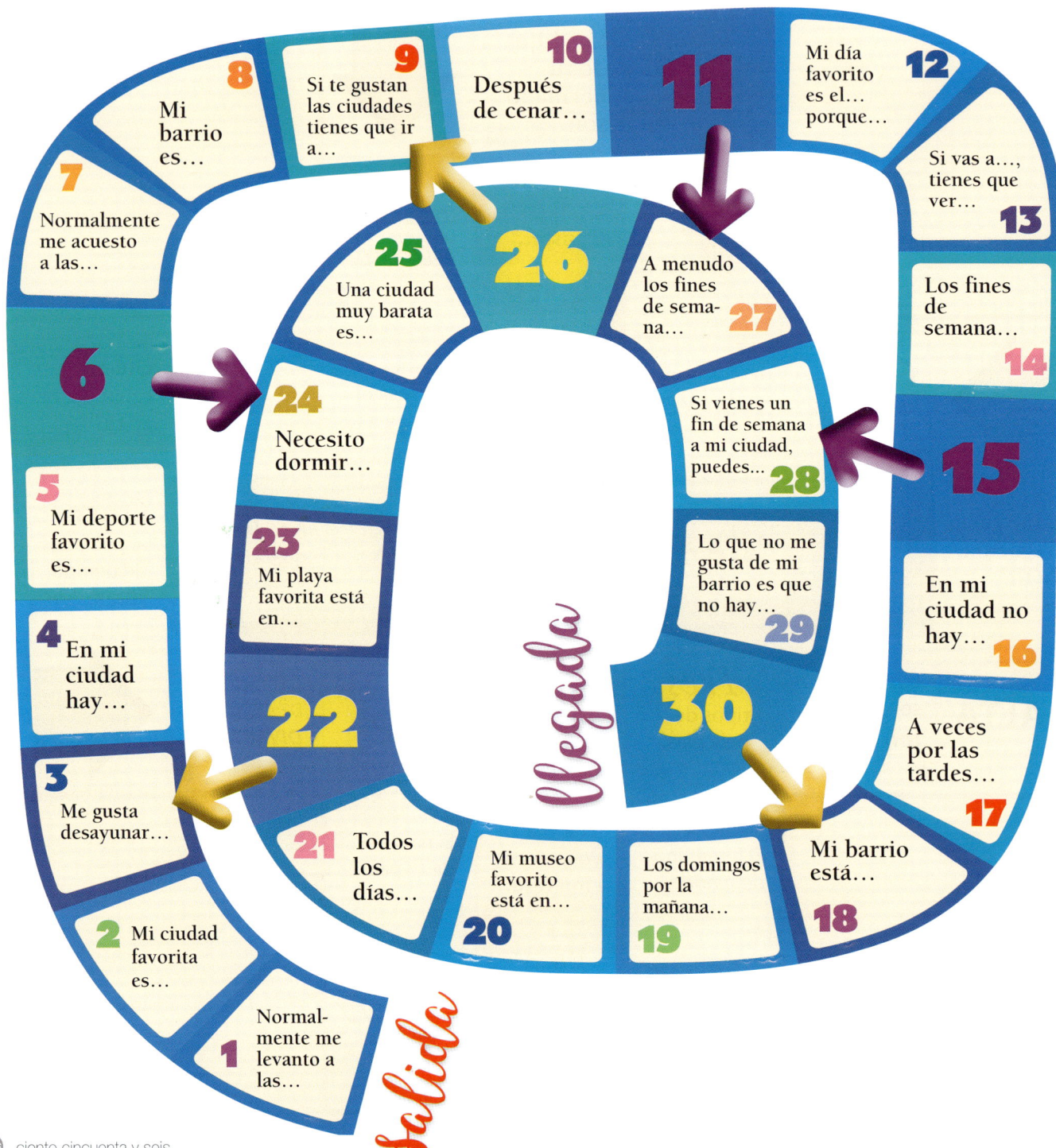

REVISIÓN UNIDADES 7/8

INSTRUCCIONES DEL JUEGO

- Dividir la clase en dos grupos: cada grupo trabaja solo con sus definiciones y escribe la respuesta correcta.
- Leer las definiciones al otro equipo, que tiene que responder en un tiempo máximo de dos minutos.
- Gana el equipo con más respuestas correctas. Si hay un empate, gana el equipo con menos respuestas incorrectas.

Vocabulario para jugar

- Nos toca
- Os toca
- Correcto
- Pasamos

Las preguntas del equipo 1 están en la página 237, y las del equipo 2, en la página 238.

ciento cincuenta y siete

REVISIÓN UNIDADES 9/10

INSTRUCCIONES DEL JUEGO

- En grupos de tres. Por turnos tira una moneda: si sale "cara", avanza una casilla; si sale "cruz", avanza dos casillas.
- El objetivo es realizar correctamente las pruebas que el profesor pide en cada color para conseguir las cinco copas.
  casilla azul: hacer mímica; **casilla verde:** responder preguntas;
  casilla naranja: dibujar; **casilla rosa:** vocabulario.

Vocabulario para jugar

- Me toca / Te toca
- ¡Venga!, tira
- Ya tengo una copa...
- ¡Qué suerte!
- ¡He ganado!

Las fichas para el profesor están en la página 239.

158 ciento cincuenta y ocho

REVISIÓN UNIDADES 11/12

INSTRUCCIONES DEL JUEGO

- Formad grupos de dos a cuatro alumnos.
- Cada jugador tiene una ficha de un color (rojo, azul, verde o amarilla) y comienza en la casilla con la flecha de su color.
- Por turnos, tira el dado y contesta a la información de la casilla. Si la respuesta es correcta, te quedas en esa casilla; si no, vuelves a la última donde estabas.
- Si caes en la casilla de salida de otro jugador, pierdes un turno.
- Gana el jugador que da la vuelta antes y llega a la meta.

Vocabulario para jugar

- ¿Quién empieza?
- Me toca / Te toca
- Cambio de posición con…
- ¡He ganado!
- Pierdo turno

---

23 CAMBIO DE POSICIÓN CON OTRO JUGADOR

24 ¿Qué vas a hacer esta noche?

1 (flecha roja)

22 DOS PLANES diferentes para este fin de semana.

A Hábitos de tu país.

2 HABLA DE TU OBJETO FAVORITO.

19 (flecha azul)

20 • ¿Te _____ salir esta tarde? • 👍

21 Entonces, _____ el viernes, ¿👍?

B Describe un objeto: adivinan tus compañeros.

3 Una frase con *por eso* y *pero*.

4 DI CINCO materiales.

5 ¿Cuántas sílabas tiene PINTALABIOS?

18 • ¿Por _____ vamos al cine? • 😟 + 🧑

G Elige un compañero e invítale a un plan.

H Objetos típicos de tu país.

META

D Ventajas de pasar un verano en la ciudad.

C ¿Qué recuerdas de Valencia?

6 Combinaciones con *perder*.

17 AHORA ESTOY VIVIENDO EN / CON…

16 Gerundio de: *decir, leer, pedir*.

15 ¿Qué estás haciendo últimamente?

F ¿Eres despistado/a? ¿Por qué?

9 *Tres* normas sociales de países hispanos.

8 LO CONTRARIO DE **DETRÁS** Y **DEBAJO**.

7 (flecha verde)

14 En mis últimas vacaciones he…

E Hábitos de tu país.

10 Dos objetos típicos de España.

13 (flecha amarilla)

12 Muestra una foto de amigos: ¿quiénes son?

11 CAMBIO DE POSICIÓN CON OTRO JUGADOR

ciento cincuenta y nueve

REVISIÓN UNIDADES 13/14

INSTRUCCIONES DEL JUEGO

- Dividid la clase en tríos.
- Por turnos, tira el dado y avanza desde la SALIDA hasta la LLEGADA. Tienes que completar la frase de la casilla. Si caes en una casilla con flecha, te mueves en la dirección marcada.
- Tira una moneda: si sale "cara", dices la verdad; si sale "cruz", dices una mentira. Tus compañeros no pueden verlo y tienen que adivinar si es verdad o mentira. Si lo adivinan, pasa el turno a otro compañero; si no, continúas.
- El primero en llegar a la meta, gana.

Vocabulario para jugar

- ¿Quién empieza?
- Me toca / Te toca
- Vuelvo a tirar
- Eso es verdad / Eso es mentira
- ¡He ganado!

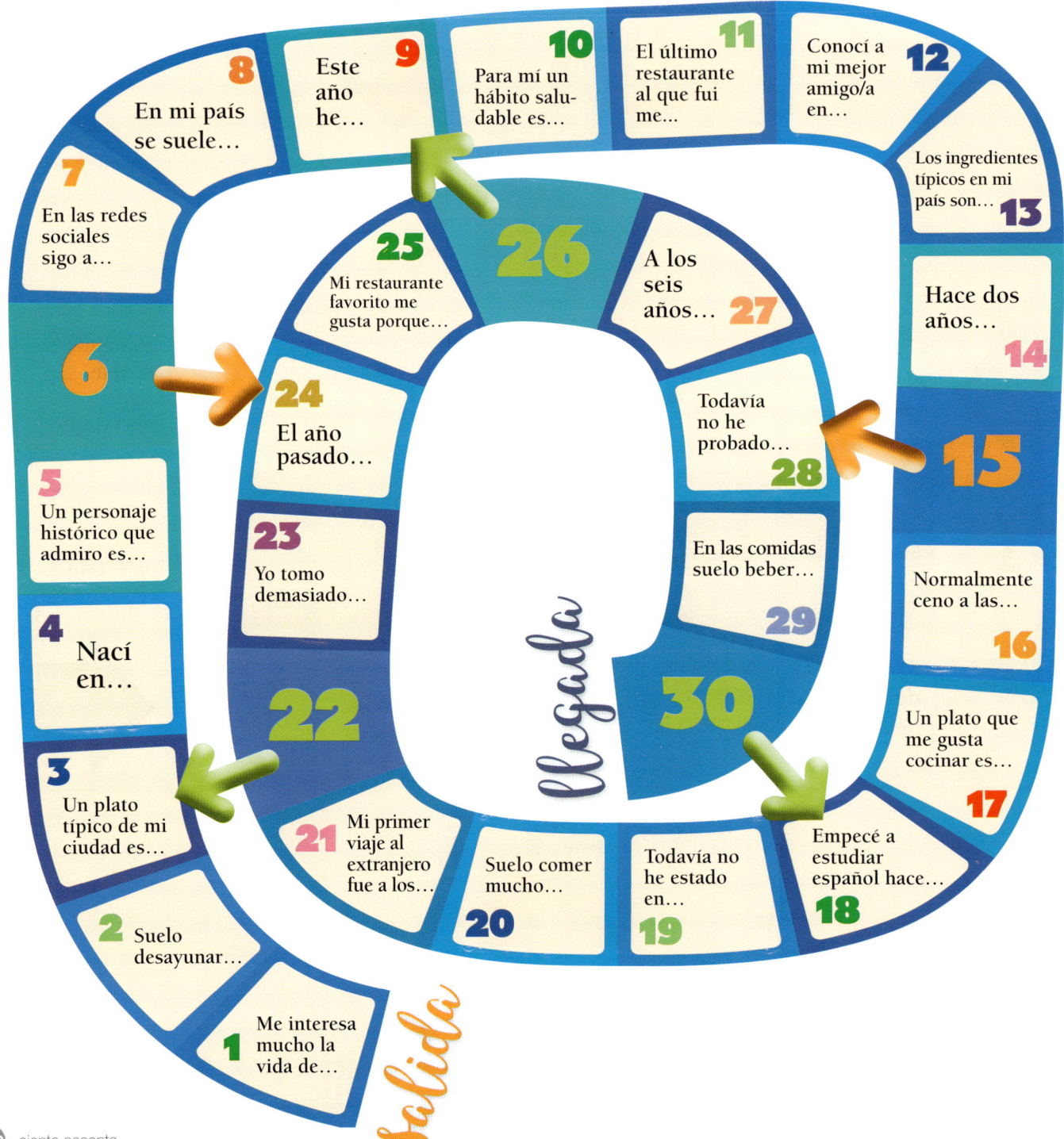

REVISIÓN UNIDADES 15/16

INSTRUCCIONES DEL JUEGO

- Dividid la clase en dos grupos: cada grupo trabaja solo con sus definiciones y escribe la respuesta correcta.
- Leed las definiciones al otro equipo, que tiene que responder en un tiempo máximo de tres minutos.
- Gana el equipo con más respuestas correctas. Si hay un empate, gana el equipo con menos respuestas incorrectas.

Vocabulario para jugar
- Nos toca
- Os toca
- Correcto
- Pasamos

Las preguntas del equipo 1 están en la página 237 y las del equipo 2, en la página 238.

ciento sesenta y uno 161

REVISIÓN UNIDADES 17/18

INSTRUCCIONES DEL JUEGO

- En grupos de tres. Por turnos tira una moneda: si sale "cara", avanza una casilla; si sale "cruz", avanza dos casillas.
- El objetivo es realizar correctamente las pruebas que el profesor pide en cada color para conseguir las cinco copas.
  casilla azul: hacer mímica; **casilla verde:** responder preguntas; **casilla naranja:** dibujar; **casilla rosa:** vocabulario.

Vocabulario para jugar

- Me toca / Te toca
- ¡Venga!, tira
- Ya tengo una copa…
- ¡Qué suerte!
- ¡He ganado!

Las fichas para el profesor están en la página 239.

EN PAREJAS / **ALUMNO A**

1 HOLA, ¿QUÉ TAL?

B PALABRAS Y NÚMEROS   PÁG. 13, EJ. 4

1 Pregunta a tu compañero cómo se llaman estas cosas en español y escribe las palabras.

1 _____ 2 _____ 3 _____ 4 _____ 5 _____

A *¿Cómo se dice esto en español?*
B *"Libro".*
A *¿Puedes repetir, por favor?*
B *"Libro".*
A *Y, ¿cómo se escribe?*
B *L-I-B-R-O.*
A *Ah, gracias.*

2 Di a tu compañero cómo se llaman estas cosas en español.

1 euro   2 naranja   3 pasaporte   4 café   5 autobús

2 ESTUDIO ESPAÑOL

A IDIOMAS EN EL MUNDO   PÁG. 19, EJ. 2b

1 Pregunta a tu compañero sobre su ciudad y completa estos datos.

- Museos: _____
- Bares y restaurantes: _____
- Playas: _____
- Salas de cine: _____
- Teatros: _____
- Cafeterías: _____

A *¿Cuántos museos tiene tu ciudad?*   B *Mi ciudad tiene ____ museos.*

2 Contesta a tu compañero.

- Museos → 103
- Bares y restaurantes → 900
- Playas → 210
- Salas de cine → 485
- Teatros → 380
- Cafeterías → 1000

C MUY TÍPICO   PÁG. 23, EJ. 3

1 Pregunta a tu compañero para completar la tabla.

EL VIGORÓN		EL ALBOROTO		LA CHURUCA	
	 "Es un baile típico de Honduras"		 "Es una bebida tradicional de la República Dominicana"		 "Es un deporte tradicional de Argentina"

¿Sabes qué es el vigorón?

EN PAREJAS / **ALUMNO A**

3 MIS SERES QUERIDOS

B FAMILIA DE ARTISTAS   PÁG. 30, EJ. 1d

1 Observa la siguiente familia y habla con tu compañero para encontrar las seis diferencias.

A *María es morena, tiene el pelo largo y rizado.*
B *Pues en mi imagen lleva el pelo liso.*

4 ESTO ME GUSTA

A ME GUSTA   PÁG. 35, EJ. 3b

1 Observa estas imágenes y escribe frases para expresar tus gustos: *me encanta(n), me gusta(n) mucho, me gusta(n) bastante, no me gusta(n) mucho, no me gusta(n) nada*. Después, comenta con tu compañero y comprueba si tenéis los mismos gustos.

la lluvia   la música clásica   leer   las motos   los parques de atracciones

_____   _____   _____   _____   _____
_____   _____   _____   _____   _____

A *A mí no me gusta la lluvia, ¿y a ti?*
B *A mí sí.*

5 DE AQUÍ PARA ALLÁ

C TU DESTINO IDEAL   PÁG. 47, EJ. 2c

1 Completa estas preguntas con una palabra del recuadro y escribe dos más. Después, haz las preguntas a tu compañero.

| buen precio | ambiente | terraza | estrés | intercambios de idiomas | pueblo |

- Si hace mucho sol, ¿prefieres comer dentro del restaurante o en la _____?
- ¿Te gustan los _____?
- ¿Te gustan los bares tranquilos o con mucho _____?

- _____
- _____
- _____

ALUMNO A / EN PAREJAS

6 SOMOS ASÍ

A RUTINAS   PÁG. 51, EJ. 2e

1 Pregunta a tu compañero y completa las horas que faltan.

Tokio
_____

Caracas

Sidney

Casa Blanca
_____

Roma
_____

Kiev

Berlin

Singapur
_____

Seúl
_____

Ankara

A ¿Qué hora es en Tokio?
B Son las diez menos veinticinco de la noche.

2 Responde a las preguntas de tu compañero.

B MI DÍA A DÍA   PÁG. 54, EJ. 4c

1 Lee el texto sobre la rutina de Cristiano Ronaldo y escribe las preguntas que necesitas hacer a tu compañero para completarlo. Después, pregunta a tu compañero y completa el texto.

El famoso futbolista Cristiano Ronaldo tiene una estricta rutina. Todos los días se levanta a (1) _____ y hace un poco de ejercicio. Luego desayuna con (2) _____ y los lleva al colegio en coche. Después va a entrenar al campo de fútbol. Vuelve a casa (3) _____ y nada durante dos horas. Ronaldo cuida mucho su alimentación, por eso normalmente come (4) _____. Para Ronaldo es muy importante dormir bien, se acuesta a (5) _____ de la noche y duerme diez horas al día.

1 _____
2 _____
3 _____
4 _____
5 _____

2 Responde a las preguntas de tu compañero.

7 ¿QUÉ HACEMOS?

B ¿QUÉ TOMAMOS?   PÁG. 61, EJ. 3

1 Completa las frases.

- Una comida que no te gusta nada _____.
- Mi bebida favorita es _____.
- Me gustan los restaurantes _____.
- En mi país, en los bares o cafeterías se toma _____.
- Mi restaurante favorito es _____.

2 Di tus respuestas a tu compañero. Él tiene que adivinar de qué hablas y tú tienes que adivinar de qué habla él.

A Las gambas.
B ¿Las gambas son tu comida favorita?
A No, lo contrario.
B ¡Ah!, no te gustan nada.
A Sí, exacto.

ciento sesenta y cinco **165**

EN PAREJAS / **ALUMNO A**

C ¿DÓNDE VAMOS?   PÁG. 63, EJ. 1e

1   Estos son tus planes para esta semana. Escribe cuándo vas a hacerlos.

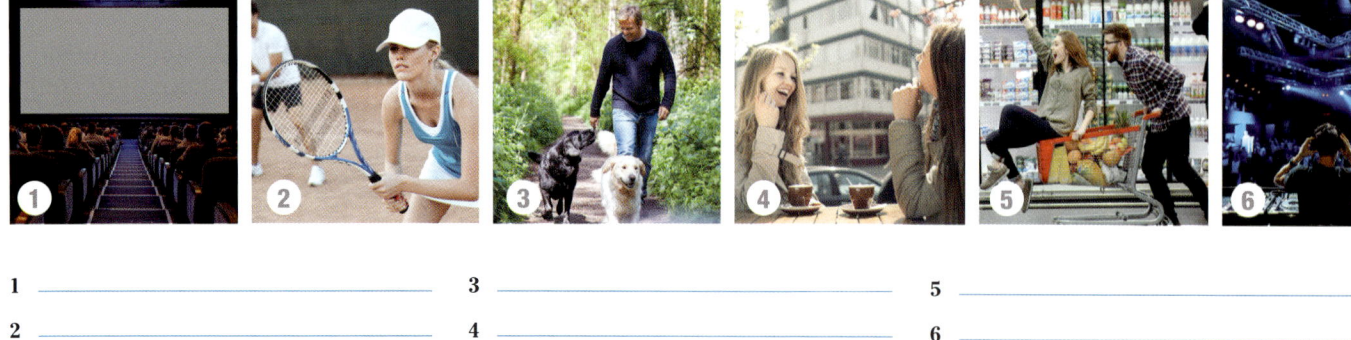

1 _____   3 _____   5 _____
2 _____   4 _____   6 _____

2   Explica tus planes a tu compañero. ¿Tenéis una actividad común?

Yo el jueves por la noche voy a ir al cine, ¿y tú?

8 TIEMPO DE COLORES

A DE COLORES   PÁG. 66, EJ. 1e

1   Piensa en objetos o animales que tienen estos colores y escríbelos en cada columna.
Después, díselos a tu compañero para adivinar el color.

azul	verde	rosa	naranja	marrón	negro

A *El mar.*
B *Azul.*
A *¡Correcto!*

2   Tu compañero te va a decir un objeto o animal y tú tienes que adivinar el color.

B ¿QUÉ TIEMPO HACE?   PÁG. 69, EJ. 3

1   Mira el mapa y habla con tu compañero del tiempo en estas ciudades. Encuentra tres diferencias.

A *¿Qué tiempo hace en Buenos Aires?*
B *Está nublado.*
A *En mi mapa también.*

ALUMNO A / EN PAREJAS

9 BIENVENIDOS A MI CASA

B ¿CASA O PISO?   PÁG. 76, EJ. 1e

1 Observa estas dos viviendas. Piensa qué preguntas necesitas hacer a tu compañero para completar la información de la vivienda B. Después pregunta a tu compañero y completa la ficha. ¿Cuál te gusta más?

VIVIENDA A

Se alquila espectacular casa de 250 m² en Arroyo de la Miel, Málaga. Situada en una zona residencial muy tranquila. Tiene una cocina amueblada, un amplio salón comedor con vistas al jardín y un aseo en la planta baja. En la planta superior hay tres dormitorios, dos baños y una pequeña terraza. Con aire acondicionado y wifi. Está reformada.

1400 euros/mes (gastos incluidos).

VIVIENDA B

Tipo de vivienda: _____
☐ En alquiler   ☐ En venta

Ubicación: _____ M²: ____ N.º plantas: ____ N.º de dormitorios: ____
N.º de baños: ____ Precio: _____ Gastos incluidos: ☐ Sí   ☐ No

OTRAS CARACTERÍSTICAS
☐ Nuevo   ☐ Exterior   ☐ Ascensor
☐ Reformado   ☐ Garaje   ☐ Terraza
☐ Necesita reforma ☐ Calefacción   ☐ Jardín
☐ Interior   ☐ Aire acondicionado   ☐ Trastero

¿Qué tipo de vivienda es?, ¿está en alquiler o en venta?, ¿cuántos metros cuadrados tiene?...

2 ¿Cuál de las dos ofertas prefieres? ¿Por qué? Comenta con tu compañero.

10 CIUDADANOS DEL MUNDO

A ¡QUÉ CURIOSO!   PÁG. 83, EJ. 3c

1 ¿*Conocer* o *saber*? Elige el verbo correcto y pregunta a tu compañero.

- algún famoso latino
- que en Singapur está prohibido comer chicle por la calle
- un parque tranquilo cerca de la escuela
- cuántos profesores hay en esta escuela
- cuántos años tiene el profesor
- a alguien de España

A *¿Conoces a algún famoso latino?*
B *Sí, conozco a Benicio del Toro.*

2 Contesta a tu compañero.

ciento sesenta y siete

EN PAREJAS / ALUMNO A

11 LA VIDA SECRETA DE LOS OBJETOS

B OBJETOS PERDIDOS   PÁG. 94, EJ. 3b

1a Observa el dibujo y haz una lista de los objetos que ves.

Hay una mesa, un portátil...

1b Habla con tu compañero y busca seis diferencias.

A *En mi dibujo hay un portátil y está encima de la mesa.*
B *En mi dibujo también.*

12 TIEMPO DE OCIO

C PLANES DE OCIO   PÁG. 103, EJ. 3c

1 Estos son tus planes para esta semana. Invita a tu compañero a ir contigo: piensa en el día, la hora y el lugar. Si acepta, tienes que quedar con él.

Oye, Paul, ¿qué tal si vamos al cine el jueves por la noche?

2 Tu compañero te va a proponer estos planes. Si la imagen tiene el símbolo ✓, acepta (tenéis que decidir el día, la hora y el lugar). Rechaza si tiene el símbolo ✗ y recuerda poner una excusa.

ALUMNO A / EN PAREJAS

13 BIOGRAFÍAS

A MAYORES EN LA RED   PÁG. 107, EJ. 3c

1a Aquí tienes más información de la vida del modelo Deshun Wang. Relaciona las frases.

1 Fue militar en…
2 Dos años después, creó una compañía…
3 A los 78 años aprendió…
4 En 2017 fue imagen…

a a montar en moto.
b el ejército chino durante diez años.
c de una famosa marca deportiva.
d de teatro con otros militares.

1b Pregunta a tu compañero por otra información de la vida de Wang.

A *¿Sabes algo más de la vida de Wang?*
B *Sí, a los 44 años...*

14 GASTRONOMÍA

B A COCINAR   PÁG. 117, EJ. 1c

1 Lee las siguientes definiciones a tu compañero y pregúntale "¿Qué es?". La solución está entre paréntesis ( ).

1 Es rojo o verde y redondo. Se toma en ensaladas o en salsas. (Tomate)
2 Normalmente lloras cuando la pelas. (Cebolla)
3 Los españoles comemos doce a medianoche en Nochevieja. (Uvas)
4 El nombre de esta fruta es igual que su color. (Naranja)

2 Escucha las definiciones de tu compañero y adivina qué es con ayuda de las fotos. Escribe una definición para las dos fotos que sobran.

1   2   3   4   5   6

C EXPERIENCIA GASTRONÓMICA   PÁG. 119, EJ. 4a

1a Lee la siguiente valoración de una experiencia gastronómica y contesta a tu compañero.

"Fuimos a Enigmatium y nos encantó. Dos días antes de nuestra reserva me enviaron un documento a mi correo electrónico con unas instrucciones y, el día de la cena, fuimos a un punto de encuentro y desde allí seguimos varias pistas para encontrar el local. No puedes entrar con reloj ni con móvil, solo disfrutar de los juegos, la magia, el humor y, especialmente, de los enigmas. Antes de ir, nos pareció un poco caro, son 45 € por persona, pero al final es una experiencia diferente, la comida estaba muy buena y la idea es muy original. Ah, y no puedes decir a nadie dónde está, ¡es un secreto!"

1b Haz las siguientes preguntas a tu compañero sobre su experiencia gastronómica.

1 ¿Cómo se llama?
2 ¿Por qué es diferente a otro tipo de restaurantes?
3 ¿Es caro o barato?
4 ¿Te gustaría ir?, ¿por qué?

ciento sesenta y nueve

EN PAREJAS / **ALUMNO A**

15 DE COMPRAS

C EN LA MALETA   PÁG. 127, EJ. 3c

1 Organizar la maleta es todo un arte. Observa estas imágenes y escribe los consejos que faltan para hacer bien la maleta. Luego, comprueba con tu compañero.

¡Haced bien la maleta y...

Pesadla antes de salir de casa.

Es conveniente dejar espacio libre por si compráis algo en el destino.

Cerradla bien para evitar sorpresas desagradables.

Para ocupar menos espacio, enrollad la ropa.

16 OTRAS ÉPOCAS

A RECUERDOS DEL PASADO   PÁG. 131, EJ. 2c

1a ¿Qué recuerdas más, las cosas que ves o las que oyes? Lee las siguientes preguntas, cierra los ojos durante unos minutos e intenta visualizar en tu mente esa época. Luego contesta a las preguntas.

- ¿Recuerdas la ropa que llevaban tus amigos/as del colegio?
- ¿Cuál era tu canción favorita de pequeño/a? ¿Recuerdas la letra?
- ¿Qué color tenía el sofá de tu casa entonces?
- ¿Tocabas un instrumento cuando eras pequeño/a?
- ¿Qué había en tu dormitorio cuando tenías 10 años?

1b Haz las preguntas anteriores a tu compañero. Al final, decidid quién es más visual o auditivo.

ALUMNO A / EN PAREJAS

17 LA SALUD

B ¡QUÉ MALA CARA!   PÁG. 141, EJ. 2c

1a ¿Qué problema tienen estas personas? Háblalo con tu compañero y escríbelo. Busca palabras en el diccionario si lo necesitas.

1 _____ 2 _____ 3 _____ 4 _____

1b ¿Para qué pueden ser buenos estos remedios? Coméntalo con tu compañero.

Llamar al dentista | Meterse en la cama y descansar | Tomar un zumo / jugo de manzana | Darse un masaje

1c Ahora, escucha los problemas de tu compañero y dale alguna de las recomendaciones anteriores.

A *Dime, ¿qué te pasa?*
B *Me duelen las muelas, ¿qué puedo hacer?*
A *Uy, para eso, lo mejor es...*

18 CULTURAS

B ¿TIENES SAL?   PÁG. 149, EJ. 3b

1a Vais a hacer un diálogo entre dos buenos vecinos que se ayudan a menudo. Prepara tu parte del diálogo y reacciona a lo que te diga tu compañero.

1º  2º  3º  Y ¿ ? Es que... 4º  ,

1b ¿Qué tal? Si necesitas repetirlo, cambia tu ficha con tu compañero para practicarlo otra vez, pero ahora, eres un vecino un poco antipático y poco amable.

EN PAREJAS / **ALUMNO B**

1 HOLA, ¿QUÉ TAL?

B PALABRAS Y NÚMEROS   PÁG. 13, EJ. 4

1 Pregunta a tu compañero cómo se llaman estas cosas en español y escribe las palabras.

1 _____   2 _____   3 _____   4 _____   5 _____

B ¿Cómo se dice esto en español?
A "Euro".
B ¿Puedes repetir, por favor?
A "Euro".
B Y, ¿cómo se escribe?
A E-U-R-O.
B Ah, gracias.

2 Di a tu compañero cómo se llaman estas cosas en español.

1 libro   2 queso   3 policía   4 taxi   5 hotel

2 ESTUDIO ESPAÑOL

A IDIOMAS EN EL MUNDO   PÁG. 19, EJ. 2b

1 Pregunta a tu compañero sobre su ciudad y completa estos datos.

- Museos: _____
- Bares y restaurantes: _____
- Playas: _____
- Salas de cine: _____
- Teatros: _____
- Cafeterías: _____

B ¿Cuántos museos tiene tu ciudad?   A Mi ciudad tiene ____ museos.

2 Contesta a tu compañero.

- Museos → 58
- Bares y restaurantes → 550
- Playas → 47
- Salas de cine → 196
- Teatros → 253
- Cafeterías → 820

C MUY TÍPICO   PÁG. 23, EJ. 3

1 Pregunta a tu compañero para completar la tabla.

EL VIGORÓN	LA TUSA	EL ALBOROTO	LA MAMAJUANA	LA CHURUCA	EL PATO
"Es una comida típica de Nicaragua"		"Es un dulce típico de Guatemala"		"Es un instrumento musical tradicional de Panamá"	

¿Sabes qué es la tusa?

ALUMNO B / EN PAREJAS

3 MIS SERES QUERIDOS

B FAMILIA DE ARTISTAS PÁG. 30, EJ. 1d

1 Observa la siguiente familia y habla con tu compañero para encontrar las seis diferencias.

B *Daniela es rubia y tiene el pelo rizado.*
A *Pues en mi imagen es morena.*

4 ESTO ME GUSTA

A ME GUSTA PÁG. 35, EJ. 3b

1 Observa estas imágenes y escribe frases para expresar tus gustos: *me encanta(n), me gusta(n) mucho, me gusta(n) bastante, no me gusta(n) mucho, no me gusta(n) nada*. Después, comenta con tu compañero y comprueba si tenéis los mismos gustos.

la playa   las discotecas   las películas románticas   el arte   jugar al fútbol

_____ _____ _____ _____ _____

B *A mí me encanta la playa, ¿y a ti?*   **A** *A mí también.*

5 DE AQUÍ PARA ALLÁ

C TU DESTINO IDEAL PÁG. 47, EJ. 2c

1 Completa estas preguntas con una palabra del recuadro y escribe dos más. Después, haz las preguntas a tu compañero.

| buen precio | ambiente | terraza | estrés | intercambios de idiomas | pueblo |

- Si tienes mucho _____, ¿prefieres ir a la playa o a la montaña?
- Para ti, ¿cuál es un _____ para pagar por un museo?
- Para un fin de semana romántico, ¿prefieres una ciudad grande o un _____?

- _____
- _____
- _____

ciento setenta y tres

EN PAREJAS / **ALUMNO B**

6 SOMOS ASÍ

A RUTINAS PÁG. 51, EJ. 2e

1 Pregunta a tu compañero y completa las horas que faltan.

Tokio

Caracas
_____

Sidney
_____

Casa Blanca

Roma

Kiev
_____

Berlín
_____

Singapur

Seúl
17:15

Ankara
_____

B ¿Qué hora es en Sídney?
A Son las siete y cuarto de la mañana.

2 Responde a las preguntas de tu compañero.

B MI DÍA A DÍA PÁG. 54, EJ. 4c

1 Lee el texto sobre la rutina de Cristiano Ronaldo y escribe las preguntas que necesitas hacer a tu compañero para completarlo. Después, pregunta a tu compañero y completa el texto.

El famoso futbolista Cristiano Ronaldo tiene una estricta rutina. Todos los días se levanta a las ocho de la mañana y hace **(1)** _____. Luego desayuna con sus hijos y los lleva al colegio en **(2)** _____. Después va a entrenar al campo de fútbol. Vuelve a casa por la tarde y **(3)** _____ durante dos horas. Ronaldo cuida mucho su alimentación, por eso normalmente come pescado, verduras, arroz y zumos de frutas. Para Ronaldo es muy importante **(4)** _____, se acuesta a las once de la noche y duerme **(5)** _____ horas al día.

1 _____
2 _____
3 _____
4 _____
5 _____

2 Responde a las preguntas de tu compañero.

7 ¿QUÉ HACEMOS?

B ¿QUÉ TOMAMOS? PÁG. 61, EJ. 3

1 Completa las frases.

- Una bebida que no me gusta nada es _____.
- En un bar o cafetería casi siempre tomo _____.
- En un restaurante nunca pido _____.
- No me gustan los restaurantes _____.
- Mi restaurante favorito es _____.

2 Di tus respuestas a tu compañero. Él tiene que adivinar de qué hablas y tú tienes que adivinar de qué habla él.

B *El café solo.*
A *¿Te gusta mucho tomar café solo?*
B *No, lo contrario.*
A *¡Ah!, es una bebida que no te gusta nada.*
B *Sí, exacto.*

ALUMNO B / EN PAREJAS

C ¿DÓNDE VAMOS?   PÁG. 63, EJ. 1e

1 Estos son tus planes para esta semana. Escribe cuándo vas a hacerlos.

1 _____   3 _____   5 _____
2 _____   4 _____   6 _____

2 Explica tus planes a tu compañero. ¿Tenéis una actividad común?

Yo, el miércoles voy a ver una peli muy buena en la tele, ¿y tú?

8 TIEMPO DE COLORES

A DE COLORES   PÁG. 66, EJ. 1e

1 Piensa en objetos o animales que tienen estos colores y escríbelos en cada columna. Después, díselos a tu compañero para adivinar el color.

blanco	amarillo	rojo	morado	azul	gris

B *La nieve.*
A *Blanco.*
B *¡Correcto!*

2 Tu compañero te va a decir un objeto o animal y tú tienes que adivinar el color.

B ¿QUÉ TIEMPO HACE?   PÁG. 69, EJ. 3

1 Mira el mapa y habla con tu compañero del tiempo en estas ciudades. Encuentra tres diferencias.

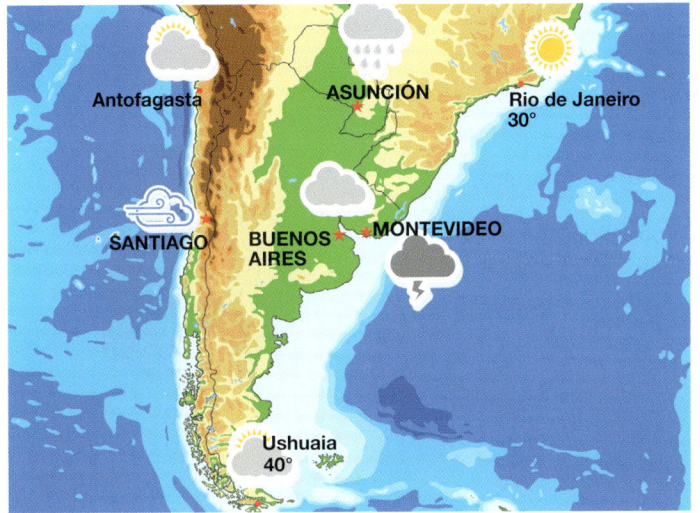

A *¿Qué tiempo hace en Buenos Aires?*
B *Está nublado.*
A *En mi mapa también.*

ciento setenta y cinco

EN PAREJAS / **ALUMNO B**

9 BIENVENIDOS A MI CASA

B ¿CASA O PISO?   PÁG. 76, EJ. 1e

1 Observa estas dos viviendas. Piensa qué preguntas necesitas hacer a tu compañero para completar la información de la vivienda A. Después pregunta a tu compañero y completa la ficha. ¿Cuál te gusta más?

VIVIENDA A

Tipo de vivienda: _____

☐ En alquiler   ☐ En venta

Ubicación: _____ M^2: _____ N.º plantas: _____ N.º de dormitorios: _____
N.º de baños: _____ Precio: _____ Gastos incluidos: ☐ Sí ☐ No

OTRAS CARACTERÍSTICAS

☐ Nuevo   ☐ Exterior   ☐ Ascensor
☐ Reformado   ☐ Garaje   ☐ Terraza
☐ Necesita reforma ☐ Calefacción   ☐ Jardín
☐ Interior   ☐ Aire acondicionado   ☐ Trastero

VIVIENDA B

Piso en alquiler en San Sebastián

70 m^2 6.ª planta exterior

Precioso piso en vivienda nueva, muy luminoso y con vistas espectaculares. Zona muy tranquila y bien comunicada con el centro con transporte público. Tiene cocina abierta al salón, dos dormitorios, un baño y una fantástica terraza. Dispone de una plaza de garaje.

900 euros/mes (gastos incluidos).

¿Qué tipo de vivienda es?, ¿está en alquiler o en venta?, ¿cuántos metros cuadrados tiene?...

2 ¿Cuál de las dos ofertas prefieres? ¿Por qué? Comenta con tu compañero.

10 CIUDADANOS DEL MUNDO

A ¡QUÉ CURIOSO!   PÁG. 83, EJ. 3c

1 *¿Conocer* o *saber*? Elige el verbo correcto y pregunta a tu compañero.

- alguna famosa hispana
- que en India comen con las manos
- un restaurante barato cerca de la escuela
- cuántos años tengo
- de qué ciudad es la profesora
- a alguien de Argentina

B *¿Conoces a alguna famosa hispana?*
A *Sí, conozco a Penélope Cruz.*

2 Contesta a tu compañero.

ALUMNO B / EN PAREJAS

11 LA VIDA SECRETA DE LOS OBJETOS

B OBJETOS PERDIDOS PÁG. 94, EJ. 3b

1a Observa el dibujo y haz una lista de los objetos que ves.

Hay una mesa, un portátil...

1b Habla con tu compañero y busca seis diferencias.

A *En mi dibujo hay un portátil y está encima de la mesa.*
B *En mi dibujo también.*

12 TIEMPO DE OCIO

C PLANES DE OCIO PÁG. 103, EJ. 3c

1 Estos son tus planes para esta semana. Invita a tu compañero a ir contigo: piensa en el día, la hora y el lugar. Si acepta, tienes que quedar con él.

Oye, Mary, ¿tomamos un café esta tarde?

2 Tu compañero te va a proponer estos planes. Si la imagen tiene el símbolo ✓, acepta (tenéis que decidir el día, la hora y el lugar). Rechaza si tiene el símbolo ✗ y recuerda poner una excusa.

ciento setenta y siete **177**

EN PAREJAS / **ALUMNO B**

13 BIOGRAFÍAS

A MAYORES EN LA RED   PÁG. 107, EJ. 3c

1a Aquí tienes más información de la vida del modelo Deshun Wang. Relaciona las frases.

1 A los 44 años empezó a aprender…
2 Con 49 años creó…
3 En 2008 hizo…
4 En 2016 empezó a trabajar…

a con un famoso diseñador chino-holandés.
b una empresa de traducciones.
c su primera película con Jackie Chan y Jet Li.
d inglés.

1b Pregunta a tu compañero por otra información de la vida de Wang.

B *¿Sabes algo más de la vida de Wang?*
A *Sí, a los 78 años...*

14 GASTRONOMÍA

B A COCINAR   PÁG. 117, EJ. 1c

1 Lee las siguientes definiciones a tu compañero y pregúntale "¿Qué es?". La solución está entre paréntesis ( ).

1 Es una fruta amarilla. Se echa su zumo en ensaladas o se pone un poco en el té. (Limón)
2 Es un postre muy rico y se toma muy frío. (Helado)
3 Es un alimento hecho con leche. Lo tomamos natural o de sabores. (Yogur)
4 Es de color verde y la usamos mucho en ensaladas. (Lechuga)

2 Escucha las definiciones de tu compañero y adivina qué es con ayuda de las fotos. Escribe una definición para las dos fotos que sobran.

1   2   3   4   5   6

C EXPERIENCIA GASTRONÓMICA   PÁG. 119, EJ. 4a

1a Lee la siguiente valoración de una experiencia gastronómica y contesta a tu compañero.

> "Yo probé a cenar con EatWith que es como el Airbnb de la gastronomía. El funcionamiento es sencillo: los anfitriones proponen un menú con fecha, lugar y número de invitados, y el usuario debe explorar las diferentes opciones, confirmar la asistencia e ir con hambre. El precio es muy diferente, depende del menú, la ubicación, etc. Yo pagué 35 € y la experiencia me pareció excepcional: ir a una ciudad nueva, en la que no conoces a nadie, estar cenando con personas de allí y compartiendo una noche como con amigos. Lo recomiendo totalmente".

1b Haz las siguientes preguntas a tu compañero sobre su experiencia gastronómica.

1 ¿Cómo se llama?
2 ¿Por qué es diferente a otro tipo de restaurantes?
3 ¿Es caro o barato?
4 ¿Te gustaría ir?, ¿por qué?

ALUMNO B / EN PAREJAS

15 DE COMPRAS

C EN LA MALETA   PÁG. 127, EJ. 3c

1 Organizar la maleta es todo un arte. Observa estas imágenes y escribe los consejos que faltan para hacer bien la maleta. Luego, comprueba con tu compañero.

¡Haced bien la maleta y...

_____

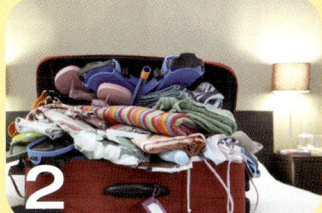

Pensad bien qué es lo más importante y olvidaos de meter cosas que no vais a usar.

_____

Escribid muy bien vuestro teléfono.

_____

Haced la maleta con tiempo suficiente para no olvidar nada.

_____

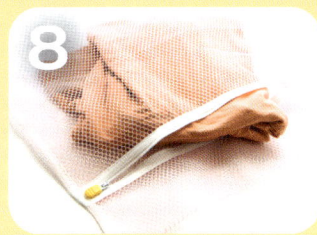

Llevad una bolsa vacía para la ropa sucia.

16 OTRAS ÉPOCAS

A RECUERDOS DEL PASADO   PÁG. 131, EJ. 2c

1a ¿Qué recuerdas más, las cosas que ves o las que oyes? Lee las siguientes preguntas, cierra los ojos durante unos minutos e intenta visualizar en tu mente esa época. Luego contesta a las preguntas.

- ¿Qué color tenía tu ropa favorita de la época del colegio?
- ¿Recuerdas la letra de alguna publicidad de la tele de entonces?
- ¿Cómo era tu mascota?
- ¿Tenías juguetes musicales?
- ¿Qué había en tu dormitorio cuando tenías 15 años?

1b Haz las preguntas anteriores a tu compañero. Al final, decidid quién es más visual o auditivo.

ciento setenta y nueve

EN PAREJAS / ALUMNO B

17 LA SALUD

B ¡QUÉ MALA CARA! PÁG. 141, EJ. 2c

1a ¿Qué problema tienen estas personas? Háblalo con tu compañero y escríbelo. Busca palabras en el diccionario si lo necesitas.

  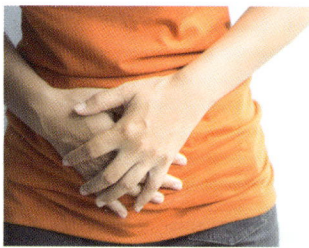 

1 _____ 2 _____ 3 _____ 4 _____

1b ¿Para qué pueden ser buenos estos remedios? Coméntalo con tu compañero.

Hacer estiramientos | Respirar hondo | Tomar té caliente con miel y limón | Ir al fisioterapeuta

1c Ahora, escucha los problemas de tu compañero y dale alguna de las recomendaciones anteriores.

B *Dime, ¿qué te pasa?*
A *Estoy muy resfriado/a, ¿qué puedo hacer?*
B *Uy, para eso, lo mejor es...*

18 CULTURAS

B ¿TIENES SAL? PÁG. 149, EJ. 3b

1a Vais a hacer un diálogo entre dos buenos vecinos que se ayudan a menudo. Prepara tu parte del diálogo y reacciona a lo que te diga tu compañero.

1b ¿Qué tal? Si necesitas repetirlo, cambia tu ficha con tu compañero para practicarlo otra vez, pero ahora, eres un vecino un poco antipático y poco amable.

UNIDAD 1

EL GÉNERO DE LAS NACIONALIDADES

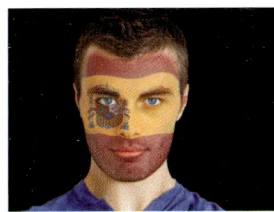 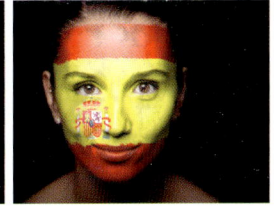

Soy español.   *Soy española.*

- En masculino termina en **-o**, en femenino cambia a **-a**: italian**o** – italian**a**, colombian**o** – colombian**a**.
- En masculino termina en **consonante**, en femenino añade **-a**: español – español**a**, francés – frances**a**.
- Tienen el mismo género las nacionalidades que terminan en **-a, -í, -ense**: belg**a** – belg**a**, marroqu**í** – marroqu**í**, canadi**ense** – canadi**ense**.

Nota: los países se escriben siempre en mayúscula, pero las nacionalidades no. *Soy de España. / Soy española.*

ACTIVIDAD

1 Observa las fotos y completa las frases.

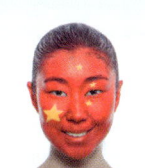  

1 Yo soy *china*.   **2** Yo soy _____.   **3** Yo soy _____.

4 Yo soy _____.   **5** Yo soy _____.   **6** Yo soy _____.

EL ALFABETO

A - a a	B - b be	C - c ce	D - d de	E - e e
F - f efe	G - g ge	H - h hache	I - i i	
J - j jota	K - k ka	L - l ele	M - m me	N - n ene
	Ñ - ñ eñe	O - o o	P - p pe	Q - q cu
R - r erre	S - s ese	T - t te	U - u u	V - v uve
W - w uve doble	X - x equis	Y - y i griega (ye)	Z - z zeta	

Fíjate:
- **é:** e con acento / e con tilde.
- **B:** be mayúscula.
- **b:** be minúscula.

Recuerda:
- La **h** en español no se pronuncia: *hola, hotel*. Detrás de la letra **c** representa un nuevo sonido: *China, chocolate*.
- La **b** tiene el mismo sonido que la **v**: *Barcelona = Valencia*.
- La **ll** tiene el mismo sonido que la **y** en la mayor parte del mundo hispano: *yo = llave*.

ACTIVIDAD

2 Elige tres palabras de la unidad y escribe una línea para cada letra. Tu compañero dice letras para descubrir tus palabras (tiene 5 intentos).

___ ___ S ___ O

- ¿A?
- No.
- ¿O?
- Sí.
- ¿L?
- No.
- ¿S?
- Sí.
- ¿Museo?
- ¡Sí!

PRONUNCIACIÓN Y ORTOGRAFÍA

Letras y sonidos

/k/	/θ/ o /s/*
Se escribe con: **c + a/o/u** *c*o*lor* **qu + e/i*** *Qu*i*to* Palabras como *karaoke, bikini* o *kilo* mantienen su escritura original. *La **u** *no* se pronuncia.	Se escribe con: **z + a/o/u** *z*oo **c + e/i** *c*i*nco* Existen pocas excepciones con **ze / zi** como *Nueva Zelanda* y *zinc*. *Excepto en algunas zonas de España, estas letras se pronuncian como **s**.

/g/	/x/
Se escribe con: **g + a/o/u** *Gu*a*temala* **gu + e/i*** *gu*i*tarra* *La **u** *no* se pronuncia. Sí se pronuncia cuando lleva dos puntos sobre la **u**: *pingüino, bilingüe*.	Se escribe con: **j + a/o/u** *j*a*món* **g/j + e/i** *j*i*rafa, Gi*nebra

GRAMÁTICA Y COMUNICACIÓN

ACTIVIDADES

3 🔊 69 Escucha y marca la palabra que escuches, su significado no es importante.

1. tasa – taza
2. poco – pozo
3. gusto – justo
4. zoco – coco
5. geta – Guetta
6. suiza – sueca
7. vago – bajo
8. garra – jarra

4 Lee una de las palabras anteriores y tu compañero tiene que marcar cuál es.

5 🔊 70 Escucha y completa estos países y ciudades.

1. Portu__al
2. __inea
3. __olombia
4. Ar__entina
5. Sue__ia
6. Vene__uela
7. __amora
8. Bar__elona

UNIDAD 2
LOS NÚMEROS

- Cambian el género: el número 1, sus compuestos (21, 31, 101...) y los números de 200 a 900: *trescientos chicos / trescientas chicas.*
- De 31 a 99 necesitamos "y": *treinta y cuatro, noventa y ocho, doscientos cincuenta y cinco* (ojo: *doscientos y̶ uno, dos mil y̶ diecinueve*).

ACTIVIDAD

1 En equipos, tu profesor dice un número y lo tenéis que escribir en la pizarra. El equipo más rápido, gana. Después, uno de vosotros elige otro número y hacéis la competición de nuevo.

PARA / POR / PORQUE

*Estudio italiano **por** mi novia.*

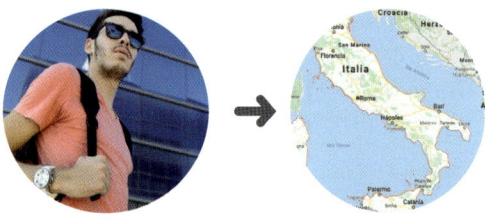

*Estudio italiano **para** vivir en Italia.*

Con las preposiciones **para** y **por** expresamos el motivo.

- **Para** expresa la finalidad u objetivo:
  *Estudio inglés **para** tener más oportunidades de encontrar un trabajo.*
  *Estudio portugués **para** vivir en Brasil.*
- **Por** expresa la causa:
  *Estudio español **por** amor.*
  *Estudio francés **por** placer.*
- También podemos expresar la causa o el motivo con una explicación con **porque**:
  *Estudio español **porque** tengo una novia peruana.*
  *Estudio español **porque** necesito mejorar mi CV.*

ACTIVIDAD

2 Completa estas frases con **por / para / porque**.

1. Estudio danés _____ tengo familia en Dinamarca.
2. Estudio inglés _____ encontrar un trabajo en Australia.
3. Estudio chino _____ es un idioma muy importante.
4. Estudio portugués _____ placer.
5. Estudio árabe _____ vivir en el futuro en Marruecos.
6. Estudio griego _____ el arte.

PRESENTE DE INDICATIVO: SINGULAR

Los verbos tienen raíz y terminación. La raíz contiene el significado del verbo, la terminación indica el sujeto (1.ª, 2.ª, 3.ª persona, singular / plural) y el tiempo (presente, pasado, futuro).

*habl**o*** (yo / presente)
raíz terminación

Verbos regulares

- Verbos terminados en **-ar**:

	hablar	trabajar	llamarse
yo	habl**o**	trabaj**o**	me llam**o**
tú	habl**as**	trabaj**as**	te llam**as**
él / ella	habl**a**	trabaj**a**	se llam**a**

- Verbos terminados en **-er** e **-ir**:

	comprender	vivir
yo	comprend**o**	viv**o**
tú	comprend**es**	viv**es**
él / ella	comprend**e**	viv**e**

GRAMÁTICA Y COMUNICACIÓN

Verbos irregulares

	tener	ser
yo	tengo	soy
tú	tienes	eres
él / ella	tiene	es

■ Para responder no es necesario decir el verbo, excepto con la profesión:
- ¿Cómo **te llamas**?
- María.
- ¿De dónde **eres**?
- De Ecuador.
- ¿A qué **te dedicas**?
- **Soy** ingeniera.

ACTIVIDAD

3 Elige un verbo y un pronombre **(yo, tú, él / ella)**, tu compañero tiene que conjugarlo en presente. Si es correcto, gana un punto y cambiamos (él elige y tú conjugas). ¿Quién tiene más puntos?

> trabajar   llamarse   comprender   estudiar   ser
> tener   hablar   escribir   vivir   leer   escuchar

- Tener - tú.
- Tienes.
- Correcto.

ARTÍCULOS

- ¿Que son **las** arepas?
- **Una** comida.

■ Los artículos son palabras que van delante del sustantivo y tienen el mismo género (masculino / femenino) y número (singular / plural) que el sustantivo.

■ Generalmente los sustantivos que terminan en **-a** son femeninos y los que terminan en **-o** y en **-e**, masculinos. Existen algunas excepciones: el map*a*, la man*o*…

■ Generalmente son masculinos los nombres que terminan en **-aje, -or** y **-ema**: *el lenguaje, el amor, el tema*.

■ Generalmente son femeninas las palabras que terminan en **-ción, -sión, -dad** y **-tad**: *la canción, la acción, la tensión, la ciudad, la mitad*.

■ Para saber si una palabra es femenina o masculina, mira la entrada en el diccionario.

Artículos determinados

	masculino	femenino
singular	**el** flamenco	**la** pasta
plural	**los** gatos	**las** cervezas

■ Es identificable como único en un grupo: *La pasta es la comida más popular en mi país.*

■ Puede ir con otros determinantes: *el otro día*.

Artículos indeterminados

	masculino	femenino
singular	**un** baile	**una** comida
plural	**unos** animales	**unas** bebidas

■ Existen varios seres, objetos o personas del mismo tipo o grupo: *Una comida muy popular es la paella, pero hay muchas más.*

■ No puede ir con otros determinantes: ~~un~~ *otro día*.

ACTIVIDADES

4 Relaciona la imagen con la palabra y dibuja el resto.

> arroz   sopa   moneda   deporte
> animales   lengua   montaña

1 _____   2 _____   3 _____   4 _____

5 Completa las conversaciones con las palabras de la actividad anterior y subraya el artículo correcto.

- ¿Qué *animales* son típicos de Australia?
- **Unos / Los** canguros.

1. ¿Cuál es **el / un** ingrediente principal de la paella?
- **Un / El** _____.

2. ¿Cuál es **una / la** _____ de Suiza?
- **Un / El** franco suizo.

3. ¿Cuál es **la / una** _____ oficial de Brasil?
- **El / Un** portugués.

4. ¿Qué es **el / un** yoga?
- **Un / El** _____.

5. ¿Qué es **el / un** Everest?
- **La / Una** _____.

6. ¿Qué es **el / un** gazpacho?
- **Una / La** _____ de tomate fría típica del sur de España.

GRAMÁTICA Y COMUNICACIÓN

UNIDAD 3

EL PLURAL

el padre + la madre = los padres
el hijo + la hija = los hijos
el nieto + el nieto = los nietos
la tía + la tía = las tías

- Usamos el **masculino plural**:
  - cuando hablamos de dos o más personas de género masculino: *el nieto + el nieto = los nietos.*
  - cuando hablamos de dos o más personas de género masculino y femenino: *el padre + la madre = los padres.*
- Usamos el **femenino plural** si hablamos de dos o más personas de género femenino: *la tía + la tía = las tías.*

LOS POSESIVOS

Mi hermano

Mis hermanas

Los siguientes posesivos van delante del sustantivo y tienen el número (singular / plural) del sustantivo. Las formas para *nosotros/as* y *vosotros/as* (1.ª y 2.ª persona del plural) también tienen género.

	Nombre en singular	Nombre en plural
yo	**mi** tío / tía	**mis** tíos / tías
tú	**tu** tío / tía	**tus** tíos / tías
él / ella	**su** tío / tía	**sus** tíos / tías
nosotros/as	**nuestro** tío / **nuestra** tía	**nuestros** tíos / **nuestras** tías
vosotros/as	**vuestro** tío / **vuestra** tía	**vuestros** tíos / **vuestras** tías
ellos / ellas	**su** tío / tía	**sus** tíos / tías

- En español los posesivos concuerdan en singular o plural con el nombre que viene detrás: **Mi** madre se llama Celia y **mis** hermanas, Ana y Montse.
- En las personas *nosotros/as* y *vosotros/as* también concuerdan en género (masculino y femenino): *Esta mujer tan guapa es **vuestra** madre, ¿no?*

ACTIVIDAD

1 Lee estas conversaciones y subraya el posesivo correcto.

1. • Mira, **mi / mis** hermana y **mi / mis** padres en Río de Janeiro.
   • ¡Qué bonita familia!

2. • ¿Y este chico es **mi / tu** novio?
   • Sí... bueno, antes; ahora es **mi / tu** ex.

3. • ¿Esta mujer es **vuestro / vuestra** madre?
   • Sí, y este de aquí **nuestro / nuestra** padre.

HABLAR DE DESCRIPCIÓN FÍSICA

Es muy / bastante / un poco*
- alto/a
- atractivo/a
- mayor
- moreno/a
- bajito/a
- gordito/a
- feo/a

Tiene los ojos
- claros (verdes / azules)
- oscuros (marrones / negros)

Tiene el pelo
- corto
- rizado
- castaño
- blanco

Lleva
- gafas
- barba
- un tatuaje

* ***Un poco*** y el diminutivo ***-ito / -ita*** se usa con adjetivos cuando se consideran negativos para no ofender: *Es **un poco** feo. / Es **bajito**.*

GRAMÁTICA Y COMUNICACIÓN

ACTIVIDAD

2 Relaciona elementos de cada columna para formar frases. Hay varias opciones.

1. Mi madre
2. Mi padre
3. Mis hermanas
4. Mis hijos
5. Mi novio

tienen
lleva
tiene
es
son

muy altas
los ojos azules
rubio
el pelo castaño
un tatuaje

PRONUNCIACIÓN Y ORTOGRAFÍA

R/RR

- El sonido de la letra **r** se escribe con *una* o *dos erres* dependiendo de si es fuerte o suave y de su posición en la palabra.
- A principio de palabra solo existe un tipo de *erre*, que es fuerte, y se escribe siempre con una sola letra **r**: *r*ubio.
- Dentro de la palabra, cuando va entre vocales, existe una *erre* suave y otra fuerte: para mostrar la pronunciación, la suave se escribe con una sola letra **(r)** y la fuerte con dos letras **(rr)**: /r/ *mo*r*ena*, /r̄/ *pe*rr*o*.
- Después de **n, l** y **s**, se escribe una sola **r** y el sonido es fuerte: E*n*r*ique*, a*l*r*ededor*, I*s*r*ael*.

ACTIVIDADES

3 🔊 71 Escucha y marca la palabra que oyes. Su significado no es importante.

1. pero – perro
2. caro – carro
3. pera – perra
4. coro – corro
5. ahora – ahorra
6. para – parra
7. Amara – amarra
8. Lara – Larra

4 Ahora pronuncia una de las palabras anteriores y tu compañero marca la que oye.

PRESENTE DE INDICATIVO

Verbos regulares

	trabajar	**leer**	**vivir**
yo	trabaj**o**	le**o**	viv**o**
tú	trabaj**as**	le**es**	viv**es**
él / ella / usted	trabaj**a**	le**e**	viv**e**
nosotros/as	trabaj**amos**	le**emos**	viv**imos**
vosotros/as	trabaj**áis**	le**éis**	viv**ís**
ellos / ellas / ustedes	trabaj**an**	le**en**	viv**en**

Verbos irregulares

	tener	**ser**
yo	tengo	soy
tú	tienes	eres
él / ella / usted	tiene	es
nosotros/as	tenemos	somos
vosotros/as	tenéis	sois
ellos / ellas / ustedes	tienen	son

Verbos reflexivos

	llamarse
yo	**me** llam**o**
tú	**te** llam**as**
él / ella / usted	**se** llam**a**
nosotros/as	**nos** llam**amos**
vosotros/as	**os** llam**áis**
ellos / ellas / ustedes	**se** llam**an**

ACTIVIDAD

5 Completa con tus datos.

1. Mi familia vive en _____.
2. Mis amigos son _____.
3. Todos en mi familia tenemos _____.
4. Mis mejores amigos se llaman _____.

HABLAR DEL CARÁCTER

| Es
Parece | un chico
una chica
una persona | muy
bastante
un poco* | amable
simpático/a
egoísta |

* Se usa con adjetivos que se consideran negativos.

- Los adjetivos en **-o** hacen el femenino en **-a**: *un chico simpático / una chica simpática*.
- Los adjetivos en **-ista** y **-e** tienen una forma para masculino y femenino: *un chico egoísta / una chica egoísta*, *un chico amable / una chica amable*.

ACTIVIDADES

6 Forma parejas de adjetivos contrarios.

> tranquilo/a   aburrido/a   extrovertido/a   triste
> poco cariñoso/a   responsable   antipático/a

1. cariñoso/a — _____
2. _____ — irresponsable
3. _____ — tímido/a
4. _____ — nervioso/a
5. divertido/a — _____
6. simpático/a — _____
7. alegre — _____

GRAMÁTICA Y COMUNICACIÓN

7 En parejas, en un minuto haz muchas preguntas a tu compañero sobre su familia. En otro minuto, tienes que escribir la información que recuerdas: ¿quién tiene más memoria?

- *Karina tiene dos hermanos.*
- *Viven todos en Angola con sus padres.*
- *Su hermano mayor es médico, se llama Paulo, tiene 32 años, es muy alto y muy simpático.*
- *Su otro hermano tiene dos hijos. …*

UNIDAD 4
EXPRESAR GUSTOS E INTERESES

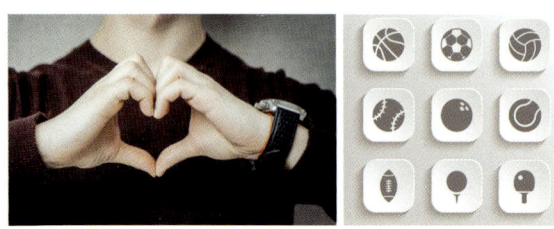

*Me encanta**n***   **los deportes**

Nos encanta   **el tenis / jugar al tenis**

Verbos *gustar, encantar* e *interesar*

- En español los verbos ***gustar, encantar*** e ***interesar*** tienen una gramática distinta a la de otros idiomas.
- Con este tipo de verbos el sujeto puede ser una acción, objeto o persona que causa una emoción en alguien.
- La persona o personas que sienten la emoción llevan ***a*** delante:

  A *Paula le gusta el tenis.*

- Si lo que provoca la emoción es plural, el verbo va en plural:

  *No me gust**an** las camisas hawaianas.*

- Si lo que provoca la emoción es singular o un infinitivo, el verbo va en singular:

  *No me gust**a** el pelo de colores.*

- En español, el nombre sujeto va con un artículo determinado que concuerda con el género y el número.

  ~~Me encanta playa.~~ *Me encanta **la** playa.*
  Además, pueden cambiar el orden.

  Nos encanta el tenis. / El tenis nos encanta.

a mí a ti a él / ella / usted a nosotros/as a vosotros/as a ellos / ellas / ustedes	me te le nos os les	gust**a** encant**a** interes**a**	Nombre singular o infinitivo: el deporte practicar deporte
		gust**an** encant**an** interes**an**	Nombre plural: los deportes

ACTIVIDADES

1 Marca la opción correcta en estas frases.

1. A mí me **gusta / gustan** mucho pasear y escuchar música por la calle.
2. A mis amigos y a mí nos **gusta / gustan** el hip-hop.
3. ¿Es verdad que te **gusta / gustan** las películas de terror?
4. A mis padres **le / les** encanta viajar, conocen muchos países.
5. ¿A vosotros también **nos / os** gusta estudiar español?
6. A mi novia **le / me** interesa mucho la cultura española.

2 Selecciona elementos de estos grupos para formar frases.

A mí A ti A mi mejor amigo/a A mis compañeros de clase A todos en clase A mi profesora	(no)	me te le nos os les	gusta gustan encanta encantan interesa interesan	mucho bastante nada Ø	el la los las Ø	cultura café música correr deporte cocinar videojuegos

GRAMÁTICA Y COMUNICACIÓN

Contrastar gustos

Para contrastar gustos iguales o diferentes usamos:

Los mismos gustos	Gustos diferentes
😀 Me encanta esta foto.	😀 Me gusta mucho esta foto.
😀 **A mí también.**	😐 ¿Sí?, pues **a mí no.**
😐 **No** me gusta nada esta foto.	😐 **No** me gusta nada esta foto.
😐 **A mí tampoco.**	😀 ¿No?, pues **a mí sí.**

Cuando preguntamos, decimos **¿y a ti?** (no es correcto ~~¿y tú?~~).

EXPRESAR Y CONTRASTAR INTENCIONES

Usamos el verbo **querer** + **infinitivo** para expresar intenciones. El verbo **querer** es irregular en todas las personas, excepto en *nosotros/as* y *vosotros/as*.

yo	qu**ie**ro
tú	qu**ie**res
él / ella / usted	qu**ie**re
nosotros/as	queremos
vosotros/as	queréis
ellos / ellas / ustedes	qu**ie**ren

Para preguntar por las intenciones usamos **¿y tú? / ¿y usted? / ¿y vosotros/as? / ¿y ustedes?** y para responder sobre nuestras intenciones usamos **yo** y **nosotros/as**:

- *Quiero salir a comer al restaurante, ¿y tú?*
- *Yo no, es que tengo mucho trabajo, hoy como en la oficina.*

ACTIVIDADES

3 Completa con la forma correcta del verbo **querer**.

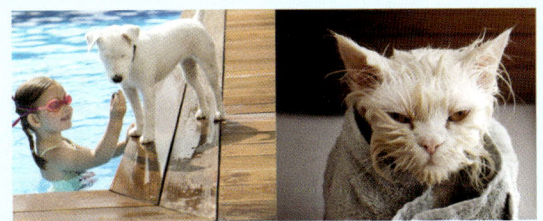

1 Mi perrito y yo _____ nadar en la piscina, pero mi gato no _____. No le gusta el agua.

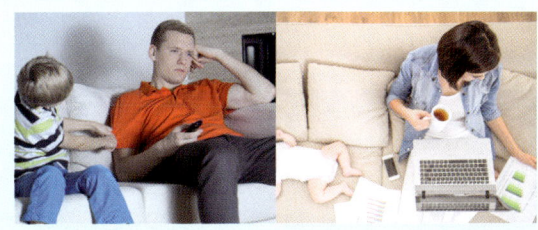

2 Yo siempre _____ jugar, pero mis padres no. Mi padre _____ ver la tele y mi madre _____ trabajar y cuidar a mi hermanito.

3 Mi perro siempre _____ hacerse fotos, pero yo no _____ más. Mis padres están obsesionados.

4 Subraya la opción correcta en cada caso.

1 Yo quiero ver una película esta noche.
  a Yo tampoco.
  b A mí no.
  c Yo no.

2 Me encanta hacer *windsurf*.
  a Yo también.
  b A mí no.
  c A mí sí.

3 No me interesa el arte urbano.
  a A mí tampoco.
  b Yo tampoco.
  c Yo no.

4 Me gusta mucho leer poesía.
  a A mí sí.
  b Yo también.
  c A mí no.

5 Quiero ir al campo.
  a Yo tampoco.
  b A mí sí.
  c Yo también.

6 Queremos ir de vacaciones a la playa.
  a A nosotros no.
  b Nosotros también.
  c A nosotros también.

GRAMÁTICA Y COMUNICACIÓN

UNIDAD 5

EXPRESAR EXISTENCIA

Hay un palacio cerca.   *Hay unos jardines preciosos.*

- En español para expresar existencia usamos el verbo **haber** en la forma impersonal **hay**. Se usa seguido de nombres en singular y en plural, no cambia. Si la frase es negativa, **no** va antes de **hay**.

  En Madrid no hay playa.
  En Cádiz hay playas increíbles.

- Detrás de **hay** podemos encontrar:

Hay	- artículo indeterminado *(un / una / unos / unas)* - número *(uno, dos, tres…)* - cuantificador *(mucho/a/os/as, poco/a/os/as…)* - Ø	nombre

Hay una catedral.
Hay cinco restaurantes.
Hay muchos turistas.
Hay playas y montañas.

- Normalmente va seguido de artículos indeterminados **un / una / unos / unas,** no de artículos determinados **el / la / los / las.**

  ~~Hay la farmacia.~~ *Hay una farmacia.*

DESCRIBIR LUGARES, PERSONAS O COSAS

Es una ciudad grande. (**ser** + sustantivo)
La ciudad es muy grande. (**ser** + adjetivo)

- Usamos el verbo **ser** para describir o definir. El verbo concuerda (singular o plural) con la palabra que define.

- Puede ir seguido de nombres o adjetivos.
  Es un barrio tranquilo.
  Los asturianos son muy hospitalarios.

- En la construcción **nombre + ser + adjetivo** concuerdan en género y número el nombre y el adjetivo.
  La ciudad es dinámica.
  Las vistas son maravillosas.

- Puede ir con artículos determinados e indeterminados.
  Es el parque más visitado de la ciudad.
  Es un parque muy agradable.

- Si la frase es negativa, **no** va antes del verbo.
  El centro no es muy grande.

EXPRESAR UBICACIÓN

- Para indicar el lugar o situar a alguien o algo en un lugar, usamos el verbo **estar**.

yo	**estoy**
tú	**estás**
él / ella / usted	**está**
nosotros/as	**estamos**
vosotros/as	**estáis**
ellos / ellas / ustedes	**están**

- Posibles combinaciones con **estar**:
  - **en** + lugar: *Está en la costa / en la montaña / en el centro.*
  - **a** + distancia / tiempo: *Está a 10 km / Está a un minuto.*
  - adverbio: *Está cerca / Está lejos.*

ACTIVIDAD

1 Completa estas frases con **es / son, hay, está / están**. Compara con las de tu compañero.

1. En Nueva York _____ muchos taxis amarillos.
2. Las pirámides mayas de Tikal _____ en Guatemala.
3. Los edificios _____ muy altos en Dubai.
4. La oferta cultural en Londres _____ increíble.
5. _____ muchas terrazas románticas en París.
6. El Cairo _____ en Egipto.

GRAMÁTICA Y COMUNICACIÓN

CUANTIFICADORES

Hay muchos barcos de pescadores.

Tiene muchas terrazas.

- Los cuantificadores **mucho / mucha / muchos / muchas** van delante de un nombre y concuerdan en género y número con el nombre:
*En Hanói hay **mucho** tráfico. / En Suiza hay **muchas** montañas.*

- Con verbos se usa **mucho** y normalmente va después del verbo:
*Rita viaja **mucho**.*

- El cuantificador **muy** puede ir con adjetivos o adverbios. No cambia de género ni de número:
*Lola es **muy** simpática. / Los edificios son **muy** altos. / El museo está **muy** bien.*

ACTIVIDAD

2 Completa con el cuantificador adecuado.
1. Es una ciudad _____ grande.
2. Hay _____ coches de los años 50.
3. La gente come _____ pescado en esta ciudad.
4. Es una ciudad _____ turística.
5. Hay _____ galerías de arte gratuitas.
6. Es una ciudad _____ cosmopolita.
7. Es una ciudad con _____ playas.
8. Está _____ cerca de la costa.

INTERROGATIVOS

- ***Qué, quién, cuál, cómo, cuánto*** y ***dónde*** son interrogativos, sirven para hacer preguntas y siempre llevan tilde (acento ortográfico).

- ***Qué, cómo, cuándo*** y ***dónde*** no varían nunca en género ni en número:
*¿**Qué** son los Andes?*
*¿**Dónde** hay montañas?*

- ***Cuál*** y ***quién*** tienen singular o plural:
*¿**Cuál** es la capital de Nicaragua?*
*¿**Cuáles** son las ciudades más turísticas de Cuba?*

- ***Cuánto/a/os/as*** tiene el género y el número del nombre al que acompañan:
*¿**Cuántos** lagos hay en Bolivia?*
*¿**Cuántas** provincias tiene Galicia?*

- Si queremos una definición, usamos ***qué*** + verbo.
*¿**Qué** es Machu Picchu?*

- Si queremos identificar, preguntamos:
  - **cuál / cuáles + verbo:**
  *¿**Cuál** es la capital de Chile?*
  *¿**Cuáles** son las lenguas de Paraguay?*
  - **qué + nombre:**
  *¿**Qué** moneda es la de Cuba?*

- Si queremos ubicar o localizar en el espacio, preguntamos con ***dónde*** + verbo.
*¿**Dónde** vais?*
*¿**Dónde** está Montevideo?*

ACTIVIDADES

3a Completa las siguientes frases con **qué, cuál(es), dónde, cuántos/as**.
1. ¿_____ está el Salvador?
2. ¿_____ países hay en Sudamérica?
3. ¿_____ es Tegucigalpa?
4. ¿_____ está la Patagonia?
5. ¿_____ es Iguazú?
6. ¿_____ es la capital de Cuba?
7. ¿_____ islas hay en Canarias?
8. ¿_____ están las islas Baleares?

3b Relaciona las preguntas anteriores con la respuesta correcta.
a. ☐ La capital de Honduras.
b. ☐ En Centroamérica.
c. ☐ Siete.
d. ☐ En el mar Mediterráneo.
e. ☐ Doce.
f. ☐ En el sur de Chile y Argentina.
g. ☐ La Habana.
h. ☐ Un río.

GRAMÁTICA Y COMUNICACIÓN

HACER RECOMENDACIONES

- Para hacer recomendaciones podemos usar:
  - *tener que* + **infinitivo**: si el hablante presenta una opción como la mejor:
  Tienes que ir a Galicia, ¡la comida es muy buena!
  - *poder* + **infinitivo**: si el hablante presenta una opción, pero piensa que hay otras posibilidades:
  En las vacaciones puedes ir a Perú para hacer un curso.

- A menudo, cuando hacemos una recomendación, usamos primero una condición que empieza por *si* y se separa de la segunda parte de la oración con una **coma**:
Si te gusta la buena comida, tienes que ir a Galicia.
Si quieres hacer amigos de todo el mundo, puedes ir a los intercambios de idiomas.

- Podemos cambiar el orden, entonces no escribimos coma:
Tienes que ir si te gusta la buena comida.

	poder	tener
yo	p**ue**do	**tengo**
tú	p**ue**des	t**ie**nes
él / ella / usted	p**ue**de	t**ie**ne
nosotros/as	podemos	tenemos
vosotros/as	podéis	tenéis
ellos / ellas / ustedes	p**ue**den	t**ie**nen

ACTIVIDAD

4 Imagina que este estudiante quiere ir a tu ciudad. Recomiéndale qué hacer después de leer sus gustos.

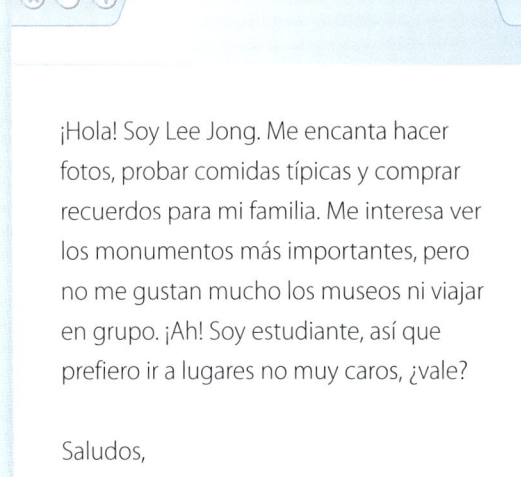

¡Hola! Soy Lee Jong. Me encanta hacer fotos, probar comidas típicas y comprar recuerdos para mi familia. Me interesa ver los monumentos más importantes, pero no me gustan mucho los museos ni viajar en grupo. ¡Ah! Soy estudiante, así que prefiero ir a lugares no muy caros, ¿vale?

Saludos,

UNIDAD 6

LA HORA

- Para preguntar la hora:
*¿**Qué hora** es?*
*Perdona, ¿**tienes hora**?* (informal)
*Perdone, ¿**tiene hora**?* (formal)

- Para decir qué hora es:

(Es) la una
(Son) las dos / tres…   [(en punto)
                         y cinco / y cuarto / y media…
                         menos cinco / menos cuarto…]

- Para preguntar cuándo realizamos una acción:
*¿**A qué hora** te levantas? / ¿**Cuándo** salís de casa?*

- Para decir cuándo realizamos una acción:
  - Si es una hora específica usamos:

A la una
A las dos / tres / cuatro…   [*de la mañana*
                                 de la tarde
                                 de la noche]

A medianoche

  - Si no se especifica la hora decimos *por la mañana / a mediodía / por la tarde / por la noche*:
*Me ducho **por** la mañana / **a** las ocho **de** la tarde.*

- Las horas en español se pueden escribir con un horario de 24 horas:
13:00 (la una de la tarde)   *14:00* (las dos de la tarde)

- Cuando hablamos, usamos los números de 1 a 12 y utilizamos *de la mañana, del mediodía, de la tarde* y *de la noche*:

11:00   *Son las once **de la mañana**.*
13:00   ~~Son las trece~~. *Es la una **de la tarde**.*
16:00   ~~Son las dieciséis~~. *Son las cuatro **de la tarde**.*
23:00   ~~Son las veintitrés~~. *Son las once **de la noche**.*

ACTIVIDADES

1 Dibuja la hora en cada reloj.

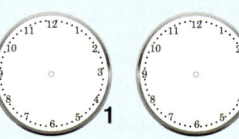

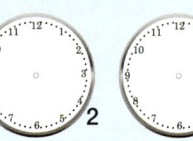

1 las cuatro y media
2 la una menos cinco
3 las ocho y cuarto
4 las once menos diez

GRAMÁTICA Y COMUNICACIÓN

2 Completa las siguientes frases con la preposición correcta: *a, de, por*.

1. Normalmente me levanto _____ las siete _____ la mañana.
2. Juego al tenis los sábados _____ la mañana.
3. • ¿Qué haces _____ la tarde?
   ▪ Voy a la piscina.
4. • ¿_____ qué hora sales _____ trabajar?
   ▪ _____ las cinco.
5. • ¿Cuándo empiezan las clases?
   ▪ El lunes _____ la mañana, _____ las nueve y media.
6. Yo _____ la noche nunca hago deporte.
7. • Termino de trabajar _____ las cinco _____ la tarde, ¿y tú?
   ▪ Yo _____ las seis.
8. Los sábados _____ la mañana hacemos la compra.

PRESENTE DE INDICATIVO

Verbos regulares

	estudi**ar**	com**er**	escrib**ir**
yo	estudi**o**	com**o**	escrib**o**
tú	estudi**as**	com**es**	escrib**es**
él / ella / usted	estudi**a**	com**e**	escrib**e**
nosotros/as	estudi**amos**	com**emos**	escrib**imos**
vosotros/as	estudi**áis**	com**éis**	escrib**ís**
ellos / ellas / ustedes	estudi**an**	com**en**	escrib**en**

Verbos irregulares

Además de los verbos regulares, existen verbos irregulares. Muchos son irregulares porque tienen algún cambio en la raíz del verbo.

dorm**ir**   yo d**ue**rm**o**
raíz terminación   raíz terminación

Hay diferentes tipos de verbos irregulares:

▪ Verbos con cambio vocálico pero regulares en *nosotros/as* y *vosotros/as*:

E>IE empezar, querer, preferir...	E>I pedir...	O>UE dormir, volver, acostarse...	U>UE jugar...
emp**ie**zo	p**i**do	d**ue**rmo	j**ue**go
emp**ie**zas	p**i**des	d**ue**rmes	j**ue**gas
emp**ie**za	p**i**de	d**ue**rme	j**ue**ga
empezamos	pedimos	dormimos	jugamos
empezáis	pedís	dormís	jugáis
emp**ie**zan	p**i**den	d**ue**rmen	j**ue**gan

▪ Verbos irregulares solo en la 1.ª persona del singular:
salir – **salgo**   hacer – **hago**   coger – **cojo**
poner – **pongo**   ver – **veo**

▪ Verbos con varias irregularidades:

	venir	decir	tener
yo	veng**o**	dig**o**	teng**o**
tú	v**ie**n**es**	dic**es**	t**ie**n**es**
él / ella / usted	v**ie**n**e**	dic**e**	t**ie**n**e**
nosotros/as	ven**imos**	dec**imos**	ten**emos**
vosotros/as	ven**ís**	dec**ís**	ten**éis**
ellos / ellas / ustedes	v**ie**n**en**	dic**en**	t**ie**n**en**

▪ Verbos completamente irregulares:

	ir
yo	v**oy**
tú	v**as**
él / ella / usted	v**a**
nosotros/as	v**amos**
vosotros/as	v**ais**
ellos / ellas / ustedes	v**an**

Verbos reflexivos

levantarse →   *levantar* →
yo **me levanto**   yo **levanto** a mi hijo

▪ Los infinitivos siempre terminan en *-se* y estos verbos indican que el sujeto realiza la acción sobre sí mismo.

▪ Los verbos reflexivos llevan un pronombre: **me, te, se, nos, os, se.**

levantarse	acostarse	vestirse
me levant**o**	**me** acuest**o**	**me** vist**o**
te levant**as**	**te** acuest**as**	**te** vist**es**
se levant**a**	**se** acuest**a**	**se** vist**e**
nos levant**amos**	**nos** acost**amos**	**nos** vest**imos**
os levant**áis**	**os** acost**áis**	**os** vest**ís**
se levant**an**	**se** acuest**an**	**se** vist**en**

▪ Los pronombres van normalmente delante del verbo conjugado, pero con perífrasis, es decir, cuando hay dos verbos combinados, pueden ir delante del primer verbo o detrás del segundo. Si va delante, se escribe separado; si va detrás, se escribe unido al verbo.

Tienes que vestirte = *Te tienes que vestir*
Voy a ducharme = *Me voy a duchar*

GRAMÁTICA Y COMUNICACIÓN

ACTIVIDADES

3a Completa con estos verbos para formar acciones cotidianas. Puede haber varias opciones.

> hacer ir coger/tomar dormir empezar terminar ver leer jugar

1 _____ la tele
2 _____ el autobús
3 _____ a trabajar
4 _____ de trabajar
5 _____ la compra
6 _____ la siesta
7 _____ al fútbol
8 _____ un libro
9 _____ al parque

3b Piensa en más combinaciones que puedes usar con los verbos anteriores.

ir de excursión, de compras…

4 Observa estas viñetas de un día en la vida de Gonzalo. Ordénalas y después inventa una historia sobre su rutina.

Gonzalo se levanta a las siete de la mañana, después…

INDICADORES DE FRECUENCIA

Para expresar la frecuencia con la que hacemos algo utilizamos:

100 % siempre
casi siempre
normalmente
a menudo
a veces
casi nunca*
0 % nunca*

*Cuando aparece detrás, tenemos que usar doble negación.
No como carne **nunca**/ *Nunca como carne.*

Otros indicadores de frecuencia:
una vez ⌈ al día
dos veces │ a la semana
tres veces │ al mes
… ⌊ al año

ACTIVIDAD

5 Escribe frases sobre la frecuencia con la que haces algunas acciones habituales.

> siempre   normalmente   a menudo
>   a veces   nunca

Siempre me levanto a las ocho de la mañana.

GRAMÁTICA Y COMUNICACIÓN

UNIDAD 7

HABLAR DE ESTADOS DE ÁNIMO Y FÍSICOS

ESTAR*		TENER	
cansado/a	triste	hambre	miedo
enfadado/a	nervioso/a	sueño	sed
contento/a	aburrido/a	calor	frío

*Recuerda: estos adjetivos cambian en masculino y femenino singular y plural (**-o/-a/-os/-as**), excepto *triste*.

Verbo *estar*

yo	**estoy**
tú	est**ás**
él / ella / usted	est**á**
nosotros/as	est**amos**
vosotros/as	est**áis**
ellos / ellas / ustedes	est**án**

ACTIVIDADES

1 Mira las fotografías y relaciona las frases con ellas.

a ☐ Él es frío.
b ☐ Él tiene frío.

2 Ahora, relaciona las siguientes frases con su significado.

1 ☐ A Ana no le gusta hacer nada, nunca se lo pasa bien.	a Ana es aburrida.
2 ☐ A Ana le encantan las fiestas, pero no le gusta la fiesta de hoy.	b Ana está aburrida.
3 ☐ Juan es modelo porque...	a está muy guapo.
4 ☐ Marco es un chico normal, pero hoy lleva un traje muy bonito y todos en la oficina le dicen que...	b es muy guapo.
5 ☐ Elena duerme muy mal desde siempre porque...	a está muy nerviosa.
6 ☐ Elena duerme muy bien siempre, pero esta noche no, porque mañana tiene un examen y...	b es muy nerviosa.

DAR CONSEJOS

■ Para dar consejos y recomendaciones, usamos **si** + estado de ánimo, **deber** + infinitivo.

Si estás cansada, **debes dormir** *una siesta corta, es muy buena para el cerebro*.

■ Recuerda que en la unidad 5 hay otras formas de dar consejo:
Tienes que *probar el guacamole*.
Puedes *visitar Cáceres, Ávila, Toledo...*

ACTIVIDADES

3 Relaciona los problemas con las recomendaciones. y forma frases.

PROBLEMAS
1 ☐ Tienes frío.
2 ☐ No puedes dormir cuando te acuestas.
3 ☐ Estás deprimida.
4 ☐ Te duele la cabeza.
5 ☐ Estás muy delgado.
6 ☐ Estás muy estresado.

RECOMENDACIONES
a Tienes que tomarte una pastilla.
b Debes ir a un psicólogo, él te va a ayudar mejor.
c Tienes que comer dulces.
d No debes tomar café ni té.
e Debes apagar el móvil antes de cenar.
f Tienes que ponerte más ropa.

4 Mira las fotos, imagina cuál es el problema y haz una recomendación.

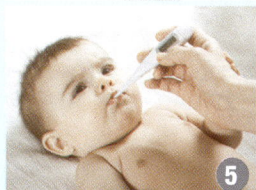 

Si tu hijo pasa muchas horas con el móvil, tienes que hablar con él y pensar en un horario para usarlo.

ciento noventa y tres 193

GRAMÁTICA Y COMUNICACIÓN

EN EL RESTAURANTE O EN EL BAR

Buenas tardes, ¿qué van a tomar? *La cuenta, por favor.*

Saludar	Preguntas del camarero
Hola	¿Qué va(n) a tomar?
Buenos días	¿Qué le(s) pongo?
Buenas tardes	¿[Desea(n)] algo más?
Buenas noches	¿[Quiere(n)] algo de comer?

Pedir comida y bebida	Pagar
Un(a)…, por favor	¿Cuánto es?
Para mí, un(a)…	Perdone, ¿qué le debo?
Yo [quiero] un(a)…	La cuenta, por favor.
Me / Nos pone…	
De primero…	
De segundo…	
De postre…	

ACTIVIDADES

5 🔊 72 Ordena los cinco fragmentos de este diálogo entre un camarero y dos clientes en un bar. Luego, escucha y comprueba.

A ☐ • ¿Me pone otra caña, por favor?
  ▪ Sí, claro, aquí tiene. ¿Algo más?
  • No, nada más, gracias.

B ☐ ▪ Gracias a ustedes, adiós.
  • Adiós.

C ☐ ▪ ¿Quieren algo de comer? Tenemos una tortilla buenísima.
  ▲ Uy, pues sí, yo quiero un pincho de tortilla, ¿y tú?
  • No, nada, no tengo hambre, la verdad.

D ☐ ▪ Hola, buenos días, ¿qué les pongo?
  ▲ Buenos días… Un café con leche para mí.
  ▪ ¿Y para usted?
  • Yo quiero una caña*.

E ☐ • Perdone, ¿cuánto es?
  ▪ A ver… Son 7 euros.
  • Aquí tiene. Muchas gracias.

*Una caña en España es una cerveza a presión.

6 Relaciona elementos de las dos columnas para formar frases, puede haber varias posibilidades.

1	tomar	a	un café
2	salir con	b	cenar
3	salir a	c	amigos
4	pedir	d	algo
5	beber	e	la cuenta
6	comer	f	un bocadillo
		g	un bar

HACER PLANES

- Para hacer planes para el futuro usamos *ir a* + **infinitivo**.

yo	**voy**	
tú	**vas**	
él /ella / usted	**va**	**cenar** en un restaurante.
nosotros/as	**vamos**	**a** + **ir** al cine.
vosotros/as	**vais**	**ver** un partido de fútbol
ellos/as /ustedes	**van**	

*El sábado no **voy a salir** porque **voy a ver** mi serie favorita en la tele.*
*En agosto **voy a visitar** a mi prima en Nueva York.*

- Para hablar del futuro podemos usar estas expresiones: **mañana, pasado mañana, la próxima semana / la semana que viene, en octubre, el próximo año / el año que viene.**

ACTIVIDADES

7 Escribe frases con tus planes.

> esta tarde   pasado mañana   este fin de semana
> en vacaciones   el próximo año   mañana

8 Relaciona las preguntas y las respuestas.

1 ☐ ¿Dónde vas a ir en Navidad?
2 ☐ ¿Con quién vas a ir?
3 ☐ ¿Cómo vais a ir?
4 ☐ ¿Cuánto tiempo vais a estar?
5 ☐ ¿Vas a celebrar la Nochevieja allí?
6 ☐ ¿Cuándo vas a volver?

a El día 5 de enero.
b En coche.
c Sí, vamos a tener una fiesta en el hotel.
d Con dos amigos.
e Una semana.
f Voy a ir a esquiar a Andorra.

GRAMÁTICA Y COMUNICACIÓN

UNIDAD 8

QUÉ / QUE

- **Qué** interrogativo y exclamativo (en preguntas o exclamaciones) se pronuncia acentuado y se escribe con tilde.
  ¿**Qué** color ves? / ¡**Qué** bien!

- **Que** como pronombre relativo se escribe sin tilde:
  El color **que** ves en esta imagen es azul.

ACTIVIDAD

1 Completa las siguientes frases con **qué** o **que**.

1. ¿_____ hora es?
2. ¡_____ calor!
3. La estación del año _____ prefiero para ir de vacaciones es el otoño.
4. ¿_____ color te gusta más, el verde o el azul?
5. ¿El color _____ más te gusta es el verde?
6. El cuadro _____ está a la izquierda es de Sorolla.
7. ¡_____ cuadro más bonito!
8. ¿A _____ hora quedamos?

HABLAR DEL CLIMA DE UN LUGAR

Lugar / Momento del año	Expresión de frecuencia (opcional)		Expresión de tiempo
Lugar: Lima, mi ciudad ...		hace	mucho calor, un poco de viento, muy buen tiempo
Mes: enero, febrero ...	siempre, normalmente, a menudo, casi nunca, nunca, no	hay	muchas tormentas, mucha niebla
En		está	muy nublado, un poco nublado
Estaciones: primavera, verano, otoño, invierno		llueve / nieva	mucho, poco

En Lima en verano a menudo hay mucha niebla.

CUANTIFICADORES

Los cuantificadores ofrecen una idea de cantidad aproximada. Se usan delante del nombre y a veces solos.

- **Mucho/a/os/as** + **nombre:** Hay muchas tormentas.
- **Muy** + **adjetivo o adverbio:** Hace muy buen tiempo. / En verano llueve muy poco.
- **Verbo** + **mucho:** Llueve / Nieva mucho.
- **Bastante** + **nombre:** Hace bastante frío.
- **Un poco de** + **nombre:** Hoy hace un poco de viento.
- **Un poco** + **adjetivo:** Está un poco nublado.
- **No** + **verbo** + **nada** *: En mi ciudad no nieva nada.

* Cuando **nada** va detrás del verbo, usamos siempre **no** delante del verbo.

ACTIVIDADES

2a ¿Qué tiempo crees que hace hoy en estas ciudades del mundo? Escribe en tu cuaderno.

> El Cairo   Hong-Kong   Sídney
> Ciudad de México   Estocolmo

2b Busca en internet la información del tiempo de hoy en las ciudades anteriores y comprueba tus hipótesis: ¿quién ha acertado más?

3a ¿Conoces estas ciudades? Lee el texto y completa los espacios en blanco con cinco palabras del recuadro, ¿a qué ciudad se refiere?

> nieva   primavera   lluvia   sol   verano
> llover   otoño   nieve   tormenta

Ciudad del Cabo

Nueva York

Moscú

Lisboa

Hola, Begoña:

¿Qué tal estás? Yo, ¡feliz! Me encanta esta ciudad y lo mejor, ¡el tiempo! En **(1)**_____ es precioso, los parques tienen todos los colores: rojos, amarillos, hace **(2)**_____ todos los días y una temperatura de veinticinco grados, llevo ropa casi de **(3)**_____. Me gusta muchísimo pasear por la ciudad, ¡y los museos y la gente! Aquí no te aburres nunca. Dicen que la próxima semana va a **(4)**_____ pero no importa, me compro un paraguas y voy de compras. También quiero ir a ver un buen con cierto de jazz.

Tenemos que volver juntas, ¿el próximo año en Navidad?, porque **(5)**_____ y está todo blanco ¡y esta ciudad con nieve es un espectáculo!

Un beso,
Gema

ciento noventa y cinco **195**

GRAMÁTICA Y COMUNICACIÓN

3b Escribe un texto similar con la información de otra ciudad del mundo. Léelo y tus compañeros tienen que adivinar qué ciudad es.

LA CONCORDANCIA DE LOS COLORES

- Los colores pueden funcionar como nombres o como adjetivos.
- Cuando funcionan como nombres son masculinos.

El morado y el rosa son mis colores favoritos.

- También pueden ser adjetivos y describen al nombre que acompañan. Algunos colores cambian de género (masculino y femenino) y número (singular y plural) dependiendo del nombre *(blanco, negro, rojo, morado)*.

la chaqueta blanca / las chaquetas blancas
el abrigo blanco / los abrigos blancos

- Otros colores no cambian de género, pero sí de número. Si terminan en vocal, forman el plural con **-s** y si terminan en consonante, con **-es:** *azul(es), rosa(s).*

el vestido verde   *las sandalias verdes*
el abrigo marrón   *las gorras marrones*

ACTIVIDADES

4 Lee estos anuncios de una web de moda y relaciona cada una con una imagen. Sobran dos fotos. Después, compara con tu compañero.

a ☐ ¿Qué te parece si celebramos la primavera juntos? Abril es el mes de la lluvia, así que por compras superiores a 50 €, te regalamos un paraguas como este.

b ☐ Si te escapas a la nieve siempre que puedes, este abrigo es perfecto para ti. Además, para alegrar los primeros días de frío, lo mejor es con colores vivos como este naranja.

c ☐ Los primeros días de frío ya están aquí, por eso necesitas en tu armario una chaqueta como esta marrón de la temporada otoño-invierno para ir a trabajar o quedar con amigos. Y si la combinas con una gorra gris, ¡mejor!

d ☐ ¡Por fin verano! Con este calor apetece llevar menos ropa y zapato abierto. Las sandalias son esenciales y hay de todos los estilos. Si tu estilo es cómodo, estas sandalias verdes son ideales y ¡monísimas!

5 Escribe frases combinando los diferentes elementos. Fíjate en la concordancia de género y número.

	falda	largo			bonita
	vestido	blanca			cómodos
Este	camisa	de deporte		muy	calentito
Esta	camiseta	cortos	es	bastante	prácticas
Estos	pantalones	corta	son	un poco	moderno
Estas	zapatos	rosas		nada*	clásica
	zapatillas	negro			feos
	sandalias	vaqueros			baratas
	abrigo	azul			caros

*En español cuando **nada** va después del verbo necesita un **no** delante del mismo, doble negación:
*Estos zapatos **no** son **nada** cómodos.*

GRAMÁTICA Y COMUNICACIÓN

PRONOMBRES DE OBJETO DIRECTO

- Los pronombres son palabras que hacen el lenguaje más económico, nos ayudan a no repetir la misma palabra en una conversación.
- Tienen una relación directa con el verbo. Puede sustituir a un objeto, a un ser vivo o a una persona.
- Los pronombres de objeto directo son **lo, la, los, las,** que indican el género y el número de la palabra que sustituyen:

  lo → *el abrigo*   *las* → *las camisas.*

  • *¿Le gusta este abrigo?*
  ▪ *Sí, ¿**lo** tiene en rojo?*

- Van delante del verbo conjugado:

  Tengo muchas zapatillas de deporte. **Las** *uso para todo.*

- Con los verbos **gustar, encantar, interesar…** no podemos usar los pronombres **lo, la, los, las** porque el nombre tiene función de sujeto. Podemos omitirlo, pero no sustituirlo por un pronombre:

  • *¿Te gustan los gatos?*
  ▪ *Sí, me ~~los~~ gustan.*

ACTIVIDADES

6 Marca de qué está hablando.

1. Las usamos cuando hace sol para proteger los ojos.
   - a un sombrero
   - b unas gafas de sol
   - c unas sandalias
2. Nos lo ponemos cuando hace mucho frío.
   - a Unas botas
   - b Un traje
   - c Un abrigo
3. Me la pongo si voy a una reunión de trabajo.
   - a La camiseta
   - b La corbata
   - c El traje
4. Me las pongo siempre en verano.
   - a Las sandalias
   - b El vestido
   - c La falda

7 Escribe **lo, la, los, las** si es necesario.

1. • ¿Normalmente llevas guantes?
   ▪ No, solo ___ uso cuando hace mucho frío.
2. • ¿Tienes botas de montaña?
   ▪ No, no ___ me gustan.
3. • ¿Tienes paraguas?
   ▪ Sí, pero ___ tengo en el coche.
4. • ¿Prefieres zapatos o sandalias?
   ▪ Prefiero sandalias, en verano siempre ___ llevo.

Ahora responde tú a las preguntas anteriores y comenta con tu compañero.

8 Relaciona la pregunta con la respuesta.

1. ☐ ¿Dónde compras las zapatillas de deporte?
2. ☐ ¿Llevas siempre corbata?
3. ☐ Esa falda es muy corta, ¿no?
4. ☐ Este vestido verde es horrible.
5. ☐ Uy, mira qué camisetas más baratas.
6. ☐ ¿Esos pantalones no son de tu hermano?
7. ☐ Los zapatos de este diseñador son increíbles.
8. ☐ Me encanta ese traje para ti.

a. ¿Sí? Yo lo veo muy moderno para trabajar en mi compañía.
b. Sí, pero nada prácticos, ¿no? No los puedes llevar un día normal.
c. Sí, por eso las llevan todos los estudiantes.
d. No, solo me la pongo en ocasiones especiales.
e. Sí, pero me los deja.
f. Normalmente las compro por internet.
g. Sí, me la pongo solo cuando no trabajo.
h. ¿En serio? Yo lo tengo en rojo.

UNIDAD 9

HACER COMPARACIONES

Comparaciones de superioridad: *más… que…*

Con sustantivos:

*(A mí) Me gusta **más** el dúplex **que** el ático.*
*(El dúplex) Tiene **más** habitaciones **que** el piso.*

Con adjetivos:

*(El dúplex) Es **más** grande **que** el ático.*
*(El piso) Es **más** barato **que** el chalet.*

Comparaciones de inferioridad: *menos… que…*

Con sustantivos:

*(A mí) Me gusta **menos** el dúplex **que** el ático.*
*(El ático) Tiene **menos** baños **que** el dúplex.*

Con adjetivos:

*(El piso) Es **menos** luminoso **que** el ático.*
*(El piso) Es **menos** tranquilo **que** el chalet.*

Nota: los adjetivos concuerdan en género y número con el nombre al que acompañan: *El piso es menos **luminoso**. / Las casas son más **luminosas**.*

Irregularidades

~~Más bueno~~ Mejor:

*(El dúplex) Es ~~más bueno~~ **mejor** que el piso.*
*(El ático) Está ~~más bueno~~ **mejor** comunicado que el dúplex.*

~~Más malo~~ Peor:

*(El piso) Es ~~más malo~~ **peor** que la casa.*

GRAMÁTICA Y COMUNICACIÓN

ACTIVIDADES

1 Elige la opción correcta para completar estas frases.

1. Mi casa es más … que la casa de mi profesora.
   a comunicada
   b pequeña
   c pequeño
2. Mi casa tiene menos … que la de mi profesora.
   a habitación
   b tranquilo
   c baños
3. Mi casa es más … que la casa de mi profesora.
   a luminoso
   b luz
   c luminosa
4. La casa de mi profesora no es tan … como la mía.
   a tranquilo
   b bonita
   c caro
5. El piso de mi profesora está más … que el mío.
   a barata
   b tranquilo
   c cerca
6. Los pisos en mi país no son tan…
   a grande
   b pequeños
   c comunicados

2 Ahora pregunta a tu profesor para comprobar si las frases anteriores son verdad.

3 Completa las siguientes frases con información de tu casa.

1. Mi casa tiene _____.
2. Mi casa no tiene _____.
3. Mi casa es muy _____.
4. Mi casa es más _____.
5. Mi casa está _____.

4 Observa la siguiente información de dos viviendas y completa las frases con el verbo y la palabra comparativa adecuada *(más, menos, mejor)*.

> **Piso de 90 m², primera planta, interior.**
> Dos dormitorios. Un baño. Cerca del centro, en una calle comercial. Al lado del metro y autobuses. 700 euros/mes.

> **Casa de 180 m² con jardín.**
> Cuatro dormitorios. Dos baños. A las afueras en una zona residencial. 1200 euros/mes.

1. El piso _____ _____ pequeño que la casa.
2. El piso _____ dormitorios que la casa.
3. La casa _____ baños que el piso.
4. La casa _____ tranquila que el piso.
5. El piso _____ cerca del centro que la casa.
6. El piso _____ caro que la casa.
7. El piso _____ comunicado que la casa.
8. Para mí, la casa _____ que el piso.

IDENTIFICAR

- Para identificar una cosa o una persona dentro de un grupo podemos usar *el / la / los / las* + **adjetivo**:

*Me gusta más **la** azul.*

- Lo usamos para no repetir un sustantivo que está en el contexto:
  - *Mira este sillón verde, ¡es precioso!... ¿O te gusta más **el rojo**?* (el sillón)
  - *¿Y esta lámpara?... La verdad es que prefiero **la azul**.* (la lámpara)

ACTIVIDAD

5 Elige la opción correcta.

1. ¿Qué sofá prefieres?
   a La blanca.
   b La marrón.
   c El negro.
2. Aquí están los vasos, a mí me gustan más…
   a los pequeños.
   b el azul.
   c las grandes.
3. Mira este catálogo, ¿qué armario prefieres?
   a El más caro es el más bonito.
   b La marrón.
   c La blanca.
4. ¿Qué nevera compramos?
   a La grande es mejor.
   b El pequeño.
   c Las baratas.

UNIDAD 10
EXPRESAR CONOCIMIENTO

Conozco Málaga.   *Sé cocinar.*

En español se usan los verbos **saber** y **conocer** para expresar conocimiento. Esto causa dificultad porque en otros idiomas se usa solo uno para las dos formas.

GRAMÁTICA Y COMUNICACIÓN

■ **Conocer:**
- un lugar o una cosa, normalmente porque tenemos experiencia de ello.
  Conozco un restaurante muy bueno en esta zona.
  No conozco la comida peruana.
- una persona, porque tenemos contacto con ella (con preposición **a**).
  ¿Conoces a Marta?
  No, no la conozco.
- para hablar de la primera vez que vemos a una persona.
  Hoy voy a conocer a la prima de Álvaro.

■ **Saber:**
- cosas que una persona aprende de memoria.
  ¿Sabes decir los números en español?
  No, solo sé hasta el 10.
- cosas que nos cuentan o enseñan, pero no tenemos experiencia directa.
  ¿Sabes a qué hora es la fiesta?
  No, pero Lucas sí lo sabe, voy a llamarle.
- habilidades:
  Yo sé tocar la guitarra.

Saber a menudo va seguido por: *si, que, qué, quién, dónde, cuándo, cuál, por qué…*:
¿Sabes que en Roma la gente…?
¿Sabes dónde vive ahora Rafa?
¿Sabes si hay plazas en este curso?

■ Recuerda que los dos son verbos irregulares en 1.ª persona del singular:

	saber	conocer
yo	sé	conozco
tú	sabes	conoces
él / ella / usted	sabe	conoce
nosotros/as	sabemos	conocemos
vosotros/as	sabéis	conocéis
ellos / ellas / ustedes	saben	conocen

ACTIVIDADES

1 ¿*Saber* o *conocer*? Completa con el verbo correspondiente.
1. _____ un lugar tranquilo para estudiar.
2. _____ mucho de matemáticas.
3. _____ cuál es la capital de Mali.
4. _____ NY.
5. _____ dónde está Costa de Marfil.
6. _____ a Marta.
7. _____ un poco de economía.
8. _____ un buen restaurante indio.
9. _____ a mucha gente de México.
10. No _____ a qué hora termina la clase.

2 Relaciona cada pregunta con su respuesta para formar diálogos.
1. ☐ ¿Conoces un restaurante barato para comer en tu barrio?
2. ☐ ¿Sabes dónde puedo comprar un bañador cerca de aquí?
3. ☐ Pero ¿de verdad sabes la letra de memoria de todas las canciones del cantante español Enrique Iglesias?
4. ☐ ¿Qué te pasa?, ¿por qué estás tan nervioso?
5. ☐ ¿Conoces muchos países de Asia?
6. ☐ ¿Sabes en qué país de Sudamérica no se habla español?
7. ☐ ¿Conoces a alguien de Senegal?

a. Es que esta noche voy a conocer a los padres de mi novia.
b. Solo China, ¡es maravilloso!
c. Sí, el novio de mi hermana es de allí.
d. Sí, claro, ¡en Brasil!
e. No, lo siento, es que no conozco las tiendas de esta zona.
f. Sí, me encanta, soy su fan número uno.
g. Sí, el Bufalino está genial, el menú cuesta solo 9 euros.

HABLAR DE EXPERIENCIAS: PRETÉRITO PERFECTO

■ Un uso del pretérito perfecto es para hablar de experiencias:
Me he enamorado.
He vivido en Bolivia y en Perú.

■ El pretérito perfecto se forma con el presente del verbo *haber* + participio:

HABER	Participio		
	Verbos -ar	Verbos -er / -ir	Irregulares
he	comprado	podido	hecho — hacer
has	trabajado	comido	dicho — decir
ha	estudiado	salido	escrito — escribir
hemos		vivido	puesto — poner
habéis			vuelto — volver
han			visto — ver
			roto — romper

■ Los pronombres se colocan directamente delante del verbo *haber*:
Nunca me he enamorado.
¿Te ha gustado la película?
Nos hemos hecho un selfie.

GRAMÁTICA Y COMUNICACIÓN

- Los marcadores de frecuencia (*nunca, alguna vez, muchas veces…*) nunca se colocan entre el verbo *haber* y el participio:

*¿**Alguna vez** has estado en Cuba? / ¿Has estado **alguna vez** en Cuba? / ¿Has estado en Cuba **alguna vez**? / ¿~~Has alguna vez estado~~ en Cuba?*

Si el marcador *nunca* va detrás del verbo, se necesita *no* delante (doble negación):

***Nunca** he estado en Cuba. / **No** he estado **nunca** en Cuba. / **No** he estado en Cuba **nunca**.*

- También utilizamos ya para decir que hemos experimentado algo, y todavía no para expresar que no hemos hecho algo, pero nos gustaría:

- *¿**Ya** has visto esa casita que te gusta tanto?*
- ***Todavía no**, he quedado con el propietario el próximo lunes.*

ACTIVIDADES

3 ¿Qué han hecho estas personas? Relaciona las imágenes con estas acciones y escribe sus experiencias (sobran tres).

1. Salir a cenar
2. Hacerse un tatuaje
3. Alquilar un coche
4. Hacer nuevos amigos
5. Cortase el pelo
6. Comprar una casa
7. Ver una exposición
8. Ir a la montaña
9. Ir de compras

a - Han ido a la montaña.

4 Relaciona elementos de las dos columnas para formar frases, puede haber varias posibilidades.

1	escribir	a	un vuelo
2	ver	b	una película de miedo
3	montar	c	una tarta
4	perder	d	"te quiero"
5	hacer	e	tarde a clase
6	llegar	f	en barco
7	decir	g	una carta de amor

5 Ahora escribe en tu cuaderno tus experiencias sobre las frases anteriores.

Yo nunca he escrito una carta de amor.

6 Mira la foto de Mariela. Escribe cuatro experiencias de su vida. Después, compara con tus compañeros, ¿coincidís en algo?

Mariela

7 Carla y Mar son dos amigas con personalidades muy diferentes. Carla es espontánea, aventurera y un poco vaga, y Mar es reflexiva, miedosa y trabajadora. Escribe la respuesta de cada una de ellas a las siguientes preguntas.

1. ¿Alguna vez has decidido pasar el fin de semana fuera sin planificarlo antes?
   Carla: _____
   Mar: _____
2. ¿Has dormido pocas horas para preparar un trabajo o un examen?
   Carla: _____
   Mar: _____
3. ¿Has ido a un safari?
   Carla: _____
   Mar: _____
4. ¿Alguna vez has pensado en hacer un máster?
   Carla: _____
   Mar: _____

8 Escribe en tu cuaderno tus respuestas a las preguntas anteriores y coméntalo con tu compañero.

Yo todavía no he hecho un máster, pero me gustaría.

GRAMÁTICA Y COMUNICACIÓN

VERBOS DE MOVIMIENTO CON PREPOSICIÓN

Las preposiciones modifican la dirección de los verbos de movimiento:

 *Ir **de** Costa Rica **a** Nicaragua.*

 *Ir **por** Perú.*

 *Ir **en** coche.*

Dirección	**Ir a** / **Ir hacia** la escuela / la playa...
Modos de transporte	**Ir en** tren / coche... *****Ir a** pie / caballo
Una parada de un transporte	**Bajarse en** Gran Vía / la última parada...
Abandonar un lugar	**Irse de** casa / aquí....
Un destino	**Llegar a** la oficina / Bogotá...
Origen	**Llegar de** / **Venir de** / **Salir de** Lima / casa...

ACTIVIDADES

9 Escribe qué preposición *(a, de, por, en)* funciona mejor en cada caso. Puede haber más de una opción.

1. viajar *en* avión
2. caminar _____ el parque
3. coger un bus _____ Lisboa a Oporto
4. cruzar _____ el río
5. ir _____ casa _____ clase
6. llegar _____ el aeropuerto puntual
7. salir _____ casa

10 Responde a las siguientes preguntas.

1. ¿A qué hora sales de casa?
2. ¿Cómo vienes a la escuela?
3. ¿Cuánto tiempo tardas de casa a la escuela?
4. ¿Por dónde sales en tu tiempo libre?
5. ¿Cómo vas a casa cuando sales de noche?
6. ¿Cómo viajas normalmente?
7. ¿Alguna vez has salido de tu país?

11 Subraya el verbo con preposición que mejor expresa el significado de estas frases sobre el viaje de Michael.

1. *Su dirección es Galicia, pero todavía no está allí:*
   Michael **va hacia** / **llega a** / **viaja por** Galicia.
2. *Michael recorre diferentes lugares de Galicia, pero no sabemos dónde está ahora:*
   Michael **va en** / **va hasta** / **viaja por** Galicia.
3. *El origen desde donde sale es León:*
   Michael **se baja en** / **viene de** / **va por** León.
4. *El límite de su paseo es el río:*
   Pasea por / **Pasea hacia** / **Pasea hasta** el río Miño.
5. *Abandona Galicia:*
   Michael **se va de** / **llega de** / **viene a** Galicia.

UNIDAD 11

DESCRIBIR OBJETOS

■ Cuando describimos un objeto, habitualmente lo clasificamos, hablamos de su forma, tamaño, material y uso:

DEFINICIÓN *Es...*	una cosa un instrumento un objeto un alimento un mueble una bebida una prenda de ropa	
TAMAÑO *Es...*	grande mediano/a pequeño/a	
FORMA *Es...*	redondo/a cuadrado/a triangular	alargado/a rectangular
MATERIAL *Es de...* *Está hecho/a de...*	piel cristal plástico papel	madera tela plumas
USO *Se usa para...* *Sirve para...*	escribir dibujar peinarse	

■ Recuerda que el verbo y los adjetivos concuerdan con el objeto:

***Es una** mes**a** pequeñ**a**, redond**a** y de madera.*
***Son unos** pantalon**es** negr**os**, cort**os**, nuev**os** y de tela vaquera.*

doscientos uno **201**

GRAMÁTICA Y COMUNICACIÓN

ACTIVIDADES

1 Haz una lista de cinco objetos que tienen algo en común. Tus compañeros tienen que adivinar la relación que tienen: ¿el uso, el material, la forma...?

- *Mi lista es un microondas, una tostadora y una batidora...*
- *Están en la cocina, son aparatos eléctricos y sirven para cocinar.*
- *Sí, perfecto.*

2 Decide si estas palabras corresponden a un objeto o a un material.

> lana percha algodón metal tenedor cuchillo
> encendedor cuero bombilla hierro oro

CONECTORES

Los conectores son palabras que ayudan a entender cómo se unen las ideas de diferentes oraciones, es decir, las conectan. Aquí vamos a aprender tres: *porque, por eso* y *pero*.

Expresar causa y consecuencia

- ***Porque*** introduce una causa, se escribe todo junto y sin tilde, frente a la pregunta ***¿por qué?*** que se escribe separado y con tilde:

Estos guantes rojos son muy especiales para mí
<u>*porque son un regalo de mi mejor amiga.*</u>
CAUSA

- Para expresar una consecuencia, podemos usar ***por eso***:

Estos guantes me los ha regalado mi mejor amiga,
<u>*por eso les tengo mucho cariño.*</u>
CONSECUENCIA

Expresar contraste de ideas

- Para introducir una idea que contrasta con lo que hemos dicho usamos ***pero***:

Duermo mucho, pero solo con mi almohada.

FÍJATE: delante de ***pero*** y ***por eso*** se escribe coma (,).

ACTIVIDADES

3 Relaciona las frases con su continuación más lógica.

1. Me encanta dibujar a lápiz...
2. Llevar un peine es muy útil,...
3. Los vaqueros nuevos me parecen un poco incómodos,...

- a ☐ **por eso** guardo siempre los viejos.
- b ☐ **porque** se puede borrar si te sale mal.
- c ☐ **pero** si tienes el pelo muy largo, mejor usar un cepillo porque es más suave.

4 Completa las frases con tus ideas.

1. Me gusta ir a la playa porque _____.
2. Me gusta ir a la playa, por eso _____.
3. Me gusta ir a la playa, pero _____.
4. Me encanta _____ porque _____.
5. Me encanta _____, por eso _____.
6. Me encanta _____, pero _____.

PRONUNCIACIÓN Y ORTOGRAFÍA

Diptongos

sílaba
AGUA
diptongo

- Cuando en una palabra aparecen dos vocales juntas, pueden formar una sola sílaba: es lo que llamamos diptongo. Se forma una sílaba con la unión de ***i*** o ***u*** con otra vocal en cualquier orden (por ejemplo, ***ia, ai***): *guante, peine, ciudad, después*. Los grupos ***i/u + a/e/o*** en los que ***i/u*** es la vocal fuerte no constituyen diptongo: *te-ní-a, Ra-úl, dí-a*.

- En todos los demás casos, dos vocales seguidas pertenecen a sílabas distintas: *pa-se-o*.

- Cuando hay una ***h*** entre dos vocales, no afecta a la regla: *al-mo-ha-da, prohi-bir*.

ACTIVIDADES

5 🔊 73 ¿Cuántas sílabas tienen estas palabras? Escucha y practica su pronunciación. No prestes atención al significado.

> teatro leído océano oigo paraguas ahora
> pienso feo baile causa ahijado aire

6 Elige una de estas palabras, pronuncia solo las vocales. Tu compañero tiene que adivinar cuál es. Recuerda que en los diptongos las vocales seguidas se pronuncian juntas.

> diente peine después guapo aula
> ahijado prohibido bailar teatro viejo
> labio guante euro voy rey

- *Ua ... e*
- *Es guante, ¿sí? Me toca: ie ... o*
- *¿Viejo?*
- *¡Sí, perfecto!*

GRAMÁTICA Y COMUNICACIÓN

HABLAR DE POSICIÓN

- Para preguntar por la ubicación de un objeto o una persona usamos:
  - **¿Dónde está(n)...?:** *¿Dónde están las llaves?*
  - **¿Has visto...?:** *¿Has visto mi bolso?*
- Para indicar la posición de un objeto, animal o persona con relación a otro utilizamos estos indicadores de posición:

Delante (de) **Detrás (de)**	*El bolso está detrás del portátil.* *Las llaves están delante del portátil.*  *El niño está delante del perro.* *El perro está detrás del niño.* 	**Al lado (de)** **A la derecha (de)** **A la izquierda (de)**	*El perro está al lado de la niña / a la izquierda.* *El gato está al lado de la niña / a la derecha.* 
		En / Encima (de) **Debajo (de)**	*El gato está encima de la mesa.* *El niño está debajo de la mesa.* 
Enfrente (de) / **En frente (de)**	*El niño está enfrente del perro.* 	**En / Dentro (de)**	*El móvil está dentro de la mochila.* 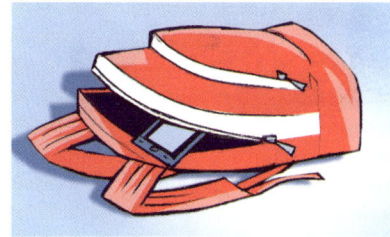
Entre	*El boli está entre el cuaderno y las gafas.* 		

- Las preposiciones **de** y **a** seguidas del artículo masculino **el** se unen para formar una sola palabra **(del, al)**:

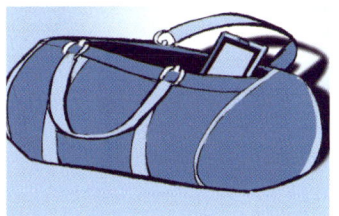 

*El móvil está dentro **de la** bolsa.* *El móvil está dentro **del** bolso.*

doscientos tres

GRAMÁTICA Y COMUNICACIÓN

- Solo usamos la preposición **de** con los indicadores de posición cuando mencionamos el objeto, persona o lugar de referencia. No es necesario si está claro por el contexto:

  • ¿Has visto mi móvil?
  ▪ Sí, mira está encima de la mesa.

  • No lo veo, ¿dónde?
  ▪ A la derecha ~~de la mesa~~.

- Para marcar la distancia del hablante al objeto podemos usar los adverbios **aquí** o **acá**, **ahí** o **allí** o **allá**:

*Las llaves están **aquí**.*   *Las gafas están **ahí**.*   *El móvil está **allí**.*

Los adverbios **aquí** y **allí** son más comunes en el español de España y **acá** y **allá** son más comunes en países de Hispanoamérica.

ACTIVIDADES

7 Observa la mesa de trabajo de Alicia, hoy está muy nerviosa porque tiene una reunión con un cliente muy importante. Necesita ayuda para encontrar algunas cosas. Primero haz una lista de los objetos que ves y luego responde a sus preguntas.

1 • ¿Has visto mi móvil?
  ▪ Sí, _____
2 • No encuentro mis gafas, ¿las has visto?
  ▪ _____
3 • ¿Sabes dónde está la cámara?
  ▪ _____

4 • Necesito unas tijeras, ¿dónde hay unas?
  ▪ _____
5 • ¿Dónde he dejado el café?
  ▪ _____
6 • Necesito el celo, ¿dónde está?
  ▪ _____

8 Vuelve a mirar la mesa de Alicia y corrige las frases que no corresponden con la imagen.

1 Hay unos bolígrafos a la derecha de la manzana.
2 Hay unos clips delante del portátil.
3 Hay un cuaderno al lado del portátil.
4 Los pósit están encima del celo.
5 Los auriculares están a la derecha del portátil.
6 La lámpara está detrás del portátil.

GRAMÁTICA Y COMUNICACIÓN

CONSTRUCCIONES IMPERSONALES

En español existen diferentes recursos para hablar de forma general, sin personalizar, es decir, sin decir el sujeto.

- Algunas ya las conoces, como el verbo **haber** para hablar de existencia en su forma **hay**:

Hay muchas hamacas. (en general) / *Tengo una hamaca.* (personalizado, yo)

- También está la combinación de **hay que** + **infinitivo** para mostrar recomendación u obligación de forma impersonal:

*Si te dan un regalo, **hay que dar** las gracias y abrirlo.*

*Hannah, **tienes que decir** "gracias" a la abuela.*

- Usamos el **se** impersonal para hablar de normas sociales o costumbres:

- Si el verbo tiene objeto directo (OD), el verbo va en singular o en plural dependiendo de la palabra que va detrás:

Se + verbo 3.ª persona singular + [infinitivo / nombre en singular]

Se prefiere pagar con tarjeta / el tratamiento de usted.

Se + verbo en 3.ª persona plural + nombre en plural:
Se dan las gracias.

- Si el verbo lleva **a** detrás, siempre va en singular:

Se llama al suegro de "usted". / Se llama a los suegros de "usted".

- A veces también lo usamos cuando el sujeto de la acción se entiende por el contexto o no nos interesa:

Se venden pisos muy baratos en las afueras.

Generalizamos con se (sin agente)	Particularizamos (con agente)
Se cena tarde. →	*Los españoles cenan tarde.*
Se usa más "usted". →	*La gente usa más "usted".*
Se hacen más fiestas en casa. →	*Las personas hacen más fiestas en casa en Chile que en España.*

ACTIVIDADES

9 Escribe el verbo adecuado en la forma correcta para que las frases tengan sentido.

> abrir   quitarse   besar   tomar   usar

1. En Inglaterra _____ el té a las 5.
2. Nosotros _____ café solo por la mañana.
3. En China _____ los palillos para comer.
4. El niño _____ tenedor porque es más fácil para él.
5. En Suiza _____ los zapatos al entrar en las casas.
6. Yo nunca _____ los zapatos en casa de amigos.
7. En España _____ los regalos delante de los invitados.
8. Mi madre _____ los regalos sola, sin los invitados.
9. En Uruguay _____ a los compañeros de trabajo todos los días.
10. Vosotros normalmente no _____ a la gente de la oficina, ¿no?

10 Subraya qué forma te parece más adecuada para expresar estas ideas. Escribe tres más con dos opciones. Después, tu compañero elige la mejor opción.

1. *Te refieres a algo típico de tu familia:*
   Comemos sushi los domingos. / Se come sushi los domingos.
2. *Te refieres a algo que es la norma social:*
   Hablo de "tú" al camarero. / Se habla de "tú" al camarero.
3. *Es algo que os gusta hacer a ti y a tu pareja, pero no es común:*
   Se llama "cariño" a la pareja. / Llamo a mi pareja "flaca".

GRAMÁTICA Y COMUNICACIÓN

UNIDAD 12

IDENTIFICAR

- Los demostrativos se utilizan para identificar personas, cosas o animales por su posición en el espacio respecto al hablante y al oyente:

Esta es mi gata Alaska.

Ese es mi coche.

Aquellos son mis padres.

masculino		femenino	
singular	plural	singular	plural
este	estos	esta	estas
ese	esos	esa	esas
aquel	aquellos	aquella	aquellas

- También podemos identificar con las siguientes estructuras:

  el / los / la / las + **adjetivo**: *El rubio es mi marido.*

  el / los / la / las + *de* + **sustantivo**: *La de las gafas es mi madre.*

  el / los / la / las + *que* + **verbo**: *Los que llevan la camisa azul son de mi colegio.*

ACTIVIDADES

1 Completa el siguiente diálogo usando una de las siguientes expresiones.

> el que   la que   el de   la de   la del   la

- ¿Quién es esta chica, **(1)** _____ está a tu lado en esta foto?
- ¿Quién?, ¿**(2)** _____ pelirroja?
- No, la otra, **(3)** _____ la falda roja.
- ¡Ah!, esa es mi prima Emma.
- Y **(4)** _____ la barba, ¿es tu hermano?
- Sí, el mayor, y **(5)** _____ está delante de él es mi hermano pequeño.
- Entonces tienes dos hermanos.
- Sí, y también tengo una hermana.
- **(6)** _____ pelo rojo, ¿no?
- Exacto.

2 Observa esta imagen de Teresa y Matthew junto con sus hijos Gloria y Ricky. Marca si las siguientes frases son verdaderas (V) o falsas (F) y escribe de nuevo las falsas correctamente.

1 ☐ Gloria es la del pelo largo y sombrero.
2 ☐ Matthew es el que lleva la camiseta negra.
3 ☐ Teresa es la hija, que está a la izquierda.
4 ☐ Ricky es el rubio.

PRONUNCIACIÓN Y ORTOGRAFÍA

Preguntas de confirmación

- Para identificar, cuando no sabemos o no estamos seguros de quién es una persona, hacemos una pregunta directa:

  ¿Quién es este?

  ¿Quién es la morena?

GRAMÁTICA Y COMUNICACIÓN

- Cuando creemos saber la respuesta, pero necesitamos confirmarla, utilizamos frases afirmativas seguidas de ***¿verdad?, ¿no?***:

Esta es tu hija, ¿verdad?

La que está a tu lado es tu madre, ¿no?

- Cuando no se añade ***¿verdad?***, se puede hacer toda la frase como pregunta, pero se entona igual:

¿Este es tu hijo? ¡Uy, madre mía! ¡Qué mayor!

ACTIVIDADES

3 🔊 74 Relaciona cada pregunta con su respuesta. Luego, escucha y comprueba.

1. ¿Quiénes son tus hijos?
2. ¿Quién es tu jefa?
3. ¿Quién es tu abuelo?
4. La que lleva un vestido amarillo es tu mujer, ¿verdad?
5. El de las gafas es tu hermano, ¿no?
6. Los que están sentados son tus padres, ¿verdad?
7. ¿Las que están a tu lado son tus hermanas?
8. ¿Dónde está tu hijo en esta foto?

a. ☐ La morena de pelo corto.
b. ☐ Sí, Rocío es la de la derecha y Patri, la de la izquierda.
c. ☐ No, mi hermano no lleva. Ese es mi primo Raúl.
d. ☐ El del traje azul.
e. ☐ Mira, aquí, es el del fondo con la gorra negra. Es que no se le ve bien la cara.
f. ☐ Sí, estamos celebrando su aniversario de boda.
g. ☐ Los de la derecha.
h. ☐ No, esa es mi cuñada.

4 🔊 74 Vuelve a escuchar los diálogos anteriores y clasifica las preguntas.

El hablante no sabe la respuesta o no está muy seguro	El hablante cree saber la respuesta pero quiere confirmarla

HABLAR DE ACCIONES TEMPORALES

Usamos el presente del verbo ***estar*** + **gerundio** para:

- Hablar de situaciones que ocurren en el presente durante un tiempo, pero no son habituales:

Ahora estoy viviendo en Londres.

- Hablar de acciones que ocurren en el momento en el que hablamos:

Lo siento, no puedo hablar ahora porque estoy estudiando, mañana tengo un examen.

Estar + gerundio

yo	estoy	
tú	estás	
él / ella / usted	está	trabaj**ando**
nosotros/as	estamos	+ com**iendo**
vosotros/as	estáis	viv**iendo**
ellos / ellas / ustedes	están	

Gerundios irregulares

leer → le**y**endo   pedir → p**i**diendo
oír → o**y**endo   dormir → d**u**rmiendo
decir → d**i**ciendo   morir → m**u**riendo

- *¿Dónde están los niños?*
- *Todavía están durmiendo.*

GRAMÁTICA Y COMUNICACIÓN

Los verbos con pronombre *(acostarse, vestirse, besarse...)* tienen dos opciones:

***Me** estoy acostando tardísimo. / Estoy acostándo**me** tardísimo.*

ACTIVIDADES

5 Mira la lista anterior de gerundios irregulares y clasifícalos en relación a estas reglas.

1. La *-o-* de la raíz de los verbos terminados en *-ir* se transforma en *-u-*.
2. Cuando la *-i-* aparece entre dos vocales, se transforma en *-y-*.
3. La *-e-* de la raíz de los verbos terminados en *-ir* se transforma en *-i-*.

6 Escribe frases sobre lo que están haciendo algunas personas de esta imagen. Léelas y tus compañeros tienen que adivinar quién es.

- *Está haciendo fotos.*
- *¿Es este?*
- *Sí.*

7 De pie, busca por la clase a una persona que últimamente está haciendo alguna de estas cosas y escribe su nombre.

		Nombre
1	Está viendo una serie de misterio.	
2	Está leyendo un libro un poco aburrido.	
3	Está aprendiendo algo nuevo.	
4	Está conociendo mucha gente.	
5	Está viviendo con amigos.	
6	Está durmiendo muy poco.	

- *Oye Daniela, ¿estás viendo una serie de misterio ahora?*
- *Pues no, lo siento.*
- *¿Y tú, Paola?*
- *Yo sí, estoy viendo...*

PROPONER Y SUGERIR UN PLAN

¿Te apetece venir con nosotros?

Para proponer un plan utilizamos diferentes fórmulas:

- **¿Quieres / Te apetece + infinitivo?:** *¿Quieres ir a tomar algo? / ¿Te apetece salir a cenar fuera?*
  - Cuando proponemos el plan a más de una persona: *¿Queréis tomar algo? / ¿Os apetece salir a cenar fuera? ¿Quieren tomar algo? / ¿Les apetece salir a cenar fuera?*

- **¿Por qué no / Qué tal si + verbo conjugado?:** *¿Por qué no salimos a cenar fuera? / ¿Qué tal si vamos al cine esta noche?*

- Podemos preguntar directamente con el verbo en 2.ª persona de singular o 1.ª de plural:

  ¿Vienes a la playa? / ¿Comemos mañana?

  - En la mayor parte de España se usan estos verbos en la forma *tú / vosotros* en un registro informal y las formas *usted / ustedes* en un registro formal:

  ¿Os apetece salir a cenar? / ¿Quiere reservar la mesa de siempre, Sra. Díaz?

  Pero depende de la edad de la persona, de su relación, de la región, etc. Por eso, lo mejor es observar el comportamiento de la gente del país.

- Utilizamos el verbo **quedar** para concretar el día, la hora y el lugar:
  - *¿A qué hora quedamos?*
  - *A las cinco.*

ACEPTAR UNA INVITACIÓN O PROPUESTA

Para aceptar sin reservas

- *(Sí) vale*
- *Vale, de acuerdo / muy bien*
- *(Sí) genial / estupendo / perfecto* (más énfasis)

Para aceptar con reservas

- *Sí, pero...:* *Sí, pero más tarde.*
- *Bueno, vale, pero...:* *Bueno, vale, pero volvemos pronto.*
- *No sé, bueno, vale, pero...:* *No sé, bueno, vale, pero vamos por la mañana.*

Para concretar una cita o un plan

- *Entonces,... / Entonces quedamos...:* *Entonces nos vemos el sábado. / Entonces quedamos a las nueve en tu casa.*

GRAMÁTICA Y COMUNICACIÓN

Rechazar una invitación o propuesta

Cuando rechazamos una propuesta o invitación, es común dar una explicación o excusa e intentar dar otra alternativa. Además, con la entonación suavizamos el rechazo:

- **(Ay), lo siento / no puedo, es que...:** *Ay, lo siento, es que tengo que trabajar. / Ay, no puedo, ya he quedado, nos vemos otro día, ¿vale?*

ACTIVIDADES

8 🔊 75 Ordena el siguiente diálogo entre dos amigos. Luego, escucha y comprueba.

- ☐ **a** La última de *Star Wars*.
- ☐ **b** Hola, Carolina, ¿salimos esta noche a tomar algo?
- ☐ **c** Sí, muy bien. Entonces, paso por tu casa a las 9.
- ☐ **d** Sí, buena idea, pero... ¿qué película ponen?
- ☐ **e** Perfecto, hasta mañana.
- ☐ **f** Lo siento, es que tengo que estudiar, tengo un examen. Podemos quedar mañana por la tarde.
- ☐ **g** Bueno, ya la he visto pero me encanta. ¿A qué hora quedamos?
- ☐ **h** Vale, mañana hay cine de verano, ¿vamos?
- ☐ **i** La película empieza a las 10, podemos quedar a las 9 y tomar algo antes.

9 Completa los siguientes diálogos con la preposición necesaria: ***a, de, con, en, por, Ø.***

DIÁLOGO 1
- ● Oye, Sara, voy a ir de compras mañana (1) _____ Alba, ¿quieres venir?
- ■ Sí, vale, ¿(2) _____ la mañana?
- ● Sí, porque no trabajo.
- ■ Muy bien, ¿y (3) _____ qué hora quedamos?
- ● (4) _____ las 11. Vamos a quedar (5) _____ mi casa. Alba lleva el coche.
- ■ Genial. Pues hasta mañana.

DIÁLOGO 2
- ● Hola, Roberto, entonces, ¿vamos a ver la exposición de fotografía?
- ■ Ah, buena idea, ¿qué día prefieres?
- ● Podemos quedar (6) _____ el jueves (7) _____ la tarde.
- ■ Vale, ¿(8) _____ las seis?
- ● Sí, está bien. Y, ¿dónde quedamos?, ¿(9) _____ el metro?
- ■ No, quedamos allí directamente, (10) _____ la puerta.
- ● Muy bien. Oye, podemos quedar (11) _____ Clara también, ¿te parece bien?
- ■ Sí, perfecto.

UNIDAD 13
PRONUNCIACIÓN Y ORTOGRAFÍA
El acento gráfico o la tilde (´)

La tilde en una palabra puede cambiar el significado de la misma:

*Yo **salvo** vidas.*   *El perro **salvó** al montañero.*

La sílaba fuerte es la que se pronuncia con más duración y más intensidad en una palabra. En español, en general, la fuerza va en la penúltima sílaba si la palabra acaba en *vocal, -n* o *-s* (la mayoría son palabras llanas), y en la última sílaba si la palabra acaba en cualquier otra consonante (palabras agudas). En muchas palabras, cuando la regla general no permite predecir la posición de la sílaba fuerte, es necesario indicarlo con una tilde, para saber dónde va la fuerza: *lápiz, canción.* Todas las esdrújulas son excepción a la regla general y, por eso, siempre llevan tilde.

Tipo de palabras según la posición de la sílaba fuerte

Antepenúltima sílaba	Penúltima sílaba	Última sílaba
esdrújulas	llanas	agudas
mú-si-ca	*ca-sa*	*ha-blar*
te-lé-fo-no	*co-mes*	*ha-bló*
má-gi-co	*ú-til*	*re-loj*

¿Cuándo llevan tilde (´)?:		
Siempre con tilde	Con tilde cuando no terminan en *-n, -s* o vocal	Con tilde cuando terminan en *-n, -s* o vocal
hé-ro-e	*di-fí-cil*	*sa-lón*
	cés-ped	*de-trás*
	ca-rác-ter	*ha-bló*

- En los diptongos formados por una vocal abierta fuerte **(a, e, o)** y una cerrada **(i, u)** la tilde (´) se pone siempre sobre la vocal abierta: *después, tenéis, andáis...*

- En los diptongos formados por vocales cerradas, la tilde se pone sobre la segunda vocal: *construís.*

En español las palabras de una sílaba (monosílabos) no llevan tilde *(fue, sol, pon, pie)*, excepto cuando hay dos palabras que se escriben igual, pero tienen un significado distinto: *Para **mí**, **mi** héroe es...*

GRAMÁTICA Y COMUNICACIÓN

ACTIVIDADES

1 🔊 76 Escucha estas palabras y subraya la sílaba fuerte. Después, pon una tilde si es necesario. Corrígelo con tu compañero.

- mañana
- estuvo
- sofa
- dije
- cafe
- salio
- cancion
- pudo
- telefono
- comi
- Fernandez
- arbol
- vio
- medico
- contesto
- pajaro

2 Cada persona de la clase dice una palabra. Los otros deben ponerse de pie si tiene tilde; si no, se quedan sentados.

PRETÉRITO INDEFINIDO

*Mi hijo **nació** en 2010.*

Usamos el pretérito indefinido para hablar de acciones completas y terminadas en el pasado. Por ello es un tiempo muy usado para hablar de biografías, ya que nos interesa contar las diferentes fases de la vida de una persona *(Nací en 1987)*, o de sucesos *(El chico corrió y lo salvó)*. Habitualmente lleva un marcador de tiempo: *ayer, el año pasado, en 1987, hace cinco años (cinco años pasados), en Navidad*, etcétera.

Verbos regulares

Hay que añadir a la raíz las siguientes terminaciones:

	trabajar	comer	vivir
yo	trabaj**é**	com**í**	viv**í**
tú	trabaj**aste**	com**iste**	viv**iste**
él / ella / usted	trabaj**ó**	com**ió**	viv**ió**
nosotros/as	trabaj**amos**	com**imos**	viv**imos**
vosotros/as	trabaj**asteis**	com**isteis**	viv**isteis**
ellos/as / ustedes	trabaj**aron**	com**ieron**	viv**ieron**

Verbos con raíz irregular

Los verbos que tienen raíz irregular en pretérito indefinido comparten una terminación y acentuación diferente, por eso no llevan tilde:

tener: **tuv-**
estar: **estuv-**
hacer*: **hic-** / **hiz-**
venir: **vin-**
poder: **pud-**   +
poner: **pus-**
querer: **quis-**
saber: **sup-**
decir**: **dij-**

- -e
- -iste
- -o
- -imos
- -isteis
- -ieron

*La tercera persona singular del verbo *hacer* se escribe *hizo* para mantener la pronunciación.

Los verbos con raíz terminada en *j* pierden la *i* en 3.ª persona de plural: *(ellos) dijeron** dijieron / (ellas) condujeron condujieron*.

Verbos con cambios vocálicos

Algunos verbos terminados en *-ir* como *seguir, pedir, sentir, morir, dormir* cambian la vocal en 3.ª persona de singular y plural:

	e > i	o > u
yo	ped**í**	dorm**í**
tú	ped**iste**	dorm**iste**
él / ella / usted	p**i**d**ió**	d**u**rm**ió**
nosotros/as	ped**imos**	dorm**imos**
vosotros/as	ped**isteis**	dorm**isteis**
ellos / ellas / ustedes	p**i**d**ieron**	d**u**rm**ieron**

Ir / Ser

yo	fu**i**
tú	fu**iste**
él / ella / usted	fu**e**
nosotros/as	fu**imos**
vosotros/as	fu**isteis**
ellos / ellas / ustedes	fu**eron**

Tienen la misma forma en pretérito indefinido, pero es muy fácil saber por el contexto cuál es:

Fue a Hong Kong y me dijo que **fue** un viaje increíble.

Otros verbos irregulares

■ En los verbos con raíz terminada en vocal *(leer, creer, caer, construir...)* la **i** pasa a **y** en las terceras personas de singular y plural: *leyó / leyeron (leer), oyó / oyeron (oír)*:

- ¿Leíste el libro que te dejé?
- Todavía no, pero lo leyó mi hermano y le gustó mucho.

GRAMÁTICA Y COMUNICACIÓN

	dar
yo	di
tú	diste
él / ella / usted	dio
nosotros/as	dimos
vosotros/as	disteis
ellos / ellas / ustedes	dieron

■ Los verbos en **-ducir** (*conducir, traducir, producir...*), cambian a **-duj-** en indefinido:

	traducir
yo	traduje
tú	tradujiste
él / ella / usted	tradujo
nosotros/as	tradujimos
vosotros/as	tradujisteis
ellos / ellas / ustedes	tradujeron

ACTIVIDADES

3 Completa con palabras relacionadas con biografías que combinan con estos verbos.

Nací	en 1992
Empecé	a estudiar
Trabajé	como profesora
Aprendí	a conducir
Conocí	a mi marido
Tuve	un hijo
Viajé	a París
Cambié	de trabajo
Fui	de vacaciones a Senegal

4a 🔊 77 Vas a escuchar una entrevista a una de las personas de la actividad **1b** de la página 106. ¿Quién es? Ordena las preguntas.

☐ a ¿Cómo empezaste en el mundo del surf?
☐ b ¿Y la idea de crear un blog de dónde sale?
☐ c ¿Dónde naciste?

4b 🔊 77 Escucha de nuevo la entrevista y contesta a las preguntas anteriores.

5 Lee este suceso y completa los espacios en blanco con los siguientes verbos en la forma adecuada del pretérito indefinido.

> salir llamar buscar recibir llegar encontrar

Un perro cuida toda la noche de un niño perdido en Canarias

El domingo por la tarde la policía canaria (1) _____ una llamada de unos padres preocupados por la desaparición de su hijo de 6 años. El niño (2) _____ de casa para ir a jugar con un amigo pero nunca (3) _____ a la casa del vecino. Los padres (4) _____ a amigos y familiares y, finalmente, a la policía. Durante toda la noche, policía y vecinos lo (5) _____ por todo el pueblo. A las 7 de la mañana un vecino (6) _____ al niño dormido, al lado de un perro sin dueño que estuvo toda la noche cuidando al chico. Los padres, felices, han decidido adoptar al animal.

6 La forma de la 1.ª persona del plural de los verbos en -AR y en -IR coincide en el presente y en el pretérito indefinido. Fíjate en los verbos en negrita de las siguientes frases y comenta con tu compañero qué tiempo es en cada caso.

1 a Sí, **hablamos** con él y no dijo nada.
  b Normalmente **hablamos** mucho con él, pero no escucha.

2 a **Escribimos** a Marta todas las semanas, pero no contesta.
  b No, no le **escribimos** la semana pasada.

3 a **Vivimos** muchos años en Chile, nos encanta ese país.
  b ¿Has visto las noticias? **Vivimos** en un mundo difícil.

7 En círculo, uno lanza una pelota y dice un verbo en infinitivo. El compañero que recibe la pelota debe decir el verbo en indefinido en 3.ª persona.

doscientos once

GRAMÁTICA Y COMUNICACIÓN

CONTRASTE PRETÉRITO INDEFINIDO Y PRETÉRITO PERFECTO

■ Ambos tiempos verbales hablan de acciones terminadas, pero con una perspectiva diferente. Podemos decir:

1 **He ganado** un Óscar por *Vicky Cristina Barcelona*.

X ──────▶ AHORA

2 **Gané** un Óscar en 2008 por *Vicky Cristina Barcelona*.

2008 ──X────── AHORA

■ Con el pretérito indefinido (imagen 2) hablamos de una acción pasada que no relacionamos con el momento presente. Por el contrario, elegimos usar el pretérito perfecto (imagen 1) cuando la experiencia pasada la conectamos con el momento actual.

■ En la mayor parte del mundo hispano se usa más el pretérito indefinido.

■ A veces podemos usar el pretérito indefinido o el pretérito perfecto para responder a una misma pregunta, pero hay una diferencia de perspectiva.

Imagina una entrevista a un nadador olímpico:

• *¿En cuántas Olimpiadas has estado?*
■ *He competido en Atenas, Pekín, Londres y Río, así que en cuatro.*

Aquí pone la atención en los lugares en los que ha competido hasta ahora, pero no le interesa mencionar en qué momento:

• *¿En cuántas Olimpiadas has estado?*
■ *En cuatro, estuve en Atenas en 2004, en las de Pekín en 2008, también en Londres en 2012 y las últimas en Río en 2016.*

En este segundo caso, no relaciona la información con el momento actual, le interesa marcar el momento en que pasó.

ACTIVIDADES

8 Escribe frases relacionadas con tu vida. Elige el verbo apropiado en función de la respuesta. Coméntalo con tu compañero.

1 Perder algo.
   Nunca he perdido nada, la verdad. / El año pasado perdí las llaves del coche.

2 Ir a un lugar exótico.

3 Olvidarse la cartera.

4 Ir a una competición deportiva.

5 Aprender a hacer algo con tutoriales de YouTube.

9 Relaciona el comienzo de las frases con el final.

1 Sabe mucho sobre esa época de la historia…
2 Por suerte supo la respuesta en el examen…

a por eliminación.
b porque ha hecho un doctorado sobre el tema.

3 Esa es mi canción favorita porque la escuché…
4 Esa canción me gusta un poco, pero me la sé porque la he escuchado…

a el día que conocí a mi pareja.
b mil veces en los bares.

5 ¿El marxismo? No lo entiendo, …
6 El marxismo, ¿qué es?, …

a leí algo hace años, pero no me acuerdo.
b he leído varios libros, pero es muy complejo.

UNIDAD 14
CUANTIFICADORES

Toma demasiada agua.   *Toma mucha agua.*   *Toma bastante agua.*

Toma poca agua.   *No toma nada de agua.*

GRAMÁTICA Y COMUNICACIÓN

- Los cuantificadores son: *demasiado, mucho, bastante, poco*. Van delante del nombre e indican una cantidad aproximada o funcionan como pronombres (no aparece el nombre).

  - **Demasiado/a/os/as, mucho/a/os/as** y **poco/a/os/as** concuerdan en género y número con el sustantivo:

    Tomo demasiadas grasas. / Como poca verdura.

  - **Bastante/s** solo concuerda en número:

    No bebo bastante agua / Como bastantes verduras.

  - **No... nada de** no cambia, solo se utiliza con sustantivos incontables:

    No tomo nada de alcohol. / No como nada de carne. / No como ~~nada de~~ bocadillos.

- Cuando sabemos de qué estamos hablando, podemos omitir el sustantivo. Con **no... nada de** se omite la **de**:
  - *¿Te gusta el pescado azul?*
  - *Sí, como bastante ~~(pescado azul)~~, ¿y tú?*
  - *Pues yo no como nada ~~(de pescado azul)~~.*

- **Un poco de** y **poco** expresan una pequeña cantidad, pero **poco** pone el énfasis en que no es suficiente:

ACTIVIDADES

1 Relaciona elementos de cada columna para formar frases con sentido.

1 Los niños toman poca fruta, ...	a y un bocadillo para merendar.
2 Los niños toman un poco de fruta...	b tienen que comer más.
3 Bebo poca agua, ...	a tengo que beber más.
4 Bebo un poco de agua...	b para poder tomarme la pastilla.
5 Hay un poco de café...	a voy a salir a comprar más.
6 Hay poco café, ...	b si te apetece tomarlo.

2 ¿Con qué frases te identificas? Cambia las que sean diferentes para hablar de tus hábitos.

  1 Como demasiados dulces. *Yo como pocos.*
  2 Tomo el café con un poco de azúcar. _____
  3 No como carne. _____
  4 No consumo mucho pescado azul. _____
  5 Como poca verdura. _____
  6 No bebo bastante agua al día. _____
  7 No tomo nada de fruta. _____
  8 Bebo muchos refrescos. _____

3 Convierte en preguntas las siguientes frases. Después, habla con tus compañeros y escribe para cada frase el nombre de un compañero que contesta "sí". Gana la persona que termina antes.

                                                  Nombre
  1 Tomar yogur para desayunar.   Ali
    ¿Tomas yogur para desayunar?
  2 Comer demasiados helados.   _____
  3 No tomar nada de sal.   _____
  4 Soler comer arroz todos los días.   _____
  5 Comer mucha pasta.   _____
  6 Desayunar cereales.   _____
  7 Tomar cinco piezas de fruta al día.   _____
  8 Soler tomar más pescado que carne.   _____

  - *¿Tomas yogur para desayunar?*
  - *No, ¿y tú?*
  - *Yo sí.*
  - *Te llamas Ali, ¿verdad?*
  - *Sí.*

EXPRESAR HÁBITOS

Para hablar de hábitos podemos usar:

- **normalmente:** se puede poner delante o detrás del verbo y también al final de la frase:

  Normalmente desayuno en casa. / Desayuno normalmente en casa. / Desayuno en casa normalmente.

- verbo **soler** + infinitivo:

  Suelo *tomar fruta todos los días. / En mi casa* **solemos** *cenar ligero.*

yo	suelo
tú	sueles
él / ella / usted	suele
nosotros/as	solemos
vosotros/as	soléis
ellos / ellas / ustedes	suelen

El verbo **soler** se puede utilizar en forma impersonal *(se suele)* cuando no queremos especificar el sujeto:

En mi país se suele comer mucho pescado.

GRAMÁTICA Y COMUNICACIÓN

ACTIVIDADES

4 Completa estos diálogos con **normalmente** o el verbo **soler**.

DIÁLOGO 1

- ¿Qué **(1)** _____ desayunar en vuestro país?
- Pues depende, nosotros **(2)** _____ desayunamos café con leche, zumo de naranja y tostadas con tomate y aceite de oliva, que es un desayuno muy típico de nuestra región.
- Sí, pero muchos domingos **(3)** _____ salir fuera a desayunar y tomamos chocolate con churros.

DIÁLOGO 2

- ¿Cómo **(4)** _____ ser las cenas en tu país?
- Pues **(5)** _____ son muy ligeras, porque la comida más importante es a mediodía. Yo **(6)** _____ tomar una ensalada o una sopa.

5 Responde a las preguntas de los diálogos anteriores con tu propia información.

IMPERATIVO AFIRMATIVO

- Esta forma verbal es muy frecuente en español y tiene diversos usos:

- dar instrucciones: **Corte** los tomates.

- dar consejos:
  - Mi coche consume demasiada gasolina.
  - **Véndelo**.

- dar órdenes: **Haz** los deberes antes de salir.

- dar permiso:
  - ¿Puedo usar tu móvil?
  - Claro, **cógelo**.

- invitar: **Ven** a mi cumpleaños, va a venir mucha gente.

- pedir: **Ve** a recogerme al aeropuerto, por favor, que tengo muchas ganas de verte.

- Tiene solo cuatro formas: *tú*, *usted*, *vosotros/as* y *ustedes*. La forma de *tú* normalmente es igual a la 3.ª persona del presente de singular:

El carnicero corta los filetes finos. → **Corta** *los filetes finos y fríelos.*

- El pronombre va detrás del imperativo afirmativo. En ocasiones, es necesario escribir tilde si se forma una palabra esdrújula:

Por favor, pela las patatas y **échalas** *al aceite caliente.* (echa-échalas)

Imperativos regulares

Las formas de *tú* y *usted* terminadas en *-ar* son las contrarias en *-er / -ir*:

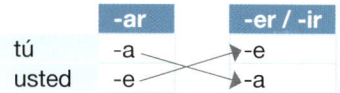

	-ar	-er / -ir
tú	-a	-e
usted	-e	-a

Imperativos irregulares

	hacer	tener	salir	poner
tú	haz	ten	sal	pon
usted	haga	tenga	salga	ponga

	venir	decir	ser	ir
tú	ven	di	sé	ve
usted	venga	diga	sea	vaya

ACTIVIDADES

6 Escribe debajo de cada foto el verbo correcto.

> cocer   colar   calentar   freír

1 _____   2 _____

3 _____   4 _____

7 Los verbos del ejercicio anterior son irregulares de cambio vocálico en la raíz. Completa la tabla.

	calentar (e>ie)	colar (o>ue)	cocer (o>ue)	freír (e>i)
tú	cal__nta	**cue**la	c__ce	fr__e
usted	cali**e**nte	c__le	c__za	fr**í**a

8 Ahora da instrucciones para cocinar unos espaguetis con albóndigas. Compara tu receta con la de tu compañero, ¿son diferentes?, ¿por qué?

GRAMÁTICA Y COMUNICACIÓN

HACER VALORACIONES

- Para valorar una acción usamos los verbos **gustar**, **encantar** y **parecer** en pasado. Estos verbos son especiales porque lo que provoca la emoción concuerda con el verbo, no con la persona que hace la valoración.

Me encantaron *las tortitas*

- Si lo que provoca la emoción es singular o un infinitivo, el verbo va en singular.

Nos encantó *la ubicación / comer allí*

- También va en singular si en el sujeto hay dos infinitivos o un infinitivo y un sustantivo singular:

  Me gustó comer y ver un espectáculo a la vez.
  Me gustó comer y el ambiente del teatro.

- Recuerda que el verbo *gustar* suele llevar cuantificadores:

  Nos gustó mucho el servicio del restaurante, los camareros muy profesionales.
  A mi marido le gustó bastante la comida.
  A mí me gustó poco la decoración, muy anticuada.
  No me gustó nada el ambiente del local.

  Sin embargo, el verbo *encantar* no puede llevarlos porque es grado máximo: *Me encantó ~~mucho~~.*

- El verbo *parecer* necesita un adjetivo o adverbio detrás para hacer valoraciones:

  Me pareció original la decoración.
  Nos pareció bien el precio.

  Además, en este tipo de construcciones el sujeto puede ir detrás o delante del verbo:

  Nos encantó el ambiente.
  El ambiente nos encantó.

ACTIVIDADES

9 Selecciona elementos de estas columnas para formar frases.

A mí		me	gustó	mucho	música
A ti		te	encantó	genial	precio
A mi pareja	(no)	le	pareció	bastante	el / camareros
A todos en clase		nos	gustaron	horribles	la / correr
A mis compañeros de clase		os	encantaron	nada	los / ambiente
		les	parecieron	muy bien	las / cocinar
				original	Ø / sorpresas
				Ø	...

10 Piensa en tus experiencias gastronómicas y escribe el final de estas frases.

1 Me encantaron _____.
2 Me gustó bastante _____.
3 Me parecieron _____.
4 No me gustaron mucho _____.
5 No me gustó nada _____.
6 Me pareció _____.

11 Ordena las siguientes frases para formar un diálogo. La primera está bien.

- [1] a Ayer fui a comer a un restaurante persa.
- [ ] b Entonces, vamos otro día juntas, ¿eh?
- [ ] c Muy interesante, me encantó la mezcla de ingredientes.
- [ ] d ¿Y es caro?
- [ ] e Bueno, eso es lo que menos me gustó, no es muy céntrico, pero seguro que vuelvo.
- [ ] f Tienes que decirme dónde está.
- [ ] g ¿Qué te pareció la comida?
- [ ] h No es barato, pero los productos son de muy buena calidad y el servicio excelente.

UNIDAD 15
PRONOMBRES DE OBJETO INDIRECTO

- El objeto indirecto (OI) se refiere a la persona destinataria indirectamente de la acción del verbo. Siempre lleva una **"a"** delante:

A su hija le ha dado un regalo.

A sus hijos les ha hecho una fiesta.

También puede ser una cosa o un animal, siempre lleva **a** delante:

Le echo sal a la comida / Le doy de comer al perro.

- Los pronombres de OI son:

Sujeto	Pronombre de OI
1.ª persona singular (yo)	**Me** — Mi padre **me** ha comprado un coche de segunda mano.
2.ª persona singular (tú)	**Te** — ¿Quién **te** ha regalado este reloj?
3.ª persona singular (él / ella / usted)	**Le** — No sé qué **le** voy a regalar a mi marido por su cumpleaños.
1.ª persona plural (nosotros/as)	**Nos** — Mis padres **nos** han regalado un sofá para el piso nuevo.
2.ª persona plural (vosotros/as)	**Os** — Mañana **os** doy los deberes corregidos.
3.ª persona plural (ellos / ellas / ustedes)	**Les** — A mis hijos ya **les** he comprado los libros del colegio.

- Los pronombres de OI se usan para no repetir el objeto indirecto cuando ya se conoce por el contexto:
  - *¿Es el cumpleaños de tu marido, ¿no?*
  - *Sí, **le** he comprado un móvil nuevo.*

- Siempre se usan cuando el objeto indirecto va delante del verbo:

  *A mis padres **les** regalé un día de spa por su aniversario.*

- Es frecuente usarlos también cuando el objeto indirecto va detrás del verbo:

  Le he dejado el coche **a mi hermano**. / He dejado el coche **a mi hermano**.

- Siempre van delante del verbo excepto con infinitivo, imperativo afirmativo o gerundio. En estos casos se coloca detrás del verbo formando una sola palabra:

  *No sé, qué regalar**le** a Patricia.*

  *Cómpra**te** unos zapatos nuevos para la boda.*

  *Estoy comprándo**le** un perfume a María.*

- Con las perífrasis verbales podemos ponerlos delante o detrás:

  *Estoy preparándo**le** una fiesta sorpresa a mi mujer / **Le** estoy preparando una fiesta sorpresa a mi mujer.*

  *¿Vas a regalar**me** algo? / ¿**Me** vas a regalar algo?*

- Con los verbos *gustar, interesar, encantar* y verbos similares la persona o ser vivo que recibe la emoción es un OI. Por eso, necesita una **a** delante del nombre de la persona o cosa que recibe la acción indirectamente del verbo:

A mi novio le encantan los regalos.

A mis sobrinos les encantan los regalos.

ACTIVIDADES

1 Relaciona elementos para formar frases.

1. A mis hijos...
2. A mi mujer...
3. A mi abuelo...
4. A mi gato...
5. Es el día de la madre, ¿ya sabes qué...
6. A la tarta...
7. ¿A vosotros...
8. Si te gusta esta chaqueta,...

a. ☐ no sé qué le voy a regalar, el hombre tiene de todo.
b. ☐ le he comprado unos pendientes por su cumpleaños.
c. ☐ os han dado la invitación de boda?
d. ☐ le vas a regalar?
e. ☐ no le he echado azúcar.
f. ☐ le he comprado una correa nueva.
g. ☐ les he regalado un bono para el parque de atracciones.
h. ☐ te la doy.

GRAMÁTICA Y COMUNICACIÓN

2 Hoy es el cumpleaños de Manuela y ha recibido algunos regalos. Fíjate en las imágenes para saber quién y qué le han regalado y completa las frases.

1. Su hermana *le ha hecho una tarta*.
2. Su hija _____.
3. Su marido _____.
4. Su hijo _____.
5. Sus nietos _____.

3 Piensa en los últimos regalos que te han hecho y escribe las frases para decir quién y qué te regalaron. Luego, coméntalo con tu compañero.

• *Mi novio el año pasado por mi cumpleaños me regaló unas zapatillas para correr.*
■ *Y tú, ¿qué le regalaste?*

4 Completa con el objeto indirecto *(me, te, le, nos, os, les)* en el lugar necesario. En algunos casos puede haber dos posibilidades.

1. A mis padres he regalado un fin de semana en un spa por su aniversario.
2. A mi hermano voy a dar mi raqueta de tenis.
3. ¿A tu novia qué vas a regalar por su cumpleaños?
4. Al profesor tengo que pedir un libro.
5. ¿Y a ti?, ¿no han dado una cita en el dentista todavía?
6. A mis sobrinos regalé una Play Station el año pasado.
7. A Juan y a ti voy a comprar un juguete por ser buenos.
8. A mi abuelo no sé qué puedo regalar.
9. El año pasado, por mi cumpleaños, mis padres regalaron una bicicleta.
10. Ayer a Julián y a mí dieron un premio por nuestro trabajo.

HACER COMPARACIONES

*No sé cuál elegir, me gusta **tanto** el helado de fresa **como** el de vainilla.*

■ Podemos comparar personas, cosas o animales.
■ Para mostrar igualdad podemos usar:

- Verbo + **tan** + [adjetivo / adverbio] + **como**...

  *Esta taza es **tan** original **como** el reloj.*

- Verbo + **tanto/a/os/as** + sustantivo + **como**...:

  *La página web tiene **tanta** variedad **como** la tienda.*

- Verbo + **tanto como**...:

  *El reloj me gusta **tanto como** el bolso.*

GRAMÁTICA Y COMUNICACIÓN

- Para mostrar una diferencia podemos usar:

$$\text{Verbo} + \begin{bmatrix} \textbf{más} \\ \textbf{menos} \end{bmatrix} + \begin{bmatrix} \text{adjetivo} \\ \text{adverbio} \\ \text{sustantivo} \\ \varnothing \end{bmatrix} + \textbf{\textit{que}}...$$

*El cojín es **más** práctico **que** el reloj.*

*Este año he gastado **menos** dinero **que** el año pasado.*

*Esta página web me gusta **más que** la otra.*

- Podemos utilizar cuantificadores como **mucho / bastante / un poco** delante de *más* y *menos*:

*Es **mucho más** práctica la impresora **que** la máquina de helados.*

*La taza me parece **bastante más** original **que** la bolsa.*

- Con *bueno* y *malo* se utiliza **mejor** y **peor**:

*Este regalo es **mejor** (más bueno).*

*Esta página web es **peor** que la otra (más mala).*

- No es necesario mencionar el segundo término de la comparación cuando se sabe por el contexto:
  - *La bolsa es muy práctica.*
  - *Sí, pero el reloj me gusta más (que la bolsa).*

- También, para mostrar una diferencia o para suavizar una comparación, es frecuente utilizar: **no... tan / no tanto/a/os/as... como**:

*Esta impresora **no** es **tan** moderna **como** la mía.* = Es menos moderna.

No me gusta tanto. = Me gusta menos.

ACTIVIDADES

5 Escribe el mayor número posible de comparaciones entre estas zapatillas de una página web de ropa deportiva.

Las rojas son más originales que las negras.

6. Observa estos regalos, ¿cuál te parece el más práctico?, ¿y el más original?; ¿cuál te gusta más para ti? Coméntalo con tu compañero.

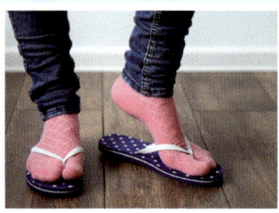
Calcetines para chanclas

Termo de café

Llavero con linterna portátil

A mí me parecen más originales los calcetines, pero no son tan prácticos como...

FÓRMULAS PARA PEDIR EN LAS TIENDAS

En este tipo de diálogos tanto dependientes como clientes usan unas expresiones habituales para mostrar cortesía. Normalmente se usa la forma *usted*.

Dependientes

- Al entrar a una tienda el dependiente ofrece su ayuda diciendo:

*¿Qué desea? / ¿Qué dese**an**?*

- Dependiendo de si es un cliente o más, se puede usar **lo, la, los, las** en función del número de clientes y de si son hombres o mujeres:

*¿En qué puedo ayudar**lo**? / ¿En qué puedo ayudar**las**?*

- **¿Qué talla tiene?** se usa para preguntar por el tamaño de la prenda (S, M, L, XL...), pero en una zapatería se usa **¿Qué número tiene?**

- **¿Qué tal le queda(n)?** es la pregunta que se puede hacer para saber si la prenda nos está bien (en singular o plural, dependiendo de la prenda, no de los clientes):

¿Qué tal le quedan? (las gafas)   *¿Qué tal le queda?* (el vestido)

GRAMÁTICA Y COMUNICACIÓN

Clientes

- Para pedir, decimos *Quería... / Me gustaría ver...*:
  - *Buenos días, ¿qué desea?*
  - *Quería una chaqueta como esta, pero en la talla mediana.*
- Cuando queremos ver otro modelo o necesitamos otra talla, decimos *¿Me puede traer...? / ¿Puede traerme...?*:
  - *Perdone, ¿puede traerme esta chaqueta en azul?*
- Si queremos comprar el producto, decimos: *Me lo llevo.* En este caso, el pronombre concuerda con el producto que queremos comprar:
  - *Me **las** llevo.* (unas gafas)
  - *Me **los** llevo.* (unos calcetines)
- Pero cuando no estamos decididos a comprar la prenda, decimos: *Me **lo** voy a pensar.* En esta fórmula el pronombre no cambia.

ACTIVIDADES

7 Piensa qué foto ilustra mejor las siguientes frases.

1. Me lo voy a pensar.

2. ¡Me encanta! Me la llevo.

3. ¿Qué tal le quedan?

 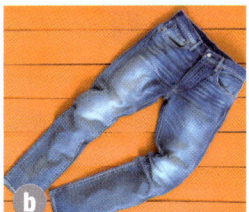

4. ¿En qué puedo ayudarlas?

8 Ordena las palabras de la conversación entre Neil y el dependiente. Recuerda poner mayúscula al principio de la oración.

- ¿ / en / puedo / ayudarlo / qué / ?
- una / camisa / quería
- ¿ / talla / tiene / qué / ?
- la / XXL
- tiene / aquí
- (...)
- ¿ / qué / queda / tal / le / ?
- poco / un / ancha, / ¿ / trae / me / esta / menos / en / una / camisa / talla / ?
- mismo / ahora

9 Piensa en los diferentes usos de los verbos *ayudar*, *llevar* y *pensar* en estas frases y comenta con tu compañero en qué situación usas cada una.

- ¿Te ayudo?
- ¿En qué puedo ayudarlo?
- ¡¡Ayuda!!

- Mi hermano lleva barba.
- Para llevar.
- Me lo llevo.

- Pienso en mi novia.
- Me lo voy a pensar.
- Pienso que sí.

- *Yo creo que usamos "¡¡Ayuda!!" en una situación peligrosa, ¿no?*
- *Sí, y "¿Te ayudo?" lo usamos cuando...*

HACER RECOMENDACIONES

- Para dar consejos y hacer recomendaciones podemos usar estas fórmulas:

  Debes / debéis...
  Es conveniente } + infinitivo

  Debéis llevar pantalones o faldas largas. / Es conveniente llevar bastante dinero.

GRAMÁTICA Y COMUNICACIÓN

- También podemos usar el **imperativo**:
  Prepara un botiquín básico de viaje.

- Y también el **imperativo + si + presente**:
  Metan de todo en la valija si van a visitarla. / Si vais a visitarla, meted de todo en la maleta.

Imperativo afirmativo plural

- La forma de *vosotros* se forma sustituyendo la **r** del infinitivo por una **d**: *llevar-lleva**d** / meter-mete**d** / escribir-escribi**d***.

- La forma de *ustedes* se forma añadiendo una **n** a la forma del imperativo de *usted* y mantiene los cambios vocálicos del presente de indicativo: *reservar-reserve**n** / meter-meta**n** / escribir-escriba**n***.

Imperativos irregulares

	hacer	poner	decir	tener
tú	haz	pon	di	ten
usted	haga	ponga	diga	tenga
vosotros/as*	haced	poned	decid	tened
ustedes	hagan	pongan	digan	tengan

	venir	salir	ir	ser
tú	ven	sal	ve	sé
usted	venga	salga	vaya	sea
vosotros/as*	venid	salid	id	sed
ustedes	vengan	salgan	vayan	sean

*Esta forma siempre es regular.

- Recuerda que cuando va acompañado de un pronombre, este va detrás. En estos casos el verbo mantiene su acento y a veces es necesario poner una tilde: *disfrútenlo* (disfruten el viaje).

- Si el pronombre viene detrás de la forma de *vosotros*, pierde la **d**.

*Llevad ropa de abrigo y **poneos** el gorro.* (Poned<s>os</s>)

ACTIVIDADES

10 Completa el texto con consejos para visitar otra de las ciudades de las fotos de la actividad **2a** de la página 126 y adivina cuál es.

> alquilar   visitar   ir   llevar
> probar   tener   tomar

¡Qué suerte si vais a viajar allí! Es una de las más bonitas del mundo. Lo primero que hicimos es subir a lo alto de la ciudad para disfrutar de sus vistas. Para ello es conveniente (1) _____ un teleférico. Si os gustan las compras, (2) _____ al barrio de Ipanema, nosotros estuvimos allí y hay tiendas muy interesantes. (3) _____ una bicicleta y (4) _____ siempre el bañador en la mochila para bañaros en alguna de sus preciosas playas. Y si sois amantes del arte, (5) _____ el museo de arte moderno de la ciudad, probablemente el mejor del país. Por último, (6) _____ sus deliciosas caipiriñas, pero ¡(7) _____ cuidado de no tomar muchas!

11a 🔊 78 Elige nueve verbos de la lista y completa el cartón del bingo con la forma de imperativo. Escucha los verbos del audio: si lo tienes, táchalo (por ejemplo, ~~correr~~). Gana el primero que tacha todos los verbos.

- Hablar (ustedes)
- Comer (vosotros)
- Alquilar (tú)
- Escuchar (ustedes)
- Escribir (usted)
- Salir (tú)
- Ir (tú)
- Ir (vosotros)
- Tener (usted)
- Decir (tú)
- Hacer (tú)
- Hacer (vosotros)
- Venir (ustedes)
- Tener (ustedes)
- Poner (usted)
- Ponerse (vosotros)
- Acostarse (usted)

11b Escribe recomendaciones que puedes dar con los verbos de tu cartón. Tu compañero tiene que adivinar en qué situación se puede decir.

- *Hablad más alto, por favor.*
  - *Lo dice nuestro profesor en clase.*
- *Sí, perfecto.*

GRAMÁTICA Y COMUNICACIÓN

UNIDAD 16
PRETÉRITO IMPERFECTO

Este tiempo tiene los mismos usos que el presente, pero en este caso nos situamos en un momento del pasado y describimos lo que pasa o lo que hacemos en ese momento. Es decir, es como el presente del pasado, hablamos sin poner un principio ni un final.

Presente	Pretérito imperfecto
a Hablar de acciones habituales	

Nieva mucho en mi pueblo.   *Nevaba mucho en mi pueblo cuando era pequeña.*

Voy en bici a clase.   *Cuando era pequeño, iba al colegio en bici.*

b Describir lugares, personas y cosas

Tengo el pelo castaño.   *De pequeña era muy rubia.*

Mi pueblo es bastante grande.   *En los años 60, mi pueblo era muy pequeño.*

doscientos veintiuno

GRAMÁTICA Y COMUNICACIÓN

Verbos regulares

	-AR	-ER	-IR
yo	jug**aba**	com**ía**	viv**ía**
tú	jug**abas**	com**ías**	viv**ías**
él / ella / usted	jug**aba**	com**ía**	viv**ía**
nosotros/as	jug**ábamos**	com**íamos**	viv**íamos**
vosotros/as	jug**abais**	com**íais**	viv**íais**
ellos/as / ustedes	jug**aban**	com**ían**	viv**ían**

- Todas las terminaciones de los verbos en **-er/-ir** llevan tilde (**-ía, -ías...**), pero en los verbos en **-ar** solo lleva tilde la forma de nosotros (**-ábamos**).
- La 1.ª y la 3.ª persona del singular tienen la misma forma.

Verbos irregulares

	ser	ir	ver*
yo	era	iba	veía
tú	eras	ibas	veías
él / ella / usted	era	iba	veía
nosotros/as	éramos	íbamos	veíamos
vosotros/as	erais	ibais	veías
ellos / ellas / ustedes	eran	iban	veían

*El verbo **ver** es irregular porque mantiene la **-e** de la raíz: *veía* (*vía*).

- Algunas expresiones que se usan frecuentemente para hablar de recuerdos son:
- ***De pequeño/a*** *mi serie favorita era* Pippi Calzaslargas.
- ***Cuando tenía diez años***, *me gustaba mucho el kárate*.
- ***En el colegio*** *estaba todo el día jugando con mis amigos*.
- ***A los quince años*** *escuchaba mucho rap*.
- ***En el instituto*** *yo era fan de Alaska*.
- ***Entonces*** *llevaba el pelo rosa*.
- ***En aquella época*** *iba siempre en bicicleta a clase*.

ACTIVIDADES

1 Mira las fotos de la derecha y fíjate en cómo ha cambiado Aitana en poco tiempo. Lee estas frases y, en tu cuaderno, completa las que aparecen debajo de cada foto con los verbos en el tiempo correcto.

- Comer en restaurantes caros.
- Deporte favorito: bailar.
- Llevar ropa de marca.
- Vivir sola en un apartamento de lujo.
- Pintar grafitis con sus amigos.
- Viajar en el coche de la empresa.
- Pasarse la noche de fiesta.
- Levantarse muy temprano.
- Hacer yoga.
- Compartir piso con cinco amigos.
- Ir en bicicleta a todos los lados.
- Comprar ropa de segunda mano.

Cuando tenía 20 años...   Ahora con 25 años...

2 Completa las fichas con palabras que relacionas con estos verbos.

ponerse	*una camiseta*
hacer	
jugar	
pelearse	
gustar	
aprobar	
estudiar	
recordar	
suspender	

3 Completa con tus recuerdos de la adolescencia.
1. De pequeño/a mi serie favorita era...
2. Cuando tenía diez años me gustaba mucho...
3. En el colegio estaba todo el día...
4. A los quince años escuchaba...
5. En aquella época llevaba...

4 Con las ideas de la actividad anterior haz preguntas a tus compañeros sobre su adolescencia.
- *Minji, cuando tenías 14 años, ¿te ponías siempre la misma camiseta?*
- *No, una camiseta no, pero sí una camisa vaquera que me encantaba, ¿y tú?*

GRAMÁTICA Y COMUNICACIÓN

TODAVÍA / YA NO

- Usamos **todavía** para expresar que algo se hacía en el pasado y que también se hace en el presente:
*Hoy en día **todavía** se usan teléfonos fijos.*

- Usamos **ya no** para expresar que algo que se hacía en el pasado, no se hace en el presente:
*Antes tenía Facebook, pero **ya no**.*

Pero si la primera frase es negativa, para expresar este cambio usamos **ahora sí**:
*Antes no usaba redes sociales, pero **ahora sí**.*

Pasado	Presente	Frase	
Me gustaba el chocolate.	Me gusta el chocolate.	Antes me gustaba el chocolate, **todavía** me gusta.	**Todavía** + verbo en presente
Llevaba barba.	No llevo barba.	Antes llevaba barba, **ya no**.	**Ya no**
No tenía coche.	Tengo coche.	Antes **no** tenía coche, **ahora sí**.	**No..., ahora sí**

- Con los verbos **ser, estar** y **parecer** es necesario poner el pronombre **lo** antes del verbo en presente:
*Esa ciudad era muy segura, todavía **lo** es.*
*Antes estaba muy fuerte, todavía **lo** está.*

ACTIVIDADES

5 Fíjate en las imágenes que corresponden al presente y completa esas frases con *todavía, ya no* o *ahora sí*.

1. Alfonso de pequeño comía mucha verdura, _____.
2. Pablo antes no iba al gimnasio, _____.
3. Isabel de pequeña escuchaba discos de vinilo y _____ los compra.

6 Observa estos objetos y escribe frases para expresar si todavía se usan o ya no. Luego, coméntalo con tu compañero, ¿tenéis la misma opinión?

- *Antes se escribían muchas cartas, pero hoy en día ya no.*
- *Bueno, yo todavía mando postales cuando voy de vacaciones.*

GRAMÁTICA Y COMUNICACIÓN

DEBATIR

Dar una opinión	- **(Yo) creo que (no)... / pienso que (no)...:** *Yo creo que ahora vivimos mejor; Pienso que no comemos mejor que antes.* - **Para mí...:** *Para mí la vida era más fácil antes que ahora.*
Pedir una opinión	- **¿Crees que...?:** *¿Crees que éramos más felices antes?* - **... ¿y para ti?:** *Para mí antes la vida era más dura, ¿y para ti?*
Preguntar si se está de acuerdo	- **¿Estás de acuerdo? / ¿Estás de acuerdo con...?:** *¿Estás de acuerdo conmigo?* - **..., ¿verdad? / ¿no?:** *Había menos contaminación, ¿verdad?*
Expresar acuerdo	- **Sí, es verdad. / Sí, estoy de acuerdo con... / Sí, para mí también / tampoco...:** *Sí, para mí también se vivía mejor antes.* - **Sí, yo también creo que (no)...:** *Sí, yo también creo que no había tanta contaminación como ahora.*
Expresar acuerdo parcial o matizar	- **Bueno sí, (es verdad / estoy de acuerdo), pero...:** *Bueno sí, pero ahora tenemos más oportunidades.* - **Depende, ¿no? / Depende de...:** *Bueno, depende de la persona.*
Expresar desacuerdo	- **(No), no es verdad:** • *Hoy en día la vida es más fácil.* • *No es verdad.* - **No estoy de acuerdo (con....):** • *Actualmente estás localizado todo el tiempo.* • *No estoy de acuerdo con eso.*
Dar un ejemplo	- **Por ejemplo...:** *Antiguamente había menos opciones, por ejemplo, solo había dos canales de televisión.*
Añadir una información nueva	- **Además, ...:** *Ahora tenemos más opciones, además con internet podemos estar más informados.*

ACTIVIDADES

7 Ordena la siguiente conversación.

- ☐ **a Laura:** ¿Qué opinas del uso de los aparatos dispositivos electrónicos a una edad temprana?
- ☐ **b Laura:** Bueno, sí, cuando son tan pequeños estoy de acuerdo con eso.
- ☐ **c Carlos:** Yo pienso que los niños no deberían usarlos.
- ☐ **d Carlos:** Sí, es verdad, pero para los niños menores de cuatro años es mejor el juego con otras personas y con las cosas de su entorno.
- ☐ **e Laura:** Pues yo no estoy de acuerdo contigo. Los niños pueden aprender muchobcon ellos. Además, hoy en día, son parte de nuestra vida.

8 Expresa si estás de acuerdo o no con las siguientes opiniones y explica por qué.

1. Actualmente es más fácil viajar que antes.
   Sí, estoy de acuerdo porque ahora los vuelos son más baratos.
2. Hoy en día comemos más sano que antes.
3. Actualmente tenemos más información que antes.
4. Ahora hay más estrés que antes.

PRONOMBRES DE OBJETO INDIRECTO E DIRECTO

- Los pronombres se usan para hacer el lenguaje más económico. Habitualmente se usan porque ya hemos dicho la palabra antes o porque se entiende por el contexto.

- Recuerda que el objeto directo (OD) es el que recibe la acción directa del verbo. Puede referirse a personas, animales o cosas:

*Me he hecho un tatuaje, por fin me **lo** he hecho.* (¿Qué he hecho? Un tatuaje)

*Mi tatuadora es increíble, **la** adoro.* (¿A quién adoro? A mi tatuadora)

- Los pronombres de objeto indirecto (OI) también pueden referirse a personas, animales o cosas. La diferencia es que reciben la acción indirectamente del verbo, son los destinatarios de la acción:

*Mi amiga me ha regalado un vale para hacerme un tatuaje y **le** he dado un abrazo.* (¿A quién le he dado un abrazo? A mi amiga)

***Le** he puesto colores vivos al tatuaje.* (¿A qué he puesto colores? Al tatuaje)

GRAMÁTICA Y COMUNICACIÓN

- Solo son diferentes en las terceras personas:

	OI	OD
yo	me	me
tú	te	te
él / ella / usted	le/se*	lo / la
nosotros/as	nos	nos
vosotros/as	os	os
ellos / ellas / ustedes	les/se*	los / las

* Cuando el objeto indirecto de 3.ª persona **le / les** va con el OD **lo / la / los / las**, el OI cambia a **se**:
  - ¿Hablaste con Aitana?
  - Sí, me llamó para concertar una cita y **se la** di para mañana. (~~le la di~~)

- Cuando aparecen juntos en la misma oración, primero va el OI seguido del OD antes del verbo conjugado y separado por un espacio:

Os lo he dicho muchas veces, no voy a hacerme un tatuaje, no es mi estilo.

Sin embargo, con el infinitivo, gerundio e imperativo afirmativo van detrás del verbo sin espacio:

Siempre hablas de ese tatuaje, tienes que hacér**telo**.

ACTIVIDADES

9 Combina elementos de las diferentes columnas para completar las siguientes situaciones.

1. Si me encuentro dinero en la calle,…
2. Si mi mejor amigo se ha hecho un tatuaje horrible,…
3. Si llevo un postre para la cena en casa de unos amigos y no lo comemos,…
4. Si después de comer en un restaurante, sobra mucha comida,…

(no)	me le / se les / se	lo la los las	dejo digo quedo pido llevo	nada para llevar a mis amigos a la policía que me gusta al camarero

10 Imagina que te mudas con tu pareja y no puedes llevarte todas tus cosas, ¿qué haces con ellas?

- unos patines
- un espejo enorme
- una maleta de piel antigua
- unas plantas grandes
- una cama individual
- unos libros de cocina

Los libros de cocina, se los regalo a mi primo que es cocinero.

UNIDAD 17
SUPERLATIVO RELATIVO

- Cuando queremos destacar dentro de un grupo a una persona, un animal o una cosa, podemos usar:

*La jirafa es **el animal más alto**.*

*El Everest es **la montaña más alta**.*

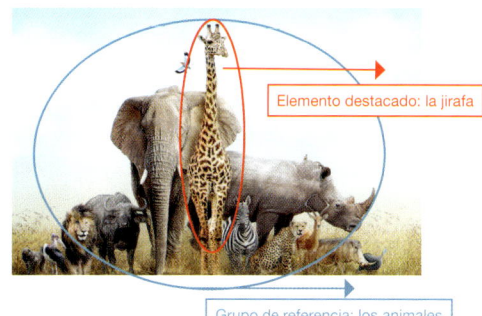

Elemento destacado: la jirafa

Grupo de referencia: los animales

- Podemos añadir más información:

*La ballena es **el animal más grande del mundo**.*

*El gusto es **el sentido menos desarrollado que tienen los bebés**.*

- Si ya sabemos de qué hablamos, no es necesario mencionarlo:

*Tenemos 206 huesos en el cuerpo, **el ~~hueso~~ más pequeño** ~~del cuerpo~~ está en el oído.*

- Para expresar el superlativo con los adjetivos **bueno** y **malo** es habitual utilizar las formas **mejor** y **peor**. Estos adjetivos no cambian de género:

*Mi madre es **la mejor** (la más buena); estas vacaciones son **las peores** de mi vida (las más malas).*

ACTIVIDADES

1 Relaciona elementos para formar frases. Luego, comenta si estás de acuerdo con estas frases o no y escribe las tuyas propias.

1. La primavera es…
2. El mes de agosto es…
3. Mi madre es…
4. El perro es…
5. Las pasadas vacaciones fueron…
6. Mis compañeros de clase son…
7. Mi habitación es…
8. La col es…

a ☐ la persona que más admiro.
b ☐ el más caro para ir de vacaciones.
c ☐ las mejores de mi vida.
d ☐ los mejores que he tenido.
e ☐ la verdura que menos me gusta.
f ☐ la más luminosa de la casa.
g ☐ la mejor mascota que se puede tener.
h ☐ la mejor estación del año.

GRAMÁTICA Y COMUNICACIÓN

2 Completa estas frases con tu opinión, luego coméntalo con tus compañeros.

- El sentido menos importante para mí es…
- El español es la lengua más…
- Para mí, el peor día de la semana es…
- La película más interesante que he visto este año es…
- El mejor día de mi vida fue…

3 En parejas, escribid frases para decidir quién es el / la más… de la clase, teniendo en cuenta el siguiente vocabulario. Luego, comentadlo con los demás compañeros, ¿estáis de acuerdo?

> puntual   alto/a   trabajador(a)   despistado/a
> juerguista   deportista   creativo/a   sano/a

VERBO *DOLER*

- El verbo **doler** funciona gramaticalmente como los verbos *gustar*, *encantar* e *interesar*:

*(A ellos) Les duele **la cabeza**.*

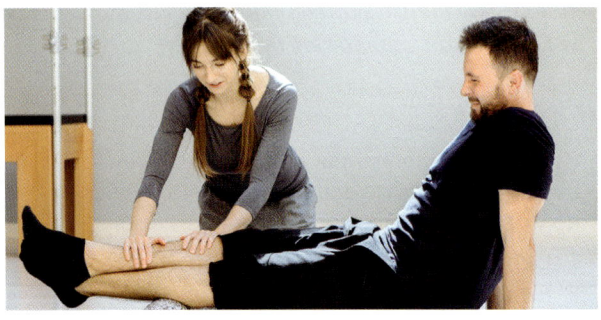

*(A él) Le duele**n** **las piernas**.*

a mí	me		
a ti	te	duele	la cabeza
a él / ella / usted	le		el estómago
a nosotros/as	nos		
a vosotros/as	os	duele**n**	los pies
a ellos / ellas / ustedes	les		los oídos

- Cuando decimos **me duele(n)** es necesario poner el artículo, pero no cuando decimos **tengo dolor de**:

*Me duele **la** cabeza (mi cabeza) / Tengo dolor de la cabeza.*
*Me duelen **las** piernas. / Tengo dolor de piernas.*

- Otras formas de expresar malestar:

| **Tener** | dolor de garganta / estómago / pies…; fiebre; tos |
| **Estar** | enfermo/a; resfriado/a; estresado/a; mareado/a |

ACTIVIDADES

4 Elige la opción correcta.

1. Beber mucha agua es bueno, si te duele…
   a la cabeza
   b tu cabeza
   c cabeza
2. Haz deporte o pasea una hora al día si…
   a estás estrés
   b eres estresado/a
   c tienes estrés
3. Ponte los zapatos cómodos si tienes dolor de…
   a los pies
   b tus pies
   c pies
4. Para no morderte…, píntatelas.
   a las uñas
   b tus uñas
   c uñas
5. Toma chicle y respira hondo si en el coche estás…
   a mareo
   b el mareo
   c mareado/a
6. Para el acné de la cara no va bien…
   a tomas chocolate
   b tomar el chocolate
   c tomar chocolate

5 En equipos: un miembro de cada equipo, de espaldas a la pizarra, adivina el problema que escribe el profesor con los consejos de su equipo.

HACER RECOMENDACIONES

Para dar consejos o hacer recomendaciones podemos usar:

- ***Es importante***
  Intenta   + infinitivo
  Deberías

Es importante dormir al menos ocho horas al día.

- **Imperativo:**

Ve al médico, haz deporte, tómate algo…

- ***Para…*** [*lo mejor es* / *va (muy) bien*] + infinitivo / sustantivo

Para el dolor de espalda lo mejor es darse un masaje. / Para el acné va muy bien el limón.

- **¿Por qué no** + presente indicativo?:

¿Por qué no te apuntas a un curso de meditación?

GRAMÁTICA Y COMUNICACIÓN

ACTIVIDADES

6 En parejas, completad las frases con vuestros consejos. Luego, comparad los resultados con otros compañeros.

1 Si tienes fiebre, lo mejor es _____.
2 Cuando te mareas en el coche, va (muy) bien _____.
3 Para la tos, _____.
4 Para relajarte, _____.
5 Si quieres adelgazar, _____.
6 _____, es bueno para el estrés.
7 ¿_____ si quieres engordar?

7 Marca las palabras que funcionan en combinación.

	pedir cita en / con	tomar(se)	dar(se)	hacer
el / la dentista				
un masaje				
yoga				
estiramientos				
un paseo				
el / la fisio				
un té con miel				
deporte				
una pastilla				
el / la masajista				
un jarabe				

8 Escribe cinco consejos para vivir muchos años con buena salud y compáralos con los de tus compañeros.

LAS PERÍFRASIS VERBALES

Las perífrasis son construcciones compuestas por un verbo conjugado seguido de un infinitivo, gerundio o participio unidos o no por una preposición. Su significado es un todo y no se pueden interpretar por separado.

• ¿Quiere un café?
■ Acabo el postre y después decido, gracias.

• ¿Quiere un café?
■ Acabo de tomarme uno, gracias.

En el primer ejemplo, **acabar** significa **terminar** ("termino el postre y decido después si tomo café"), pero en el segundo, **acabar de** + **infinitivo** expresa una acción pasada reciente ("he tomado un café hace un momento y no quiero otro").

ACTIVIDADES

9 Completa las preguntas con la preposición correcta *(a, de, ø)* y con el verbo en un tiempo adecuado. Después, busca a compañeros que respondan afirmativamente a estas preguntas y pregúntales algo más de información de cada una.

1 ¿Empezar _____ hacer alguna actividad nueva este año?
2 ¿Volver _____ practicar algún deporte últimamente?
3 ¿Acabar _____ terminar los estudios hace poco?
4 ¿Dejar _____ comer algo recientemente?
5 ¿Volver _____ casa siempre después de clase?
6 ¿_____ qué hora empezar a cenar normalmente?
7 ¿Acabar _____ normalmente lo que te propones, tus objetivos?
8 ¿Dejar _____ tus llaves siempre en el mismo lugar cuando llegas a casa?

doscientos veintisiete

GRAMÁTICA Y COMUNICACIÓN

10a 🔊 66 Vuelve a escuchar las conversaciones de la actividad **3b** de la página 143 y completa lo que falta.

CONVERSACIÓN 1
Pablo: Llegas un poco tarde, ¿(1) _____?
Cristina: Ay, sí, perdona (2) _____ acabo de ir a la peluquería para preguntar por un alisado japonés y me he entretenido.
Pablo: Ah, ¿y eso por qué?, ¿te lo vas a hacer?
Cristina: Es que no me gusta mi pelo porque ni es liso ni rizado. Pero de momento no me lo voy a hacer, me da un poco de miedo, (3) _____, es que me parece un poco agresivo.
Pablo: Pues yo te lo veo bien, pero si te apetece...

CONVERSACIÓN 2
Miguel: Cariño, he decidido superar mi miedo y empiezo a dar clases de natación el miércoles.
Olga: ¿(4) _____?
Miguel: Sí, y además ya empezaba a ser un complejo, soy el único de mis amigos que no sabe nadar.
Olga: Me alegro mucho. Por fin vamos a poder irnos a la playa con los nietos.

CONVERSACIÓN 3
Bernardo: Uy, Thais, ¡qué guapa estás!
Thais: Gracias, es que he ido a la óptica y me han dicho que puedo volver a usar lentillas y me he quitado estas gafas horribles..., ¡después de un año! Así que voy a tirarlas, no quiero volver a llevarlas, me hacían sentir feísima.
Bernardo: (5) _____, volver a usar lentillas está bien, pero debes usar las gafas para descansar. Lo que tienes que hacer es buscar unas gafas bonitas para sentirte bien llevándolas. Además, tú nunca estás fea.

10b Clasifica las palabras del ejercicio anterior por su uso. ¿Normalmente usas estas expresiones cuando hablas español?, ¿te parece importante hacerlo? Coméntalo con tu compañero.

Introduce una excusa	
Suaviza una información	
Busca confirmación	

UNIDAD 18
DESTACAR UN ELEMENTO

- Usamos **la más / el más** cuando queremos destacar algo dentro de una misma categoría. El artículo determinado **la** o **el** depende de si el nombre de la categoría es femenino o masculino:

El metro es el más rápido.

- Usamos **lo más** cuando queremos destacar algo de diferentes categorías. **Lo** es un artículo neutro:

- ¿Qué es lo más importante para ti de una ciudad: buenos colegios y hospitales, la vida cultural, la tranquilidad...?
- Lo más importante para mí es la seguridad.

- Podemos invertir el orden: *Lo más importante es la localización / La localización es lo más importante.*

- Decimos *Lo más importante para mí*, y no ~~La cosa~~ más importante para mí.

- También podemos usar:
  - **lo + adjetivo:** *Lo bueno de mi barrio es que está muy bien comunicado.*
  - **lo + que:** *Lo que más me gusta de mi barrio es la gente.*

ACTIVIDADES

1 Marca con un círculo la opción correcta.
1. Tener un buen transporte público es **lo** / **el** más importante para mí.
2. Hay muchos autobuses en mi barrio, pero **lo** / **el** más utilizado es el 23.
3. **Lo** / **El** peor de mi barrio es la suciedad.
4. Mi barrio es **lo** / **el** más moderno de la ciudad.
5. **Lo** / **El** más necesario para mí es vivir en una zona céntrica.
6. De todos los bares del barrio, El Duende es **lo** / **el** más barato.
7. **Lo** / **El** más interesante de mi barrio es que tiene mucha historia.
8. **Lo** / **El** que más me gusta es la oferta cultural.

2 Lee estos diálogos y completa con **lo, el** o **la**.
1. ● He decidido comprarme un piso, pero no sé dónde.
   ■ Pues piénsalo bien porque _____ más importante es elegir un buen barrio.
2. ● ¿Hay buenos colegios en tu barrio?
   ■ Sí, _____ más cercano a mi casa es uno público y tiene muy buena reputación.
3. ● ¡Qué guapa estás! ¿Has ido a la peluquería?
   ■ Sí, he ido a una peluquería nueva, pero es _____ más cara de todo el barrio.
4. ● Por fin he vendido la casa.
   ■ ¡Enhorabuena! _____ más difícil ya está hecho, ahora puedes comprarte una nueva.

GRAMÁTICA Y COMUNICACIÓN

3 Completa esta lista con palabras que combinan. Puedes fijarte en el artículo de la página 146.

Zona	residencial, turística, ...
Parque	de atracciones, de bomberos, ...
Centro	de belleza, médico, ...
Transporte	privado, ...

4 Completa con el opuesto. Si lo necesitas, puedes buscar el vocabulario en el diccionario.

1. Un barrio **frío** ≠ *acogedor*
2. Un barrio **antiguo / histórico** ≠ _____
3. Un barrio **dinámico / divertido** ≠ _____
4. Un barrio **peligroso** ≠ _____
5. Un barrio **ruidoso** ≠ _____
6. Un barrio **en las afueras** ≠ _____

5 Ahora piensa en tu barrio y escribe una descripción. En pequeños grupos, leed la de vuestros compañeros y decidid cuál os gustaría conocer.

Mi barrio es...

PEDIR FAVORES Y RESPONDER

Perdona Amelia, ¿puedes bajar la basura?

■ Se pueden usar diferentes fórmulas para pedir un favor.

¿Puede(s) + infinitivo?: *¿Puedes venir un momento?*

¿Me da(s)
¿Me deja(s) ⎤ + **sustantivo?:**

¿Me das un chicle, por favor? / ¿Me dejas el boli un momento?

¿Me ayuda(s) + ⎡ **a + infinitivo?**
⎣ **con + sustantivo?**

¿Me ayudas a subir la bici?
¿Me ayudas con los deberes?

■ Para suavizar la petición empezamos con expresiones como **oiga / oye, perdone / perdona, mire / mira...** y el nombre de la persona: *Perdona, Elena, ¿puedes quedarte con el niño esta tarde? Es que tengo una reunión de trabajo y voy a volver tarde.*

■ Es habitual explicar por qué pides un favor y para ello se utiliza con frecuencia **es que...**: *Hola, perdona, ¿me dejas dos huevos? Es que estaba haciendo una tortilla y me he quedado sin ellos.*

■ En ocasiones, los nativos sustituyen **por favor** con una entonación suave de la frase: *Ay, ¿me das uno?* (cuando un amigo compra un paquete de chicles).

■ Usamos **dejar** para pedir algo que vamos a devolver y **dar** para algo que no:

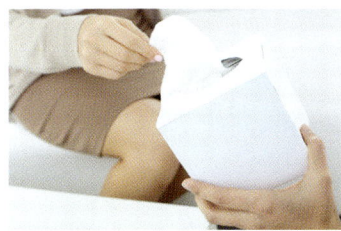

• *¿Me **das** un pañuelo?*
■ *Sí, sí, cógelo.*

• *¿Me **dejas** un boli?*
■ *Claro, toma.*

Respuesta afirmativa (+)

Sí, + ⎡ ***claro***
⎢ ***por supuesto***
⎢ ***tranquilo/a***
⎣ ***sin problema***

■ En ocasiones se añade un verbo en imperativo: *Sí, claro, toma.*

■ Un recurso muy utilizado para mostrar amabilidad y reforzar la respuesta afirmativa es repetir alguno de los elementos: *Sin problema, toma, toma. / Sí, sí, (o claro, claro), tráelo.*

■ **Bueno, vale...** es una respuesta poco correcta para aceptar, pues significa que vas a hacer el favor, pero parece que no quieres hacerlo.

Respuesta negativa (-)

Lo siento, pero...
Ay, imposible, es que... ⎤ + **justificación**

¡(Cuánto / Cómo) lo siento!, no puedo... porque...

Ay, ¡cómo lo siento!, no puedo porque tengo hora en el dentista y...

■ Una respuesta solo con **no** o **no puedo** puede sonar maleducado y parecer que la persona no tiene mucho interés en hacer el favor. Lo adecuado es usar expresiones que sirven para suavizar la negación: *Ay, lo siento, pero no puedo, es que... / ¡Cuánto lo siento!, pero es que...*

■ También es adecuado usar **pero, es que, porque... + la justificación** (explicación del motivo por el que no se puede hacer el favor): *Ay, imposible, es que no me queda ni uno tampoco, lo siento.*

GRAMÁTICA Y COMUNICACIÓN

ACTIVIDADES

6a Mira esta lista de cosas y comenta con tu compañero en qué columna las pones y por qué.

- un chicle
- la chaqueta
- una pañuelo de papel
- un vaso de agua
- 50 euros
- un libro
- la guitarra
- el ordenador
- un caramelo
- las gafas de sol
- un poco de pan
- tu coche

¿Puedes darme? / ¿Me das?	¿Puedes dejarme? / ¿Me dejas?

6b Elige tres objetos de los anteriores y pídeselos a tu compañero. Debéis justificar muy bien la pregunta y la respuesta.

- Oye, Bora, ¿me dejas tu coche este fin de semana? Es que tengo una boda en Zaragoza y no hay billetes de tren, y se casa mi mejor amigo, ¡no puedo faltar!
- Ay, cuánto lo siento, es que...

7 Busca en el texto de la página 148 las colocaciones léxicas con este significado.

1. Echar agua a las flores.
2. Dar de comer y beber a tu mascota.
3. Dejar al vecino un objeto para reparar la lámpara.
4. Lo que se hace en una primera cita para quitar tensión.
5. Lo que le pasa a un barrio cuando empieza a ser muy turístico.

8 Elige una de estas situaciones y prepara un diálogo con un compañero.

1. Tienes un vecino nuevo que está haciendo obras en la casa y siempre está pidiéndote cosas. Al principio eras muy amable, pero ya estás un poco cansado/a de él.
2. Eres un padre que vive solo con su hijo adolescente. Tiene toda la casa desordenada y decides hablar con él.
3. Compartes el piso con dos amigos. Todos tenéis muy poco tiempo para hacer las tareas de la casa y hacéis una reunión para organizaros bien.
4. Es viernes y te vas a ir de viaje. Tu jefe te pide varias cosas a última hora, tiene mal carácter y no sabes cómo decirle que tienes que irte. ¿O prefieres perder el tren?

9 🔊 79 Escucha estas frases de los diálogos de la actividad **2b** de la página 149 y presta atención al momento donde se hace la pausa.

> **¡Fíjate!**
> - La palabra que sirve para llamar la atención del oyente se marca con una pausa clara: *Mira, hola, perdona, oye,* etc.
> - Recuerda que las unidades léxicas más habituales en español tienen entre siete y ocho sílabas: *¿Me dejas tu cuaderno?* (= siete sílabas)

1. Hola, Elena, ¿puedes quedarte con el niño esta tarde?
2. Hola, perdona, ¿me dejas dos huevos?
3. Dani, perdona, ¿puedes venir un momento a mi casa?
4. Perdona, Antonio, ¿me ayudas a subir la compra?
5. Oye, Ramón, ¿puedes darme un poco de sal?

PRESENCIA Y AUSENCIA DE ARTÍCULO

En español el nombre antes del verbo normalmente lleva artículo: *El vecino me pidió sal*. Sin embargo, después del verbo existen contextos en los que no es necesario usar artículo. Por ejemplo:

- Cuando hacemos preguntas referidas a estereotipos sociales, se utiliza el verbo **tener** sin artículo:

¿Tienes hijos? / ¿Tienes perro?

Pero para cosas poco habituales, se usa el artículo indeterminado *(un, una, unos, unas)*: *¿Tienes elefante? / ¿Tienes un elefante?*

- Cuando hablamos de objetos sin especificar, no usamos artículo, pero sí al referirnos a uno concreto:

¿Tienes sal? (pregunta en general)
¿Tienes la sal? (la que nos han pedido comprar antes)

- Tampoco usamos artículo con nombres no contables en singular *(la leche, el agua…)*, cuando hablamos de una cantidad indeterminada. Por ejemplo, un doctor a un niño, le dice: *Bebe leche*.

Pero sí lo usamos si nos referimos a una cantidad determinada. Por ejemplo, una madre le dice a su hijo: *Bebe la leche* (se refiere a la leche que hay en el vaso).

- Tampoco usamos artículo con nombres contables en plural para indicar una cantidad no específica:

- *¿Qué hace tan concentrada Min Ji?*
- *Contesta **correos**.*

ACTIVIDADES

10 Lees estos minidiálogos y decide si necesitan artículo o no.

Situación 1: Un paciente le pregunta a su nutricionista qué puede tomar.

- Cuando como en un restaurante, ¿qué puedo tomar: refrescos o zumo?
- Mejor toma **ø / el** agua.

Situación 2: Dos amigos hablando de la vida privada de otro amigo que no está allí.

- ¿Paco tiene **ø / una** novia ahora?
- Sí, tiene **ø / una** novia japonesa muy divertida.

Situación 3: Un amigo pregunta por el trabajo de la novia de su amigo y este le contesta que es compositora.

- ¿Rosana trabaja ahora?
- Sí, compone **ø / las** canciones.

11 Completa con tus ideas. Después, coméntalo con tu compañero.

1. Tener buenos modales en la mesa es *no hablar con la boca llena.*
2. Tener tacto significa...
3. Una persona que tiene estudios normalmente es...
4. Tener hijos es...
5. Actualmente tener pareja...
6. Para tener un buen trabajo...

LOS POSESIVOS

■ En español hay posesivos que van con un sustantivo **mi / mis, tu / tus...** y formas que no necesitan ir con un nombre y se usan cuando se sabe de qué hablamos por el contexto **mío, tuya, suyos...** Estas últimas van en masculino o femenino y en singular o plural dependiendo del nombre al que se refieren.

yo	mi / mis	mío/a/os/as
tú	tu / tus	tuyo/a/os/as
él / ella / usted	su / sus	suyo/a/os/as
nosotros/as	nuestro/a/os/as	nuestro/a/os/as
vosotros/as	vuestro/a/os/as	vuestro/a/os/as
ellos/as / ustedes	su / sus	suyo/a/os/as

- Son mis patatas.
- No, son mías.

■ Se pueden usar **mío..., tuyo..., suyo...** en respuestas sin verbo:

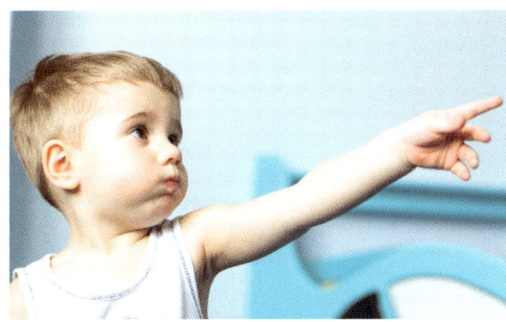

- *¡Qué desastre! ¿De quién es la culpa?*
- *Suya.* (= Es suya)

■ Cuando hay una idea de contraste en la oración, se utiliza el pronombre con el artículo:

*Mi helado es el de chocolate y **el tuyo** el de fresa.*

ACTIVIDADES

12 Una amiga y tú vais a la boda de un amigo en otra ciudad. Sustituye las palabras en negrita por un posesivo. Piensa si necesita artículo o no.

1. ¿Vamos en tu coche o en **mi coche**?
2. ¿Quedamos en mi casa o en **tu casa**?
3. (En el hotel) ¿Esta es mi cama o **tu cama**?
4. ¿Este es tu bolso o **el bolso de María**? Es que son iguales.
5. Y los tacones rosas, ¿son **de ti** o de María?

13 ¿Eres una persona que sabe hablar con tacto? ¿Qué dices en estas situaciones? Escribe cómo reaccionas en estas ocasiones. Coméntalo con tu compañero.

- Tus amigos organizan una cena sorpresa por tu cumpleaños en un asador argentino y tú eres vegetariano.
- El dependiente de una tienda te da de cambio un billete de 20 €, pero tenía que darte 30 €.
- Tu madre no sabe cómo usar las aplicaciones de su nuevo móvil y te llama constantemente para preguntarte.
- Has visto a la novia de tu mejor amigo con un chico en un restaurante.

GLOSARIO

UNIDAD 1

Saludos
Hola
Buenos días
Buenas tardes
Buenas noches
Hola, ¿qué tal?
¿Qué tal (estás)?
¿Cómo estás?
(Muy) Bien, ¿y tú?

Despedidas
Adiós
Hasta luego
Hasta mañana

Presentarse
¿Cómo te llamas?
¿De dónde eres?
Encantado / Encantada
Me llamo…
Soy…

Países y nacionalidades
Alemania: alemán / alemana
Bolivia: boliviano/a
Brasil: brasileño/a
Canadá: canadiense
Chile: chileno/a
China: chino/a
Colombia: colombiano/a
Corea: coreano
Costa Rica: costarricense
Cuba: cubano/a
Ecuador: ecuatoriano/a
El Salvador: salvadoreño/a
España: español / española
Estados Unidos: estadounidense
Francia: francés / francesa
Guatemala: guatemalteco/a
Honduras: hondureño/a
Italia: italiano/a
Marruecos: marroquí
México: mexicano/a
Nicaragua: nicaragüense
Panamá: panameño/a
Paraguay: paraguayo/a
Perú: peruano/a
República Dominicana: dominicano/a
Rusia: ruso/a
Uruguay: uruguayo/a
Venezuela: venezolano/a

Frases para comunicarse
¿Cómo se dice … en español?
¿Cómo se escribe?
¡Más despacio, por favor!
Perdón, ¿puedo ir al servicio?
¿Puedes repetir, por favor?
¿Qué? ¡No entiendo!
¿Qué significa…?

Instrucciones de clase
habla con tu compañero
lee
escucha
escribe

Palabras en español
el amor
el apellido
el banco
el bar
el café
la casa
el chocolate
el cine
la ciudad
el coche
el examen
la fajita
el / la gato/a
el gol
la guitarra
el hotel
el jamón
el / la jefe/a
el kilo
el kiwi
la letra
el libro
el museo
la música
la palabra
el pingüino
la playa
la plaza
el queso
el restaurante
la siesta
el sol
el sonido
el tomate
el zoo

Profesiones
el / la cantante
el / la futbolista
el / la actor / actriz
el / la director(a)
el / la cantante

Datos personales
el apellido
el idioma
la nacionalidad
el nombre
el país

Números
0 cero
1 uno/a
2 dos
3 tres
4 cuatro
5 cinco
6 seis
7 siete
8 ocho
9 nueve
10 diez
11 once
12 doce
13 trece
14 catorce
15 quince
16 dieciséis
17 diecisiete
18 dieciocho
19 diecinueve
20 veinte
21 veintiuno/a
22 veintidós
23 veintitrés
24 veinticuatro
25 veinticinco
26 veintiséis
27 veintisiete
28 veintiocho
29 veintinueve
30 treinta

UNIDAD 2

Números ordinales
1.º primero/a
2.º segundo/a
3.º tercero/a
4.º cuarto/a

Bailes del mundo
la capoeira
el chachachá
el flamenco
el haka
el merengue
la samba
la salsa
el tango

Comidas del mundo
la arepa
el burrito
el cebiche
el gazpacho
el humus
la moussaka
la paella
la pasta
la samosa
el sushi
la taramosalata
el tzatziki

Bebidas del mundo
el café
el mate
el gazpacho
el agua
el vino
la cerveza
la leche

Números
40 cuarenta
41 cuarenta y uno/a
50 cincuenta
60 sesenta
70 setenta
80 ochenta
90 noventa
100 cien
101 ciento uno/a
200 doscientos/as
300 trescientos/as
400 cuatrocientos/as
500 quinientos/as
600 seiscientos/as
700 setecientos/as
800 ochocientos/as
900 novecientos/as
1000 mil

UNIDAD 3

Familia
el / la abuelo/a
el / la hermano/a
el / la hijo/a
el marido / esposo
la mujer / esposa
el / la nieto/a
el padre
la madre
el / la primo/a
el / la sobrino/a
el / la tío/a

Relaciones sentimentales
la pareja
el / la novio/a
el / la ex
el / la exmarido / exmujer
el / la exnovio/a

Descripción física
es alto/a
bajito/a (bajo/a)
delgado/a
gordito/a (gordo/a)
feo/a
guapo/a
atractivo/a
joven
mayor
moreno/a
pelirrojo/a
rubio/a

tiene los ojos claros (verdes)
oscuros (negros)

el pelo corto
largo
rizado
liso
rubio
negro
moreno
castaño
blanco

tiene / lleva barba
bigote
gafas
un tatuaje

Carácter
es amable
alegre
cariñoso/a
generoso/a
egoísta
simpático/a
antipático/a
sociable
tímido/a
divertido/a
aburrido/a
nervioso/a

GLOSARIO

tranquilo/a
responsable
irresponsable
raro/a
buena persona

UNIDAD 4
Actividades de tiempo libre
bailar
cocinar
cenar fuera
conocer gente (nueva)
correr
descansar (en casa)
dormir la siesta
escuchar música
estar en casa tranquilo/a
hacer | deporte
⎮ yoga
⎮ un maratón
⎮ una fiesta
ir | al campo
⎮ al cine
⎮ al museo
⎮ al teatro
⎮ la playa
⎮ a la montaña
⎮ de compras
⎮ de excursión
jugar con videojuegos
leer
montar en bici
no hacer nada
pasar tiempo con la familia
pintar
quedar con amigos
relajarse
salir | de viaje
⎮ con amigos
⎮ a tomar café
ver | una serie
⎮ la tele

UNIDAD 5
Lugares
el barrio
el bosque
la calle
la capital
la casa
la catedral
el centro | comercial
⎮ de la ciudad
la ciudad
la costa
el desierto
el edificio
la estación de esquí
el estadio
la galería de arte
la iglesia
la isla
el jardín
el lago
el mar
el mercado

la montaña
el museo
el palacio
la parte antigua
la playa
el pueblo
la región
el restaurante
el río
las ruinas
el salar
la selva
la terraza

Describir lugares
es | antiguo/a
⎮ auténtico/a
⎮ barato/a
⎮ caro/a
⎮ colonial
⎮ cosmopolita
⎮ dinámico/a
⎮ espectacular
⎮ famoso/a
⎮ increíble
⎮ maravilloso/a
⎮ pequeño/a
⎮ tranquilo/a
⎮ turístico/a
tiene | mucho ambiente
⎮ un ambiente fantástico
⎮ un buen ambiente
⎮ oferta cultural
⎮ unas vistas maravillosas
⎮ vida nocturna

Expresar ubicación
está | en el norte
⎮ en el sur
⎮ en el este
⎮ en el oeste
⎮ en el centro
⎮ en la costa

UNIDAD 6
Rutina y hábitos
acostarse
cenar
coger el autobús
comer
desayunar
dormir
ducharse
empezar a trabajar
hacer | la compra
⎮ deporte
ir al gimnasio
leer | un libro
⎮ correos electrónicos
⎮ mensajes
levantarse
quedar con amigos
salir de casa
terminar de trabajar
ver | una película
⎮ una serie
⎮ la tele

volver a casa

Los días de la semana
el lunes
el martes
el miércoles
el jueves
el viernes
el sábado
el domingo

La hora
el reloj
y cinco
y diez
y cuarto
y veinte
y veinticinco
y media
menos veinticinco
menos veinte
menos cuarto
menos diez
menos cinco
en punto
de / por la mañana
de / por la tarde
de / por la noche

Hablar de frecuencia
siempre
casi siempre
normalmente
a menudo
a veces
casi nunca
nunca

UNIDAD 7
Hablar de estados de ánimo y físicos
estar | alegre
⎮ cansado/a
⎮ contento/a
⎮ triste
⎮ deprimido/a
⎮ nervioso/a
⎮ tranquilo/a
⎮ enfadado/a
⎮ aburrido/a
⎮ estresado/a
tener | calor
⎮ frío
⎮ hambre
⎮ miedo
⎮ sed
⎮ sueño

Bebidas
el agua | con gas
⎮ sin gas
el café | con leche
⎮ solo
la cerveza | con alcohol
⎮ sin alcohol
el vino | tinto
⎮ blanco
el zumo de naranja

Comidas y tapas
las aceitunas
el bocadillo (de tortilla)
el bacalao (con tomate)
las croquetas
la ensalada
la hamburguesa
el huevo
las patatas (bravas)
el pincho
el pulpo (a la gallega)
el queso
el sándwich (vegetal)
las verduras (a la plancha)

UNIDAD 8
Las estaciones del año
la primavera
el verano
el otoño
el invierno

Colores
el amarillo
el azul
el blanco
el gris
el marrón
el morado
el naranja
el negro
el rojo
el rosa
el verde

Los meses del año
enero
febrero
marzo
abril
mayo
junio
julio
agosto
septiembre
octubre
noviembre
diciembre

Hablar del tiempo
hace | buen tiempo
⎮ calor
⎮ frío
⎮ mal tiempo
⎮ sol
⎮ viento
hay | niebla
⎮ tormenta(s)
⎮ viento
llueve
nieva
está nublado

Ropa
el abrigo
el bañador
el bikini
las botas
la camisa

doscientos treinta y tres

GLOSARIO

la camiseta
la corbata
la chaqueta
la falda
la gorra
el jersey
los pantalones (vaqueros)
las sandalias
el traje
el vestido
las zapatillas de deporte
los zapatos

UNIDAD 9

Muebles
la bañera
la cama
la lámpara
la mesa
la silla
el sillón
el sofá

Partes de la casa
el aseo
la buhardilla
la cocina
el comedor
el (cuarto de) baño
el dormitorio
el garaje
el jardín
el salón
la terraza

Tipos de vivienda
el ático
la casa
el chalet
el dúplex
el piso

Describir una casa
es acogedora
   clásico/a
   contemporáneo/a
   exótico/a
   exterior
   frío/a
   industrial
   interior
   luminosa
   moderno/a
   nuevo/a
   oscuro/a
   tradicional
   tranquilo/a
   una primera planta
estar amueblado/a
   en el centro
   bien comunicado/a
   reformado/a
   sin amueblar
   en una zona residencial
tiene aire acondicionado
   ascensor
   calefacción
   chimenea
   excelentes vistas
   piscina
   ventanas

UNIDAD 10

Viajes
conocer las costumbres de un país
   la cultura de un país
   a personas de diferentes lugares
hacer una ruta en bici
   excursiones
hacerse *selfies*
pasear por la ciudad
visitar una catedral
   un mercado
   monumentos
   museos
   la parte antigua
   un volcán

Medios de transporte
ir / viajar en autobús
   avión
   coche de alquiler
   metro ("subte" en Argentina)
   motocicleta

Verbos de movimiento
bajar en un lugar
cruzar (por) un lugar
ir a un lugar
   de un lugar a otro
   en (transporte)
   hacia un lugar
   hasta un lugar
   a pie
   a caballo
irse de (un lugar)
llegar a (un lugar)
pasear por (un lugar)
salir de (un lugar)
venir de (un lugar)
volver a (un lugar)
viajar por (un lugar)

UNIDAD 11

Objetos
el abanico
el acordeón
la almohada
el anillo
el boli (bolígrafo)
la bombilla (para el mate)
la bolsa
el bolso
el botijo
la calavera
la cartera
el collar del perro
la cosa
el dinero
el documento
el frigorífico
las gafas
el guante
la hamaca
el jarrón
la lámpara
el lápiz
la llave
el móvil
el mueble
el ordenador
la paellera
el pantalón vaquero
el paraguas
el peine
el piano
el pintalabios
el portátil
la prenda de ropa
el sombrero
la tarjeta de crédito

Verbos relacionados con objetos
buscar
comprar
decorar
desear
encontrar
guardar
perder
regalar
ser un recuerdo
tener cariño
usar

Describir objetos
se usa para abrir
sirve para dibujar
es alargado/a
   cuadrado/a
   redondo/a
   rectangular
   triangular
   grande
   mediano/a
   pequeño/a
   liso/a
   suave
   antiadherente
   barato/a
   bonito/a
   informal
   precioso/a
   típico/a
   único/a
   útil
   de acero
   de arcilla
   de cerámica
   de colores
   de cristal
   de cuero
   de flores
   de lunares
   de madera
   de metal
   de oro
   de papel
   de piel
   de plástico
   de plumas
   de tela vaquera

La posición
estar ahí
   allí
   aquí
   a la derecha de
   a la izquierda de
   al lado de
   debajo de
   delante de
   dentro de
   detrás de
   en
   en el fondo de
   encima de
   enfrente de
   entre
   fuera de

Perder
perder el autobús
   el tren
   el vuelo
   la motivación
   el tiempo
   algo (las llaves...)
   peso

Actos sociales
acostumbrarse a algo
conocerse
dar las gracias
darse la mano
   un beso
dirigirse a alguien
discutir
hablar de tú
   usted
hacer una fiesta
invitar a alguien a algo
llamar a alguien por su nombre
llegar pronto
   tarde
presentarse
quejarse de algo
reunirse con amigos
salir de fiesta
saludar
tratar a alguien

UNIDAD 12

Relaciones personales
el / la amigo/a
el / la ex
el / la hermano/a
el / la hijo/a
el marido / esposo
la mujer / esposa
el / la novio/a
la pareja

Vacaciones y ocio
acostarse tarde
apetecer
aprovechar el tiempo libre
apuntarse a un curso
empezar algo nuevo
hacer planes
   sushi

GLOSARIO

ir a la costa
    a la montaña
    a la piscina
    a un concierto
    al cine
    de cámping
    de vacaciones
pasar unos días en un lugar
quedar a una hora
        con alguien
        en un lugar
salir a cenar
       por la noche
tener ganas de hacer algo
       las tardes ocupadas
tomar algo
       una copa
ver series
     una exposición
la actividad al aire libre
              infantil
el alquiler
la atracción
la clase de canto
el curso de cocina
el espectáculo
el festival
el gimnasio
la música en directo
la oferta de ocio
           gastronómica
el parque de atracciones

UNIDAD 13

Redes sociales
contar historias
dar consejos
ponerse delante de la cámara
subir una foto
       un vídeo
el blog
la entrevista
la noticia
el personaje
el / la seguidor(a)

Biografía
buscar experiencias
cambiar
conseguir una medalla
           un récord
crear un negocio
empezar a hacer algo
ganar un premio
ir a vivir a un lugar
nacer
publicar una obra
viajar por el mundo
vivir una experiencia
los estudios
las experiencias interesantes
las relaciones
los viajes

Carácter
ser alegre
     auténtico/a
     curioso/a
     excéntrico/a
     extrovertido/a
     hiperactivo/a
     inteligente
     interesante
     moderno/a
     tímido/a
     tradicional
     tranquilo/a
estar deprimido/a

UNIDAD 14

Las comidas del día
el desayuno
la comida
la merienda
la cena

Comida
el aceite de girasol
              oliva
el aguacate
el ajo
el ajoblanco
la almendra
el arroz
el bocadillo
el bolón de verde
la carne
la cebolla
el cereal
el chile
el chocolate
el chorizo
el cilantro
el comino
la fibra
la fresa
la fruta
los frutos secos
el helado
el huevo
el jalapeño
el jamón
el kiwi
el lácteo
la lechuga
la lima
el maíz
la mantequilla
la manzana
el melón
los nachos
el pan
la patata
el pavo
el pescado
el plátano
el pollo
el queso
la quinoa
la sal
el salmón
la sardina
la sopa
la uva
la verdura
el vinagre
el yogur
la yuca
la zanahoria

Bebida
el agua
el alcohol
el café
la leche
el refresco
el té
el zumo / jugo de naranja

Cocinar
calentar
cortar
dejar enfriar
echar
freír
mezclar
pelar
poner en el horno
       en el frigorífico
rellenar
sacar del horno
       del frigorífico
servir

Medidas para cocinar
la cucharada
el gramo
el litro
el mililitro
la taza
el trozo

Rutas por la ciudad
apuntarse a un *tour*
conocer la historia
descubrir la ciudad
disfrutar de una experiencia
probar la cocina local
recomendar algo
sentirse entre amigos

Hábitos alimentarios
acompañar una comida
           una bebida
beber agua
cenar bien
cocinar sin grasas
comer fuera
consumir alimentos ricos en fibra
controlar la sal
elegir el menú
llevar una alimentación saludable
        una dieta equilibrada
reducir el consumo de sal
ser vegetariano/a
tomar hidratos

UNIDAD 15

Regalos
la bolsa ecológica
el botiquín
el cojín inflable
la impresora
la maleta ultraligera
la máquina para hacer helados
el patín eléctrico
el reloj de pared
el set de jardinería
la taza

Joyería
el anillo
el collar
los pendientes
la pulsera

Ropa y complementos
el abrigo
el bañador
la blusa
la bufanda
los calcetines
la camisa
la gorra
el gorro
los guantes
las medias
la mochila
el pañuelo
el pijama
el sombrero
la toalla
el traje

Calzado
las botas de montaña
las chanclas
los tacones
las zapatillas de deporte
los zapatos

Establecimientos y tiendas
el / la cliente/a
el / la consumidor(a)
el / la dependiente/a
la joyería
la marca
el número de pie
la oferta
el precio
el probador
el producto
la talla
la tienda de ropa
la zapatería

Compras
ayudar
buscar
cambiar
comprar
desear
devolver
hacer un regalo
ir de compras

GLOSARIO

llevarse algo
pedir
preguntar
quedar bien
　　　　 mal
regalar
traer

Describir objetos
barato/a
caro/a
grande
pequeño/a
útil
inútil
bonito/a
estrecho/a
original
práctico/a

Tipos de consumidores
ser emocional
　　 equilibrado/a
　　 espontáneo/a
　　 exquisito/a
　　 impulsivo/a
　　 independiente
　　 práctico/a
　　 seguro/a

UNIDAD 16

Etapas de la vida
la adolescencia
la infancia
la juventud
la madurez
la jubilación

Recordar
la época
la experiencia
el instituto
los juguetes
la memoria
la nostalgia
las peleas
el recreo
el recuerdo
el sentimiento

Objetos del pasado
el carrete de fotos
el casete
el despertador
el disco de vinilo
la máquina de escribir
el teléfono de disco

Historia del tatuaje
tatuarse
el colorante vegetal
el corazón
la cruz
el estudio de tatuajes
el / la guerrero/a
la humillación
la identificación
el / la ladrón/ona

la marca
el símbolo
el / la soldado
la sustancia química
el / la tatuador(a)
el tinte

Sexismo y publicidad
ser igualitario/a
　　 políticamente
　　 incorrecto/a
　　 solidario/a
el anuncio
el cuerpo femenino
el estereotipo de género
la igualdad
la publicidad responsable
la sociedad

UNIDAD 17

El cuerpo
la cabeza
el cerebro
la cara
los ojos
la nariz
la boca
los dientes
las muelas
el cuello
los brazos
las manos
el dedo gordo
los dedos
las uñas
las patas
las piernas
los pies
la espalda
el estómago
los huesos
los órganos

Los sentidos
el gusto
el oído
el olfato
el tacto
la vista

La salud
Problemas:
doler la cabeza
　　　 los oídos
　　　 los pies
estar enfermo/a
　　　 estresado/a
　　　 resfriado/a
tener dolor de garganta
　　　 fiebre
　　　 sensibilidad
　　　 tos
bajar la fiebre
estornudar
perder el sentido (de la orientación)

Soluciones o remedios:
tomar leche caliente
　　　 té con miel
　　　 una pastilla
　　　 un jarabe
cerrar los ojos
darse un masaje
　　　 una ducha fresca
descansar
hacer un blanqueamiento
　　　 un tratamiento
ir al médico
meter en agua caliente
relajarse
sentirse bien con uno mismo
taparse los oídos

Servicios y bienestar
el ambiente
el / la asesor(a)
la atención personalizada
la autoestima
el blanqueamiento dental
la cirugía estética
la cita
el complejo (físico)
el complemento
el cuidado
la depilación
el descuento
el equilibro emocional
el / la experto/a
el / la fisioterapeuta
la imagen
la infusión
el láser
la manicura
el producto natural
la sensibilidad dental
el servicio a domicilio
el tratamiento estético
la visita gratuita

UNIDAD 18

El barrio
las afueras
el aparcamiento
el bar
el centro comercial
　　　　 de salud
el cine
el colegio
las compras
la comunidad
el edificio
el hospital
la localización
el ocio
el parque infantil
el restaurante
la seguridad
los servicios públicos
el supermercado
el teatro
la tienda (especializada)
el transporte público

el / la vecino/a
la vivienda
la zona verde
　　　 deportiva
alquilar
comprar
estar bien comunicado/a
ser caro/a
　　 céntrico/a
　　 seguro/a
　　 tranquilo/a
tener encanto

Tomar decisiones
elegir
hacer algo a corto / largo plazo
ofrecer
planificar
preferir
prepararse
ser la prioridad
　　 una buena / mala opción
tener algo claro
tomar una decisión

Convivencia
ayudar
compartir aficiones
　　　　　 formas de vida
　　　　　 gustos
conocerse
cruzarse en el ascensor
　　　　 en la escalera
cuidar un animal
dar algo
dejar algo
organizar una quedada
perder la identidad de barrio
prestar
quedarse con alguien
recuperar la vida de barrio
regar las plantas
romper el hielo
salir a correr
subir la compra
tomar unas cañas

Educación
discutir
esperar el turno (en una cola)
firmar
hablar alto
levantar la voz
reírse alto
saludar
ser educado/a puntual
tener estudios universitarios
el autocontrol
la buena educación
las buenas maneras
el comportamiento
la cultura
la discreción
la persona educada
la puntualidad
el sentido del humor
el tacto
la tolerancia

EQUIPO 1   REVISIÓN UNIDADES 7/8

EQUIPO 1

- **A** prenda de ropa para el frío
- **B** combinación de colores: "_____ y negro"
- **C** el _____ afecta a nuestra forma de comprar
- **CH** prenda de ropa
- **D** correr, nadar… son actividades _____
- **E** ¿tienes un _____ de ropa moderno o clásico?
- **F** la usan las mujeres y los hombres escoceses
- **G** no tenemos que pagar: "es _____"
- **H** para decir que quieres comer: "tengo _____"
- **I** estación donde hace más frío
- **J** carne de cerdo típica de España
- **K** bar para cantar
- **L** comprar en _____ o comprar por internet
- **M** camiseta de _____ corta / larga

* El español tiene dos dígrafos (la CH y la LL) y no se consideran letras del alfabeto.

Para seguir jugando: cada equipo crea sus propias definiciones con las letras del alfabeto que le han tocado y vuelve a preguntar al otro equipo.

EQUIPO 1   REVISIÓN UNIDADES 15/16

EQUIPO 1

- **A** etapa en la que no eres niño ni joven
- **B** lo contrario de "caro"
- **C** accesorio que se lleva en el cuello
- **CH** nos las ponemos en los pies para la playa
- **D** información que, por ejemplo, aparece en un gráfico
- **E** de pequeña _____ rubia, ahora soy morena
- **F** lo contrario de "verdadero"
- **G** para proteger las manos del frío
- **H** sinónimo de "rutinas"
- **I** lo contrario de "útil"
- **J** no trabaja porque tiene más de 65 años
- contiene la **K** prenda de mujer para ir a la playa
- **L** antes usaba gafas, ya no _____ uso
- **M** de viaje la usamos para llevar ropa

* El español tiene dos dígrafos (la CH y la LL) y no se consideran letras del alfabeto.

Para seguir jugando: cada equipo crea sus propias definiciones con las letras del alfabeto que le han tocado y vuelve a preguntar al otro equipo.

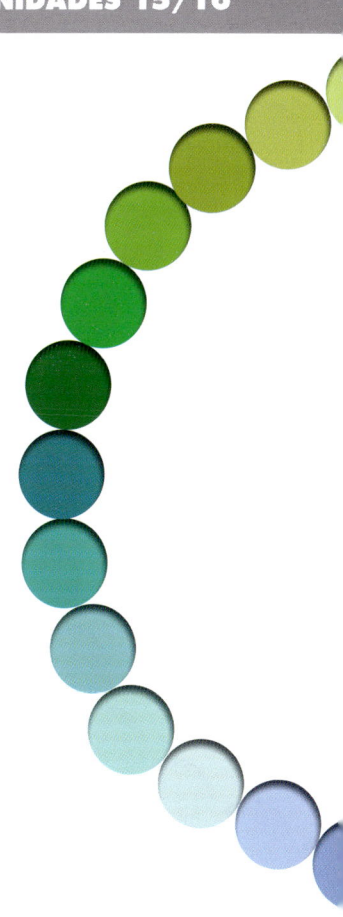

doscientos treinta y siete

EQUIPO 2 REVISIÓN UNIDADES 7/8

EQUIPO 2

N vamos a esquiar cuando _____

contiene la **Ñ** necesitas dormir: "tienes _____"

O estación a la que pertenece octubre

P objeto para protegernos si llueve

Q pregunta para pagar: "¿_____ le debo?"

R el color de los tomates maduros

S expresión para decir que necesitas beber: "tengo _____"

T lo contrario de estar contento

U pronombre de tratamiento formal

V tipo de clima necesario para el windsurf: "hace / hay _____"

W capital de EE. UU.

contiene la **X** el año que viene o el año _____

contiene la **Y** 1.ª persona singular del presente de *ir*

contiene la **Z** chaqueta informal

Para seguir jugando: cada equipo crea sus propias definiciones con las letras del alfabeto que le han tocado y vuelve a preguntar al otro equipo.

EQUIPO 2 REVISIÓN UNIDADES 15/16

EQUIPO 2

N vacaciones de diciembre

contiene la **Ñ** persona que está en la infancia

O para preguntar a dos personas: "_____ gustan mucho los tatuajes, ¿no?"

P en una tienda donde ves si una prenda te queda bien

contiene la **Q** para hablar de tiempos pasados: "en _____ tiempos"

R algo que das en un cumpleaños

S para proteger la cabeza del sol

T viajas _____ como yo, igual cantidad

contiene la **U** dibujo permanente sobre la piel

V para preguntar si se está de acuerdo, "¿_____?"

contiene la **W** fruta de Nueva Zelanda con vitamina C

contiene la **X** de extraordinaria calidad

Y antes odiaba los test, _____ no

contiene la **Z** templo para las personas musulmanas

Para seguir jugando: cada equipo crea sus propias definiciones con las letras del alfabeto que le han tocado y vuelve a preguntar al otro equipo.

FICHAS REVISIÓN UNIDADES 9/10

Puedes descargar este material para poder imprimirlo como tarjetas en ele.sgel.es/descargas.asp y en el libro digital.

RESPONDER

Di tres cosas que haces en la cocina.	¿Qué es un "chalet"?	¿Qué significa "calefacción"?	¿Cómo se llama el aparato para dar frío?
Compara tu casa con la de un amigo.	¿Qué haces para relajarte en casa?	¿Cuál es tu lugar favorito en casa? ¿Por qué?	Describe una habitación de tu casa. Tus compañeros adivinan.
¿Dónde está Nicaragua? ¿Y Ometepe?	¿Cómo visten algunas parejas de Corea del Sur?	Di tres experiencias que has tenido últimamente.	¿Qué preposición usas para hablar del transporte?

DECIR 5 PALABRAS

Adjetivos para definir un dormitorio	Muebles del salón	Adjetivos para definir la personalidad	Conozco...
Lugares de Nicaragua y Costa Rica	Expresiones para reaccionar en una conversación	Participios irregulares	Expresiones de frecuencia
Lugares de Latinoamérica	Verbos de movimiento	Cosas que puedes hacer con el móvil	Alojarse en...

HACER MÍMICA

Risas	Buscar	Darse un baño	Disfrutar
Relajarse	Apagar la televisión	Despedirse	Dar las gracias
¡Qué raro!	¡Ni idea!	Subir a un autobús	Viajar por un país

DIBUJAR

Una llave	Un ordenador	Una piscina	Un aseo
Un piso luminoso	Una chimenea	Un jarrón	Un móvil
Hacerse un *selfie*	Venir de casa	Plaza de garaje	Una remera (camiseta en Argentina)

FICHAS REVISIÓN UNIDADES 17/18

RESPONDER

Tres curiosidades del cuerpo humano	¿Dónde está el hueso más largo del cuerpo?	¿Qué haces si estás resfriado/a?	Dos recomendaciones si te duele la cabeza
¿Qué diferencia hay entre *acabar* y *acabar de...*? Pon un ejemplo	¿Qué piensas de los tratamientos estéticos?	¿Qué debe tener un buen barrio?	¿Qué es lo más importante para ti en un barrio?
Habla de tu relación con tus vecinos	Pide un boli a un / una compañero/a	Correcto o incorrecto: ¿Tienes unos hijos? ¿Tienes una nueva pareja?	Mi hermana vive en Vigo, ¿y __ _____? (tu hermana)

DECIR 5 PALABRAS

Partes del cuerpo que están en la cabeza	Partes del cuerpo que no están en la cabeza	Expresiones para hacer una recomendación	Expresiones para hablar de la salud
Ideas para sentirte bien contigo mismo/a	Hace un rato acabo de...	El barrio	Ventajas de vivir en el centro de una ciudad
Expresiones para pedir un favor	Expresiones para aceptar o rechazar un favor	Posesivos	Una persona educada...

HACER MÍMICA

Mantener el equilibrio	Estornudar	Tengo fiebre	Me duele la garganta
Relajarse	Acabo de pintarme las uñas	Tener los dientes amarillos	Está bien comunicado
Toma, toma	¿Me ayudas?	Reírse muy alto	Ser educado/a

DIBUJAR

Las uñas de la mano	El dedo gordo del pie	Tomar un jarabe	Darse un masaje
Acabo el café y voy	Hacer estiramientos	Un centro de salud	Contaminación
¿Me dejas dos huevos?	Ser puntual	Una cola	Firmar

TRANSCRIPCIONES PARA RESOLVER ACTIVIDADES

Estas 3 transcripciones son las que vas a necesitar consultar en las unidades 4 y 15. Puedes consultar y descargar las transcripciones completas en ele.sgel.es/descargas.asp y en el libro digital.

UNIDAD 4

Pista 19

Diálogo 1

SOFÍA: Mira… ¡Qué mono! Me encantan los perros.
NACHO: A mí también me gustan los perros, pero los chihuahuas no… ¡no me gustan nada!

Diálogo 2

SOFÍA: Mira esta foto… El pelo rosa, no sé, a mí no me gusta el pelo de colores.
NACHO: A mí tampoco, es más bonito el color natural.

Diálogo 3

SOFÍA: Ummm, qué bueno…, me gusta tomar un café caliente por las mañanas.
NACHO: Pues a mí… no me gusta mucho, yo prefiero el té.

Diálogo 4

SOFÍA: ¡Qué horror! No me gustan nada las camisas hawaianas.
NACHO: A mí sí. Yo tengo una.
SOFÍA: ¿De verdad?

Pista 20

ENTREVISTADOR: Hola, buenos días, estamos haciendo una encuesta sobre los gustos e intereses de los jóvenes españoles, ¿te puedo hacer unas preguntas? Solo será un minuto.
DIANA: Sí, claro.
ENTREVISTADOR: ¿Cómo te llamas?
DIANA: Diana.
ENTREVISTADOR: Muy bien, Diana. Primero: ¿qué cosas te interesan más?
DIANA: Pues, no sé… Bueno, sí: me interesa mucho la salud, especialmente todo lo relacionado con la comida.
ENTREVISTADOR: ¿Sí? ¿Por qué?
DIANA: Porque es muy importante comer bien para tener buena salud. A mí me encanta cocinar (recetas sanas, claro).
ENTREVISTADOR: Muy bien y…, además de cocinar, ¿qué otras cosas haces en tu tiempo libre?
DIANA: Pues… me gusta hacer yoga.
ENTREVISTADOR: Ah, estupendo. Pues eso es todo, muchas gracias por tu tiempo.
DIANA: De nada.
(…)
ENTREVISTADOR: Hola, buenos días. Estamos haciendo una encuesta a los jóvenes españoles sobre sus gustos e intereses, ¿os puedo hacer unas preguntas?
CARLOS: Sí, vale.
ENTREVISTADOR: Gracias, ¿cómo os llamáis?
CARLOS: Yo, Carlos.
MARINA: Y yo, Marina.
ENTREVISTADOR: Bueno, la primera pregunta es: ¿qué cosas os interesan más?
MARINA: A ver…, pues, a nosotros nos gusta mucho el deporte, ¿verdad?
CARLOS: Sí, sobre todo nos gusta correr. También vamos a bailar los fines de semana.
MARINA: Sí, normalmente salimos los viernes por la noche… Y a mí también me interesa mucho la cultura, especialmente el arte: me gusta pintar.
ENTREVISTADOR: Muy bien, ¿algo más que hacéis en vuestro tiempo libre?
CARLOS: No sé… Bueno, me gusta dormir la siesta, jajaja, pero eso no es muy productivo.
ENTREVISTADOR: Pues sí, sí lo es, para tener más energía y memoria.
CARLOS: ¿De verdad?
Entrevistador: Sí, así es.
CARLOS: ¡Qué interesante!
ENTREVISTADOR: Sí. Bueno, pues eso es todo, muchas gracias por vuestra colaboración.
CARLOS: De nada.
MARINA: Adiós.

UNIDAD 15

Pista 57

1

DEPENDIENTE: Buenos días, ¿en qué puedo ayudarla?
CLIENTA: Buenos días. Mire, mi marido me regaló esta pulsera, pero me queda grande y me gustaría cambiarla por otra más pequeña.
DEPENDIENTE: Claro, con el *ticket* de compra no hay ningún problema.
CLIENTA: Aquí tiene.
(…)
DEPENDIENTE: Pues no estoy seguro si la tenemos más pequeña de este modelo… No, no hay. Pruébese esta, a ver qué tal le queda.
CLIENTA: Ay, qué pena, me queda también grande.
DEPENDIENTE: ¿Qué le parece esta? No es exactamente igual, pero es parecida.
CLIENTA: Me queda perfecta. ¡Y es preciosa! ¿Qué precio tiene?
DEPENDIENTE: Es solo cincuenta euros más cara.
CLIENTA: Ah, pues me la llevo.

2

DEPENDIENTA: Buenas tardes, ¿qué desea?
CLIENTE: Hola. Mire, me compré este sombrero en su página web, pero no me queda bien.
DEPENDIENTA: Muy bien, ¿quiere probarse otra talla de este modelo?
CLIENTE: La verdad es que no. Me gustaría devolverlo.
DEPENDIENTA: ¿Cuándo lo compró?
CLIENTE: El sábado pasado.
DEPENDIENTA: Entonces, no hay problema. ¿Tiene el *ticket*?
CLIENTE: Sí, aquí lo tengo, en el móvil.
DEPENDIENTA: Vale, sin problema. La devolución se la hacemos a la tarjeta con la que realizó la compra.
CLIENTE: Genial. Muchas gracias.

3

DEPENDIENTE: Buenos días.
CLIENTA: Hola. Quería probarme esas zapatillas marrones.
DEPENDIENTE: ¿Qué número tienes?
CLIENTA: El cuarenta y tres.
DEPENDIENTE: Aquí tienes.
(…)
CLIENTA: Perdona, ¿me traes un número menos?
DEPENDIENTE: Ahora mismo.
(…)
DEPENDIENTE: No tengo ese número en marrón, pruébate estas azules.
(…)
DEPENDIENTE: ¿Qué tal te quedan?
CLIENTA: Estas muy bien, pero el color no me gusta.
DEPENDIENTE: Pues en tu número de este modelo solo hay en azul.
CLIENTA: Ah, vaya, pues me lo voy a pensar. Muchas gracias.